Jörg Fengler

Konkurrenz und Kooperation in Gruppe, Team und Partnerschaft

J. Pfeiffer Verlag · München

Die Deutsche Bibliothek – CIP-Einheitsaufnahme

Fengler, Jörg:
Konkurrenz und Kooperation in Gruppe, Team und Partnerschaft / Jörg Fengler. –
München : Pfeiffer, 1996

(Reihe Leben lernen ; 108)

96.08.00

ISBN 3-7904-0641-4

NE: GT

Reihe »Leben lernen«

Nr. 108
herausgegeben von Monika Amler und Siegfried Gröninger

Alle Rechte vorbehalten!
Printed in Germany
Satz: PC-Print, München
Druck: G.J. Manz AG, Dillingen
Umschlagentwurf: Michael Berwanger, München
Titelabbildung: Oskar Schlemmer: Fünf Figuren im Raum (Römisches), 1925.
© 1996 Oskar Schlemmer, Archiv und Familien Nachlass, D-79410 Badenweiler
© J. Pfeiffer Verlag, München 1996
ISBN 3-7904-0641-4

Inhalt

Ich widme dieses Buch den Menschen,
die unter dem Konkurrieren leiden,
wie auch denen,
die es spielerisch und mit Vergnügen praktizieren,
und vor allem denen,
die zwischen Konkurrenz und Kooperation
eine eigene Form und Balance suchen.

Vorwort

Nachdem ich begonnen hatte, mich mit dem Thema Konkurrenz und Kooperation zu beschäftigen, entdeckte ich dieses Doppelphänomen bald in sehr unterschiedlichen Lebenszusammenhängen. Ich habe entsprechend den Versuch unternommen, es in der menschlichen Entwicklung und in seinen vielfältigen Erscheinungsbildern darzustellen. Die Folgen für die Psychohygiene des einzelnen wie die der Gemeinschaft waren zu bedenken. Es lag mir auch daran, zu klären, wie gute Zusammenarbeit aussehen kann, die den Konkurrenzimpuls weder verleugnet noch unterdrückt, sondern ihn bewußt in das gemeinsame Tun einbindet.

Viele Menschen haben meine Arbeit begleitet. Meine Frau Dong Sun hat mir Mut zu dem Projekt gemacht und mir den Raum dafür geschaffen, daß ich zum Schreiben kam. Ihr widme ich das Buch. Unsere Kinder Martin, Janne, Filia und Fiona haben in Diskussionen, aber auch in der Art ihres Verhaltens Fragen zum Thema in mir angeregt, deren Beantwortung mir keineswegs immer leichtfiel.

Den systematischen Impuls zur vertieften Beschäftigung mit dem Thema verdanke ich u. a. Dr. Ingrid Krafft-Ebing aus Wien und Dr. Enrico Riccabona aus Innsbruck, die mich wiederholt zum Alpbach-Seminar für Gruppendynamik nach Österreich einluden. Dort hatte ich Gelegenheit, in Gruppen mit Fragestellungen wie Entscheidung, Konkurrenz, Kompetenz, Intimität usw. die Phänomene zu studieren und Interventionen zu erproben.

In Seminaren mit Teilnehmerinnen und Teilnehmern aus vielen Bereichen des Arbeitslebens (Klinik und Behörden, Industrie und Dienstleistungssektor, Bank und Versicherung, Ministerien und Verbände, Rechtsprechung und Gefängnis, Heim und Pflege) sowie in Therapien, Beratungen und Supervisionen konnte ich Konkurrenz und Kooperation hautnah miterleben und manchmal zu einer Klärung von Konflikten beitragen. Studentinnen und Studenten meiner universitären Lehrveranstaltungen haben Niederschriften zum Thema beigesteuert. Brigitte Mittelsten Scheid hat angeregt, mich mit dem Thema aus der Perspektive der Gruppenpsychotherapie zu beschäftigen. Frau Franzelius und Frau Dr.

Treml vom Pfeiffer Verlag haben mich fachkundig beraten und begleitet. Birgit Naase hat das Manuskript erstellt, sorgsam, geduldig und mit Humor. Prof. Dr. Alf Däumling hat es in seiner kritisch-wohlwollenden Art gelesen und mir viele gute Hinweise gegeben. Mareike Busch hat mir beim Korrekturlesen geholfen. Ihnen allen danke ich für ihre Unterstützung.

Bonn, Mai 1996   Jörg Fengler

Einleitung

Konkurrenz ist einer der elementarsten, vitalsten und verbreitetsten seelischen Vorgänge im Leben des Menschen und auch in allen seinen Sozialbeziehungen. Ich werde den Begriff Konkurrenz in der folgenden Darstellung als Sammelbezeichnung für alle Versuche benutzen, sich anderen Menschen gegenüber in Leistung, Attraktivität, Ressourcennutzung, Handlungsspielraum usw. zu behaupten und durchzusetzen oder eine drohende Unterlegenheit abzuwenden. Auf eine Bewertung der Konkurrenz ist dabei zunächst zu verzichten. Die deutsche Sprache verfügt hier zwar über die Möglichkeit, zwischen Gut und Böse säuberlich zu trennen: der gute Wettbewerb und der sportliche Wettkampf einerseits, die böse Konkurrenz auf der anderen Seite. Im englischen *competition* dagegen sind beide Aspekte vereint, und ich werde daran anknüpfen. Ich beabsichtige also weder, die Konkurrenz als unerläßlich darzustellen, noch, sie zu verurteilen; vielmehr geht es mir darum zu zeigen, in welchen vielfältigen Formen sie in Erscheinung tritt. Sie ist manchmal eine Last und oft ein Anlaß zu gemeinsamem Lachen. Immer ist sie eine Herausforderung und eine Lernchance.

Kooperation ist demgegenüber der Versuch von Menschen, Einzelkräfte so miteinander zu verbinden und zu verbünden, daß sich für das Ergebnis und für alle Beteiligten ein Vorteil daraus ergibt und etwas erreicht wird, was keiner der Beteiligten allein zustandebringen würde. Auch Kooperation ist zunächst wertfrei zu betrachten. Wir benutzen den Begriff freilich meist mit positiver Konnotation. Aber Prozesse der Kooperation wie solche der Konkurrenz müssen u. a. an ihren *Wirkungen und Folgen* gemessen und können aus dieser Perspektive bewertet werden.

Offenbar handelt es sich bei Konkurrenz und Kooperation um zwei Grundimpulse im menschlichen Leben, die im ersten Hinsehen antagonistisch erscheinen. Das eine vergleicht, teilt und trennt, das andere führt zusammen und bindet an das gemeinsame Ziel und Handeln. Zugleich durchdringen beide einander: In jeder Zusammenarbeit finden sich Elemente des Konkurrierens; oft führt andererseits gerade das Einzelinteresse dazu, daß eine Zusammenarbeit angestrebt wird, die die Position jedes Beteiligten zu verbessern vermag. Manche Kooperation erweist sich als Versuch, die Kräfte des Konkurrierens in Schach zu halten; in der Konkurrenz erkennen wir oft eine stillschweigende Kooperation, die jedem der Konkurrenten Vorteile bringt.

Ich werde diese beiden elementaren Strebungen in der menschlichen Entwicklung wie auch in verschiedenen Lebensbereichen untersuchen, ihr Wechselspiel darstellen und solche Formen des Konkurrierens und Kooperierens aufzeigen, die mit der seelischen Gesundheit des Menschen verträglich und vereinbar sind.

I. Grundlagen

In diesem ersten Abschnitt werde ich den systematischen Ort von Konkurrenz und Kooperation im Verhaltensrepertoire von Tieren beschreiben und einige Beispiele dazu nennen. Weiter werde ich das Konkurrenz- und Kooperationsverhalten von Kindern und Jugendlichen untersuchen. Abschließend sollen Polarität und Wechselwirkung der beiden Grundimpulse sichtbar gemacht werden.

1. Sozialbeziehungen von Tieren

Konkurrenz und Kooperation gehören als Verhaltensbereitschaften zur biologischen Grundausstattung aller Lebewesen. In der Tierwelt setzt sich, wo Mehrlingsgeburten die Regel sind, dasjenige Junge durch, das – im wörtlichen Sinne – den Schnabel am weitesten aufreißt bzw. sich am kräftigsten zur Zitze des Muttertieres vordrängt. Manchmal verhungern, verdursten oder ersticken Tiergeschwister, die sich nicht durchsetzen können. Eine Fürsorge für Schwächere gibt es nur selten. Bereits im Mutterleib gibt es einen räumlichen Verdrängungswettbewerb, der gelegentlich zu Totgeburten schwächerer Föten führt.

Im weiteren Leben verläuft das Konkurrieren bei verschiedenen Tierarten in ganz unterschiedlicher Weise. Selten kommt es zu schweren Verletzungen des Gegners. Igelmännchen verbeißen sich während der Paarungszeit manchmal in die Schulter des Rivalen und können die Kiefer dann nur schwer lösen. Hirsche fügen sich gelegentlich mit dem Geweih schwere Verletzungen zu. Buntbarsche im kleinen Aquarium töten das Weibchen, wenn sie nicht zuvor Gelegenheit gehabt haben, mit einem anderen Männchen zu kämpfen. Wölfe beißen sich und versuchen, sich gegenseitig niederzudrücken, brechen den Kampf aber ab, wenn der Gegner die Unterwerfungsgeste des Kehlezeigens ausführt.

Meistens genügt die *Demonstration der Überlegenheit,* um den Gegner zum Rückzug zu veranlassen. Gänse z. B. beschränken sich auf das Imponieren mit hochgerecktem Hals und mächtigem Flügelschlagen. Der Leithirsch verjagt an der Futterstelle die herandrängenden anderen Tiere mit einer Drohbewegung des Geweihs, ohne daß es zu Verletzungen kommt. Männliche Kreuzottern, die um ein Weibchen rivalisieren, versuchen, sich gegenseitig zu Boden zu drücken. Das siegreiche Tier sucht das Weibchen auf, ohne daß das unterlegene einen weiteren Versuch der Auseinandersetzung unternimmt. Von verschiedenen Affenarten (Rhesusaffen, Bonobos, Schimpansen, Pavianen) wird berichtet, daß sie prosoziales Verhalten behinderten Gruppenmitgliedern gegenüber praktizieren, in balancierter Weise Gratifikationen austauschen, Streit schlichten und Versöhnungsrituale ausführen. Daneben gibt es aber auch Rangkämpfe einschließlich der Tötung von Rivalen sowie kollektive Bestrafung von Gruppenmitgliedern, die die Regeln verletzen (de Waal, 1996).

Die tierische Auseinandersetzung mit Artgenossen wird also in der Regel örtlich begrenzt, zeitlich befristet und funktional gebunden ausgetragen. Sie dient dazu, ihn bei der Partnerwerbung aus dem Feld zu schlagen, ihn von Futterplatz und Nest zu vertreiben oder das Revier zu verteidigen. Ist dies gelungen, so wird der Gegner allenfalls noch ein Stück weit verfolgt; danach erlischt das Kampfmotiv. Der Sieger muß, menschlich gesprochen, den unterlegenen Gegner nicht vernichten. Konrad Lorenz (1968) hat aus der Demutsgebärde des unterlegenen Hundes und der durch sie ausgelösten Beißhemmung des Siegers Rudimente instinktiver Moral hergeleitet.

Auch Fragen der Stellung in der Horde werden meist unblutig geklärt. Dabei geht es freilich nicht so einfach und übersichtlich zu, wie der mittlerweile in die Alltagssprache übergegangene Begriff ›Hackordnung‹, der aus Beobachtungen auf dem Hühnerhof hervorgegangen ist, es suggeriert. Die Ordnungen im tierischen Sozialverband sind nicht durch Körperkraft allein definiert, sondern stellen komplexe vieldimensionale Gebilde dar. So erfährt das niedrigrangige Dohlenweibchen, das sich mit einem hochrangigen Männchen paart, eine Höherplazierung im Verband (Lorenz, 1968). Bereits 1922 hatte Schjelderup-Ebbe berichtet, daß beim Rangplatzkampf der Haushühner Lerngeschichte und Platzvorteil eine Rolle spielen. So ordneten sich kräftige ausgewachsene Hühner weiterhin einer alten, mittlerweile nicht mehr so kampfstarken Henne unter, die diese Hühner in deren Jugend dominiert hatte. Bei Kämpfen siegte überzufällig häufig dasjenige Tier, auf dessen Terrain der Kampf stattfand.

Die weitgehend ritualisierte Form der Konfliktregulierung im Tierreich ist nur da gestört und führt nur dann zu schweren Verletzungen und zu Tötungshandlungen, wenn rivalisierende Tiere auf engem Raum zusammengepfercht werden: Tauben picken sich im geschlossenen Schlag gegenseitig zu Tode; Rehe forkeln sich in zu kleinen Gehegen, wo sie einander nicht ausweichen können. Der Zorn kann gleichsam nicht verrauchen, solange der Gegner zu nahe ist und sich im Blickfeld bewegt. Die Aggression legt sich in diesem Fall nur dann, wenn er wie tot daliegt oder tot ist.

Auf der Grundlage der Darwinschen These vom ›Survival of the fit‹ (nicht: the fittest!, d. h. der Geeigneten, nicht aber der Tüchtigsten) hat man als treibendes Motiv tierischen Verhaltens zunächst nur die *Selbsterhaltung* untersucht. Tiere versuchen, den Gefahren von Verletzung und Tod durch Kampf, Flucht, Totstellreflex oder andere Aktivität zu entgehen. Aus Beobachtungen an Tierverbänden schloß man auf das Motiv *Arterhaltung*: Das einzelne Tier mag sterben; aber dieses Opfer stellt in manchen Fällen sicher, daß die Art weiterlebt, eine Einteilung, die Freud (1946) insofern aufnimmt, als er Ich-Triebe und Sexualtriebe unterscheidet. Später wurde die *Generhaltung* entdeckt: Tiere verhalten sich dem Nachwuchs anderer Gruppentiere in der Kolonie gegenüber oft feindselig und versuchen, den eigenen Nachwuchs durchzubringen, durchaus auf Kosten der anderen. Heute müssen wir als viertes Motiv die *Herdenerhaltung* ergänzen: Viele Schutzmaßnahmen, etwa durch gemeinsames Schwimmen oder Galoppieren in Formation, koordinierte Verteidigung des Nachwuchses gegen Angriffe, gegenseitige Hilfe und Pflege bei Krankheit, dienen weder der Selbst- noch der Gen- oder der Arterhaltung, erhöhen und bewahren aber die Überlebenschance des gegenwärtigen Verbandes:

- Elefanten stützen ein krankes Tier der Herde, damit es nicht stürzt.
- Islandponys übernehmen im Wechsel die vorderste kälteste Position, um dem Schneesturm zu trotzen. Ähnlich verfahren Wildgänse, die im Keilflug abwechselnd den ersten Platz einnehmen.

- Delphine bewahren verletzte Artgenossen vor dem Ertrinken.
- Löwinnen koordinieren die Zebrajagd durch abgestimmte Einkreisungsmanöver und konzertierten Angriff.
- Schulter an Schulter vorrückende Hyänen vertreiben die Löwin von der Beute usw.

Überall da, wo das einzelne Tier mehr oder etwas anderes tut als das, was zum gegenwärtigen eigenen Überleben und Nutzen erforderlich ist, können wir also Elemente kooperativen Verhaltens ausmachen. Eine Definition von Kooperation schließt nicht ein, daß sie uneigennützig erfolgen oder mehr Opfer als Nutzen mit sich bringen müsse. Im Gegenteil: Wir suchen ja die Kooperation, weil sie allen Beteiligten und auch uns selbst Vorteile bringen soll. Wohl aber gehört zu unserem Verständnis der Kooperation, daß der andere nicht ausgenutzt, sondern einbezogen wird und daß auch ihm aus der Zusammenarbeit ein Vorteil erwächst.

Der Doppelimpuls von Konkurrenz und Kooperation ist im Tierreich allgegenwärtig. Eibl-Eibesfeldt (1980) unterscheidet in der vergleichenden Verhaltensforschung für die Beziehung zum Artgenossen als größte Verhaltensklasse überhaupt nur ›innerartliche Aggression‹ und ›Kontakt- und Bindungsverhalten‹. Konkurrenz und Kooperation sind offenbar wichtige Aspekte dieser beiden Hauptimpulse.

Literatur

Eibl-Eibesfeldt, I. (1980): Grundriß der vergleichenden Verhaltensforschung. Piper, München, 6. Aufl.

Freud, S. (1946): Zur Einführung des Narzißmus. GW X, 137–170. Fischer, Frankfurt.

Lorenz, K. (1968): Grundlagen der Verhaltensforschung, Bd. 1 und 2. Piper, München.

Schjelderup-Ebbe, T. (1922): Zur Sozialpsychologie des Haushuhns. Zeitschrift für Psychologie, 88, 225–252.

Waal, F. de (1996): Good natured. The origins of right and wrong in humans and other animals. Harvard University Press, Cambridge, Mass.

2. Kinder und Jugendliche

Der menschliche Säugling ist mit und ohne Geschwister ebenfalls von der Geburt an Impulsen von Konkurrenz und Kooperation ausgesetzt: Ältere Geschwister beanspruchen wie er elterliche Aufmerksamkeit; andere Säuglinge in anderen Kinderwagen könnten als hübscher empfunden werden und mehr Zuwendung von Erwachsenen an sich binden; Aufgabenfülle und Erschöpfung der Eltern setzen aller Bedürfnisbefriedigung Grenzen.

Der Säugling lernt innerhalb weniger Wochen, daß Stillsein zu mangelnder Beachtung führt, Schreien dagegen elterliche Aktivitäten wie Trockenlegen, Füttern, Beseitigung von Zugluft und Überhitzung, Streicheln, Sprechen, Lachen, Schaukeln, Singen, Spazierentragen auslöst. *Daß* das Schreien des Säuglings bereits unmittelbar nach der Geburt kommunikativen Charakter hat, wissen wir aus der Beobachtung von Kindern gehörloser Eltern: Diese Säuglinge stellen das Schreien, da es sich als wirkungslos erweist, nach wenigen Wochen ein, behalten aber die optischen Signale wie rot anlaufendes Gesicht, zitternde Lippen, Mund in Schreistellung, heftige Atmung und Tränenfluß bei – lautlos. Diese Signale werden von den Eltern *optisch* wahrgenommen und als Anzeichen einer Mißstimmung richtig interpretiert (Fengler, 1989). Bei einigen Kindern verfestigt sich die Erfahrung, die Erwachsenen in Handlungsdruck bringen zu können, früh zu einem erpresserischen Macht- und Geltungsstreben (Adler, 1981). Andere wieder werden schon in den ersten Lebensjahren dafür gelobt, daß sie *nicht* schreien. Sie gelten dann als ›pflegeleicht‹. Jedoch erweist sich dies beim genaueren Hinsehen als Chiffre dafür, daß sie nicht gelernt haben zu bitten und zu fordern. Sie erscheinen als Erwachsene manchmal übermäßig unauffällig und bescheiden, scheinbar angenehme Mitmenschen, aber immer in Gefahr, nicht recht für voll genommen zu werden und zu kurz zu kommen. Denn zum Leben als Erwachsener gehört eben beides: die Fähigkeit zurückzustehen *und* die Möglichkeit, mit kräftiger Stimme Ansprüche zu stellen (Adler, 1979; Künkel, 1974).

Lerngeschichte und Lebensthematik

Konkurrenz unter Kindern und Jugendlichen hat eine spielerische, lustbetonte Seite. Kinder sind bereits intrauterin und vom Augenblick ihrer Geburt an raum-greifend, und dies ist durchaus wörtlich zu verstehen. Sie beanspruchen also Platz und Freiraum für den eigenen Bewegungsdrang. Das andere Kind wird dabei anfänglich nur dann als Konkurrent behandelt, wenn es dem eigenen Impuls im Weg ist. Später entwickelt sich aus dem ›Ich will mein Ziel erreichen‹ der Wunsch, die Pläne des anderen Kindes zu durchkreuzen. Nun erst heißt es: ›Ich will, daß Du Dein Ziel nicht erreichst!‹ Dies kann man als die Geburtsstunde des Null-Summen-Spiels betrachten (vgl. Kap. 5). Denn die absichtsvolle Behinderung des anderen ist auch für ihren Initiator meist mit Kosten verbunden.

Die ganze Bosheit, derer Kinder fähig werden, ist in einer Filmszene aus einer amerikanischen Seifenoper eingefangen: Zwei kleine Mädchen entdecken an einem sonnigen Morgen beim Spielen im Wald ein Vogelnest. Das eine nimmt ein bebrütetes Ei heraus und zeigt es der Freundin, die es neugierig betrachtet und es dann nicht wieder hergeben will. Die andere drängt und fordert:»Gib es her, es gehört mir, ich habe es als erste gesehen!« Da antwortet die andere:»Stimmt, da hast Du es!«, zerquetscht das Ei in der Hand und hält es der Freundin mit triumphierendem Lachen entgegen.

Die Transaktionsanalyse hat darauf hingewiesen, daß unsere Auseinandersetzungen im Erwachsenenalter größtenteils auf der Ebene dreijähriger Kinder stattfinden und daß Dreijährige, d. h. *wir* als Dreijährige, dabei am Werk sind: trotzig, hitzig, uneinsichtig. Vermutlich läßt sich ein Gutteil aller Konkurrenz so am besten verstehen: Kultur- und Lebensart des Erwachsenen treten zurück; der Dreijährige in ihm übernimmt die Regie. Tatsächlich handeln viele der Spiele, die Berne (1970) beschreibt, davon, wie Menschen auf oft sehr verquere, kindische Weise darum kämpfen, eine Position der Überlegenheit zu gewinnen.

Thorwald Dethlefsen hat einmal einen Klienten vorgestellt, der bei seiner Rückführung in frühere Leben entdeckte, daß er *seit der Zeugung* mit seinem Zwillingsbruder konkurrierte. Natürlich mögen die Erinnerungen dieses Klienten an Enge und Kampf ums Überleben im Mutterleib Produkte seiner Phantasie als Erwachsener sein. Aber es ist nicht ausgeschlossen, daß zu einem so frühen Zeitpunkt entscheidende Lebensmotive ihre Prägung erfahren. In der Therapie sagte dieser Mann:»Das ist die entscheidende Aufgabe, die das Schicksal mir gestellt hat: mich mit meinem Bruder auszusöhnen!«

Ab dem Alter von etwa ein bis zwei Jahren kommt es zwischen Kindern zu kleinen Übergriffen, zu erstem Kräftemessen, zu Balgereien, Ringkämpfen und ritualisierten Spielabläufen. Im Kindergartenalter beginnen Sieg und Niederlage eine Rolle zu spielen. Etwa im Schulalter gewöhnen es sich Kinder an, am Ende des Spiels eine Revanche zu verabreden. Diese soll nicht etwa dem Unterlegenen Gelegenheit zur Rache geben, im Gegenteil: Das Angebot der Revanche sichert den Sieger vor den unkontrollierten Rachegefühlen des Verlierers. Indem er ihm die Revanche, also den zweiten Kampf, anbietet, bindet er dessen Frustrationsenergie, die sich andernfalls vielleicht spontan oder heimtückisch gegen ihn richten würde, in eine Spielregel ein. Solches Kräftemessen setzt sich – vorwiegend bei Jungen – bis ins Erwachsenenalter hinein fort und scheint oft genossen zu werden, zumal wenn die Freunde etwa gleich stark sind. Bei Jugendlichen findet es oft bereits in verbaler Form statt.

Kinder konkurrieren auf zahlreichen Gebieten und messen den Erfolg ihres Bemühens an vielfältigen Kriterien: Ansehen, Beliebtheit, Können auf den verschiedenen Gebieten, Schulnoten, Zahl der Sticker und Briefmarken, Puppen und Bierdeckel, CDs und Fußballtore usw. Gleich- und gegengeschlechtliches Konkurrieren findet früh seine speziellen Gegenstände. Unter Mädchen geht es dabei angeblich unweigerlich um die Themen Schönheit, Männer, Klugheit und die Liebe der Eltern (de Haen, 1984). Überraschend war für mich einmal die Beobachtung, daß das Konkurrieren sich schon unter Kindern klassischer psychoanalytischer Deutungen bedient.

Ich arbeitete einmal mit unserer ältesten Tochter und zwei Freundinnen von ihr im Garten beim Verlegen von Pflastersteinen zu einem Weg. Die Kinder, acht, sechs und fünf Jahre alt, wollten helfen. Ich sagte ihnen, sie könnten die Pflastersteine von der Terrasse in den Garten bringen, wo ich sie in ein Sandbett einbringen wollte. Es waren schwere Basaltsteine, und die drei keuchten und pusteten ziemlich, wenn sie einen Stein herangeschleppt hatten. Vor allem die Jüngste mußte sich ordentlich anstrengen und hatte einen hochroten

Kopf bekommen, machte die Arbeit aber mit gleichem Eifer und Erfolg wie die beiden Älteren. Da sagte die Älteste hämisch:»Du nimmst ja nur so große Steine, damit Du auch so groß bist wie wir!« – eine klassische Deutung, die den Versuch der Jüngsten ansprach, mit den Älteren Schritt zu halten, und ihn zugleich als Ehrgeiz entlarven wollte. Die Kleine reagierte prompt, warf den Stein hin, und zwar in die Richtung der Älteren, so daß er ihr beinahe auf den Fuß gefallen wäre, schrie ›gar nicht!‹, rannte zurück zu dem Steinhaufen und nahm sich einen womöglich noch größeren Stein, den sie ebenfalls erfolgreich hertrug. Der Versuch der Älteren, die Kleine in ihre Schranken zu weisen, war fehlgeschlagen. Sie machte sich nun auch wieder an die Arbeit, aber jetzt mit deutlich reduzierter Lust, und fragte, nachdem ihre Leistung als Größere nun gar nicht mehr als etwas Großes ins Gewicht zu fallen schien, bald, ob wir jetzt nicht etwas anderes spielen könnten.

Besonders hautnah fällt der Leistungsvergleich unter Geschwistern aus, die dicht nacheinander auf die Welt kommen. Die beiden folgenden Niederschriften nehmen auf eine solche Ausgangssituation Bezug. Die älteste Tochter ist eifersüchtig auf die beiden jüngeren, die mittlere leidet unter der jüngsten.

»Ich erinnere mich daran, daß ich eifersüchtig auf meine beiden jüngeren Geschwister war, was Zärtlichkeit von Mama und Papa anging. Vor allem Beate war Papas Lieblingsmädchen – er ›heiratete‹ sie sogar einmal während einer Trauung. Ich dagegen mußte mit Papa richtig wandern und um 6.00 Uhr aufstehen, um ihn mal für mich zu haben und ihm meine Gedanken, Ideen und Pläne ungestört mitteilen zu können. Beim Essen saßen die Kleinen rechts und links neben Mama. Nach dem Essen ließen sie sich mit ihren Köpfen auf Mamas Schoß fallen und wurden gestreichelt. Ich saß gegenüber und mußte aus dem Abstand zuschauen – das war manchmal schwer. Ich mußte krank werden oder nachts Alpträume haben, um Mama mich streichelnd für ein paar Minuten nur für mich zu haben. Deshalb war zu meinem 14. Geburtstag mein Wunsch: mit meinen Eltern ohne Geschwister alleine auszugehen! Es wurde zwar nur ein Eisdessert in einem Café daraus, aber immerhin – die anderen durften nicht mit. Ich war kurz mit Mama und Papa alleine und genoß es!« (23jährige Studentin, älteste der drei Schwestern).

»Als ich ca. 14 Jahre alt war, erhielt ich Querflötenunterricht. Meine Schwester Beate, die etwas älter war als ich, entschloß sich kurze Zeit später, das auch zu wollen, und so bekamen wir dann gemeinsam Unterricht. Mir fiel das Flöten leicht, und ich übte nur dann, wenn ich Lust dazu hatte. Beate übte regelmäßiger, aber es fiel ihr nicht so leicht. Unser Lehrer bevorzugte mich, und ich durfte fast immer die erste Stimme spielen, was interessanter war und uns als die schönere Stimme erschien. Da war dann in mir ein gemischtes Gefühl. Einerseits freute ich mich, daß ich besser war, und andererseits tat es mir weh, daß meine Schwester zurückgesetzt wurde und sich auch so fühlte. Dieser Konflikt schien mir nicht auflösbar zu sein, da, wenn ich unserem Lehrer den Vorschlag machte, Beate die erste Stimme spielen zu lassen, es für sie ja nicht die Anerkennung war, die sie wollte. Es stellte für sie eher ein Zurücktreten meinerseits dar. Ähnlich war das auch beim Malen. Ich malte gerne und viel. Dementsprechend erhielt ich auch viel Aufmerksamkeit in diesem Punkt von meinen Eltern. Für Beate war diese Aufmerksamkeit, die ich erhielt, ein ›Nichtaufmerksamkeitbekommen‹ für sie. Sie fühlte sich dann meist mit ihrer künstlerischen Ausführung nicht so anerkannt« (19-jährige Studentin, jüngste Schwester aus derselben Familie).

Man könnte annehmen, daß Zwillinge, zumal eineiige Zwillinge, im Bemühen um Eigenständigkeit in ganz besonderer Weise Konkurrenzproblemen ausgesetzt wären. Dies scheint aber nur bei einem Teil dieser Geschwister der Fall zu sein. Andere lösen das Problem durch Symbiose. Indem sie großen Wert darauf legen, einander bis zum Verwechseln ähnlich zu bleiben, und sich auch so erleben, wird die Notwendigkeit, sich zu unterscheiden, zu einer zweitrangigen Angelegenheit gemacht, oder dies erweist sich als geradzu unmöglich.

Eskalation

Im Spiel schlagen die Gefühle manchmal rasch um, wenn einer der Betroffenen eine Regel verletzt, die der andere als konstituierend für die Beziehung und als verbindlich für die Begegnung betrachtet. An Kindern beobachtet man oft, wie Spaß und Albernheit unvermittelt in Ernst, Übelnehmerei, Streit und Prügelei übergehen, wenn eines von ihnen verliert oder eines das andere etwas kräftiger schubst als erwartet. Auch unter Erwachsenen ist der Spaß *plötzlich* vorbei, wenn jemand mitten im gemeinsamen Lachen, bei dem kräftig ausgeteilt wird, in der Dosis des Scherzens danebengreift. In der Partnerschaft gilt ›Ein Wort gibt das andere‹, d. h., aus Wort und Widerwort kann keiner der beiden heraus; jede Äußerung treibt die Situation nur ein wenig voran, aber doch hinreichend spürbar, daß der andere darauf antworten *muß*, wieder mit einer kleinen Dosiserhöhung. Nach wenigen Minuten ist gemäß dem Prinzip von der symmetrischen Eskalation (Watzlawick et al., 1968) die schönste (!) Fehde im Gang; an der Wortwahl ›schön‹ erkennt man, daß offenbar beide es so gewollt haben und einen Vorteil daraus entnehmen, vielleicht sogar einen Genuß.

Ich erlebte einmal mit, wie in einer Kinderspielgruppe eine Mutter das Kind einer anderen Frau festhielt, als es Anstalten machte, ihr eigenes Kind zu schlagen. Da fuhr die Mutter des kleinen Angreifers hoch, jetzt sei es ja heraus, bloß weil der Mann der anderen der Chef ihres Mannes sei, glaube sie, sich alles herausnehmen zu können. Der Sohn selbst sei ein ganz verdorbenes Früchtchen, das müsse an dieser Stelle einmal gesagt werden; sie solle ihren Sohn auf der Stelle loslassen, sonst könne sie nicht für sich garantieren. Sie könne ihr Kind selbst erziehen, da brauche sie sie nicht, sie schon gar nicht. Die so angesprochene Mutter ließ das Bübchen daraufhin verdattert los. Dieses schlug nun, wie seit mehreren Minuten beabsichtigt, das andere Kind, wurde daraufhin von der eigenen Mutter gepackt und geschlagen. Dann wurden allseits in Windeseile die mitgebrachten Spielsachen zusammengerafft; beide Mütter zogen hocherhobenen Hauptes mit ihren Söhnen davon, worüber letztere in entrüstetes Geschrei ausbrachen, da sie sich mittlerweile längst wieder ausgesöhnt hatten und nun doch gern wieder miteinander spielen wollten.

Das Charakteristikum solcher Stimmungsumschwünge ist ihre Plötzlichkeit. Auch scheint oft ein Mißverhältnis zwischen geringfügigem Anlaß und dramatischer Wirkung zu bestehen. Jedoch erschließt sich die *innere* Logik des Konfliktverlaufs, wenn wir die Perspektive der Betroffenen einnehmen: Es wird dann ein Automatismus der Beschleunigung aller Abläufe sichtbar, aus dem keiner der Beteiligten mehr herausfindet. Am Ende sind aber jedenfalls die Fronten und Positionen überdeutlich geklärt und hinreichend verhärtet.
Ähnliche Erfahrungen gibt es in der Paarberatung. Wenn ein kritischer Punkt erreicht ist, genügt der kleinste Anlaß, eine Trennung herbeizuführen. Unverständlich ist der Vorgang nur dann, wenn man den Anlaß für die Ursache der Zerrüttung hält. Das I Ging (Wilhelm, 1973; Wing, 1980) beschreibt diesen Punkt im 28. Hexagramm unter den Bezeichnungen ›Des großen Übergewicht‹ bzw. ›Kritische Masse‹.

Eine Lehrgeschichte nach Art einer Fabel berichtet vom Streit der Tiere, die sich nicht einigen können, wer am wichtigsten für die Gemeinschaft sei. Das Schwein führt ins Feld, daß es die Abfälle frißt und den Schinken liefert. Die Kuh bringt Milch und Steaks ins Gespräch, die Katze den Mäusefang. Das Schaf findet die Wolle wichtig, das Pferd das Reiten und Wagenziehen. Nur Karo, der Hofhund, sagt nichts zu alledem, sondern blinzelt in die Sonne und denkt sich seinen Teil. Was denkt Karo, und was denken Leserinnen und Leser, wenn sie sich mit Karo identifizieren? Was denken Kinder, wenn man ihnen die Fabel erzählt und sie bittet, Karos Gedanken einmal zum Ausdruck zu bringen?

Manche Kinder, denen man diese Aufgabe stellt, betonen die Gleichrangigkeit und Bezogenheit der Tiere und lassen Karo an eine mit den anderen gleichwertige Funktion denken, z. B. Hausbewachung, Spiel mit den Kindern oder Jagd, so daß er sich, ohne streiten zu müssen, in die Gemeinschaft mit den anderen einreihen kann. Andere betonen seine Stellung, indem sie etwa seinem Wächteramt einen besonderen Rang einräumen, gleichsam als Voraussetzung dafür, daß die anderen Tiere ihren Dienst tun können, und ihm – und in der Identifikation mit ihm sich selbst – damit eine hervorgehobene Position zuweisen. Das Rivalisieren zeigt sich in solchen kleinen Verhaltensproben nicht weniger signifikant als in den großen Konkurrenzauseinandersetzungen von Erwachsenen.

Leistungsvergleich und Stellung in der Gruppe

Konkurrenz ist eine der entscheidendsten Sozialisationsbedingungen von Kindern und Jugendlichen beim Hineinwachsen in die Gesellschaft. Es existiert ein gesellschaftlicher Konkurrenzdruck, der auf Vergleichsprozessen des einzelnen mit wichtigen Bezugspersonen, Gruppen und Institutionen beruht. Das beginnt im Krabbelalter der Kinder damit, daß Eltern sich darüber austauschen, welches Kind in welchem Lebensmonat zu stehen und zu gehen beginnt, wann es Zähnchen bekommt, spricht und sauber ist. Eltern von Kindern, die bei diesem Wettlauf weniger gut abschneiden, ringen sich, eher um sich selbst als um das Kind zu retten, mit forcierter Tapferkeit zu Äußerungen durch wie ›Unser

Kind ist eben ein Spätentwickler‹ oder ›Damit soll es sich ruhig noch etwas Zeit lassen‹. Dem Eindruck, ihr Kind weise einen Entwicklungsrückstand auf, entgehen sie damit freilich nicht. Selbst wenn die Eltern der anscheinend reiferen Kinder vordergründig zustimmen – etwas gönnerhaft oder mitleidig klingt das Beipflichten nur allzu leicht.

Die Konkurrenz setzt sich bei der Frage fort, welches Kind wann welche Aufgaben aus Vorschulmagazinen lösen kann, welches Musikinstrument es zu lernen beginnt und ob es früh, rechtzeitig oder verzögert für schulreif erklärt wird. Die Schule übernimmt eine Qualifikationsfunktion, ferner eine Allokations- und Selektions- sowie eine Integrations- und Legitimationsfunktion für die Gesellschaft (Fend, 1974). Versuchen, der Konkurrenz um die besten Noten entgegenzuwirken, ist auf den Ebenen Schulklasse und Schule bisweilen relativ guter Erfolg beschieden. Hier kann es zu Erfahrungen von Solidarität und wechselseitiger Unterstützung kommen. Die inzwischen für die ersten Schuljahre eingebürgerte Praxis, Schulnoten durch Verhaltensbeschreibungen und Würdigungen des Kindes im Klassenverband zu ersetzen, in der Waldorf-Pädagogik seit jeher üblich, tut ein weiteres, einem allzufrüh einsetzenden Leistungsvergleich Grenzen zu setzen.

Jenseits der Schule freilich wirkt der gesellschaftliche Druck unvermindert: um Ausbildungs-, Studien- und Arbeitsplätze, Weiterbildung, Umschulung und Promotionsstipendium. Nur für besonders benachteiligte Menschen (Behinderte, Ausländer, Aussiedler, Asylbeantragende, Schwervermittelbare, Delinquente usw.) werden manchmal Sondererleichterungen geschaffen, z. B. in Modellprojekten wie *5001 Arbeitsplätze* (Berlin) oder *Arbeit statt Sozialhilfe* (Hessen). Freilich geht auch dies nicht konkurrenzlos vor sich. Vielmehr gewinnen hier wie anderswo diejenigen, die die Bestimmungen kennen und geschickt zu bedienen vermögen, sowie die mit den einsatzfreudigsten Sozialarbeitern.

Der Leistungsvergleich ist im Prinzip weder nachteilig noch destruktiv. Vielmehr stellt er einen Beitrag zur Identitätsklärung dar. In Selbst- und Fremdbeobachtung hat das Kind Gelegenheit, zu einer realistischen Selbsteinschätzung zu finden, und zwar besonders da, wo der Vergleich unter den Bedingungen knapper Güterverfügbarkeit stattfindet (Luhmann, 1985):

• Die familiäre Geschwisterkonstellation eignet sich für Erfahrungen mit solchen Bedürfnissen, deren Befriedigung der

Mensch auch weiterhin mit einer gewissen Beharrlichkeit von Eltern und Elternfiguren, von weiteren gleich- und gegengeschlechtlichen Personen sowie vom eigenen späteren Partner erwartet wird.

- In körperlichen Auseinandersetzungen lernt das Kind, bei welchen Gegnern und Partnern es besser ist nachzugeben, bei welchen, sich zu wehren oder in Verhandlungen einzutreten.
- In fachlich-sachlichen Arbeiten lernen Kinder das eigene Leistungsniveau kennen.

Dabei spielt das Konkurrieren eine besondere Rolle: Gerade in Ehrgeiz und Können, Bemühen und Erfolg, Überlegenheit und Niederlage erfahren seelische Funktionen wie Anspruchsniveau, Spannungsbogen, Belastbarkeit, Belohnungsaufschub, Frustrationstoleranz, Kausalattribution und Kontrollvermutung unersetzliche Anreicherungen. Strukturen menschlicher Gruppen sind stets von großer Vielfalt und von beeindruckendem Nuancenreichtum. Immer existiert eine beträchtliche Zahl von *fließenden Ordnungen*, die nur zum Teil durch offenes Konkurrieren entstanden sind. Vielmehr formieren die meisten Hierarchien im zwischenmenschlichen Leben sich rasch und geräuschlos. Die Verständigung über Kraft und Kompetenz, Kontaktfähigkeit und Attraktivität erfolgt in der Regel ohne Gewalt, eindeutig und überzeugend. Man kann geradezu annehmen, daß es zur handgreiflichen Austragung der Konkurrenz unter Menschen nur dann kommt, wenn die Situation wirklich uneindeutig ist oder die Beteiligten Wahrnehmungslücken aufweisen und von einem unkorrigierbaren Willen zum Sieg gepackt sind. Eine Situation der letzteren Art habe ich selbst einmal aus nächster Nähe erlebt.

Die vierte Klasse der Grundschule absolvierte ich in einer Wohngegend, in der Konflikte rasch durch Rempelei gelöst wurden, nicht durch Diskussion. Prügeleien waren aber selten, weil es eine klare Hierarchie gab. Das Sagen hatte ein besonders kräftiger Junge, der in den Leistungen eher zu den Schwächeren gehörte. Er war vom Naturell her gutmütig, etwas beschränkt, ein furchtloser und kompromißloser Kämpfer. Hinter ihm gruppierte sich das Mittelfeld, das aus kräftigen und in schulischen Leistungen erfolgreichen und mittelguten Schülern bestand. Am Ende der Reihe rangierten die Schwachen, die Ängstlichen und die Erfolglosen. Eines Tages kam in diese ziemlich klar gegliederte Gemeinschaft ein neuer Junge, ein kräftiger, sehniger Kerl. Und nun kommt das Interessante: Er hatte an seinem ersten Schultag die Klasse noch kaum betreten, da waren er und dieser stärkste Klassenkamerad schon in eine Prügelei verwickelt, die das Klassenzimmer verwüstet zurückließ. Der Neue unterlag am Ende, aber doch so knapp, daß danach klar war: Ab sofort war nun er die Nummer 2 in der Klasse. Kein anderer Mitschüler hat danach mehr versucht, dies auszutesten. Die Art seines tapferen Kämpfens selbst hatte ihn ausgewiesen.

Wenn die Positionen einmal verteilt sind, so entwickelt die entstandene Struktur leicht eine konservative Tendenz, wird also änderungsresistent. Der Schwächere neigt dazu, den Stärkeren zu überschätzen, u. a. deshalb, weil er keine Gelegenheit mehr findet, dessen Stärken und vor allem dessen Schwächen auszuloten. Er bekommt den Stärkeren also meist nur noch in dessen starken Seiten zu sehen und reagiert entsprechend verschüchtert, macht dagegen keine Erfahrungen mit dessen Unzulänglichkeiten und kann ihn nicht mit den eigenen Stärken konfrontieren. Gelingt es doch einmal, so kehren sich die Verhältnisse manchmal in für alle Beteiligten überraschender Weise um, und ein bisher festes Gefüge von Positionen verkehrt sich innerhalb kürzester Zeit.

Ich selbst machte auf diesem Gebiet als Kind einmal eine überraschende Erfahrung. In der zweiten Klasse der Grundschule saß neben mir ein ziemlich gemeiner, kräftiger Kerl, der sich ein Vergnügen daraus machte, mich während des Unterrichts immer wieder zu knuffen und zu trietzen. Anfänglich wehrte ich mich; aber das schien ihn nur zu freuen; denn danach drangsalierte er mich mit doppeltem Eifer. Ich versuchte, ohne der Lehrerin den Grund zu sagen, mich umsetzen zu lassen. Dies mißlang. Da setzte ich mich auf die äußerste Kante der Bank, so daß er mich nicht mehr so gut erreichen konnte, und verminderte auf diese Weise meine Leidenszeiten. Dann kam die Versetzung. Dieser Junge blieb sitzen. Ich sah ihn am ersten Tag des neuen Schuljahres auf dem Schulhof, ging ohne weiteres Nachdenken auf ihn zu und gab ihm eine Ohrfeige. Er zuckte zurück und versuchte, sich zu wehren. Ich gab ihm noch eine Ohrfeige; damit war die Sache für mich erledigt, und ich ging zufrieden davon. Offenbar hatte ich in dem vorausgegangenen Jahr als Neuer in der Klasse nur die Stärke des Platzhalters wahrnehmen können, nicht seine Schwäche. Sein Sitzenbleiben machte mir nun mit einem Ruck deutlich, wie sehr ich ihn überschätzt hatte – oder wie groß sein Statusabsturz auf Grund der Tatsache war, daß er die Klasse wiederholen mußte.

Gruppenspaltung

Das Konkurrieren beginnt vermutlich in dem Alter, in dem das Kind lernt, auf wesentlichen Gebieten Unterscheidungen vorzunehmen. In einer später berühmt gewordenen Untersuchung konnten Clark und Clark (1947) zeigen, daß zweijährige schwarze amerikanische Kinder, wenn sie die Wahl hatten, noch unsystematisch abwechselnd weiße und schwarze Puppen wählten. Im Alter von drei Jahren änderte sich die Präferenz. Sie begannen nun, teilweise weiße Puppen vorzuziehen, nämlich zu 48%. Bei 6jährigen wählten bereits 71% weiße Puppen. Offenbar hatten sie sich im Laufe dieser Jahre weitgehend die weißen amerikanischen Werte auf diesem Gebiet angeeignet.

Etwa ab diesem Alter müssen wir also auch mit Gruppenbildung und Gruppenkonkurrenz rechnen. Die eigene Gruppe rückt unter irgendeinem gemeinsamen Bezugsmerkmal zusammen; es erfolgt eine feindselige Abgrenzung gegen die nächstliegende ›Gruppe der anderen‹ (Hofstätter, 1959, 1984).

Ich erinnere mich daran, daß wir uns als Vorschulkinder Gruppenprügeleien mit den Kindern aus der Nachbarstraße lieferten, mit Kindern, die wir individuell gar nicht kannten, die wir aber selbstverständlich als unsere Feinde betrachteten, so wie vermutlich sie auch uns. Interessanterweise fanden diese Zusammenstöße weder auf ihrem noch auf unserem Territorium statt, sondern in einem nahegelegenen Park.

In der 7. Klasse beschlossen wir einmal zu fünft, nur noch miteinander zu sprechen und den Rest der Mitschüler wie Luft zu behandeln, und kamen uns dabei sehr originell und elitär vor. Leider behandelten die anderen, statt um unsere Gunst zu buhlen, uns nun auch wie Luft. Da gaben wir den Versuch, uns vorteilhaft zu unterscheiden, nach ein paar Tagen etwas kleinlaut auf.

In dem Film ›Herr der Fliegen‹ wird anhand einer auf einer unbewohnten Insel gestrandeten Gruppe von Jugendlichen ebenfalls eine Gruppenspaltung gezeigt. Eine konstruktiv planende, freilich auch nachgiebige und die Gefahr nicht erkennende Teilgruppe wird von einer triebhaft aggressiven paranoiden anderen Teilgruppe aufgerieben. Anfänglich bestehende gemeinsame Ziele, nämlich das Überleben in der Wildnis und die Rückkehr in die Zivilisation, geraten dabei vollständig aus dem Blick.

Kooperationsspiele

Das Kind lernt also früh, daß es unvermeidlich und auch klug ist, zu konkurrieren, wenn es bestehen will. Wünschenswert ist aber, daß das Kind gleichzeitig die Erfahrung von angenehmem und erfolgreichem gemeinsamen Tun macht. Dafür eignen sich häusliche Bastel- und Reparaturarbeiten unter Anleitung, technische Konstruktionen oder schulischer Projektunterricht, Ausflug und Spiel. Im Spiel können Kinder und Jugendliche das ganze Spektrum von Konkurrenz- und Kooperationserfahrungen erleben, das ihnen auch sonst im Leben begegnet: Geschicklichkeit, Schnelligkeit, Risikobereitschaft, Bündnispartnerschaft, strategisches Denken. Nach meinem Eindruck wird freilich auch hier der Gedanke des Siegenwollens und Siegenmüssens oft überwertig herausgestellt. Um so wichtiger ist es bei der altersgerechten Auswahl von Spielen, daß Erwachsene darauf achten, auch Kooperationsaufgaben zur Verfügung zu stellen. Ein paar Beispiele:

(1) Bewegungskoordination: Zwei SpielerInnen, von denen jede(r) eine Teilbewegung auszuführen vermag und auf diese Weise eine Platte in eine Schräglage bringen kann, bugsieren in Feinabstimmung ihrer Bewegungen gemeinsam eine Kugel durch ein Labyrinth.

(2) Grobmotorik: Zwei Kinder klettern von zwei Seiten an einem Stapel Limonadenkisten empor. Dies gelingt nur, wenn sie ihre Bewegungen im Einverständnis miteinander ausführen. Wer versuchen wollte, schneller als der andere zu sein, würde sich und ihn zum Absturz bringen.

(3) Gemeinsames Puzzeln: Jeder Mitspieler versucht, Puzzle-Teile zu dem gemeinsamen Bild beizutragen. Der Erfolg aller Beteiligten liegt darin, das Puzzle letztendlich fertigzustellen.

Es gibt Tausende von Kooperationsspielen und -übungen. Mithin kann ohne besonderen Aufwand früh im Leben von Kindern und Jugendlichen damit begonnen werden, diese Blickrichtung zu fördern und zu entfalten (vgl. auch Abschnitt IV).

Im Kindes- und Jugendalter finden Konkurrenz und Kooperation noch im fließenden Wechsel statt: Jemand ist ein guter Freund *und* zugleich ein scharfer Konkurrent; beide Impulse können nebeneinander bestehen. Erst später wird Kooperation fest mit Sympathie und Freundschaft, Konkurrenz fest mit Antipathie und Distanz gekoppelt. Dazwischen existieren viele Schattierungen, Freundschaften auf Zeit, Zweckbündnisse, Notgemeinschaften usw.

Literatur

Adler, A. (1979): Das Leben gestalten. Vom Umgang mit Sorgenkindern. Fischer, Frankfurt.

Adler, A. (1981): Neurosen. Fallgeschichten. Fischer, Frankfurt.

Berne, E. (1970): Spiele der Erwachsenen. Rowohlt, Reinbek.

Clark, K. B. und Clark, M. P. (1947): Racial identification and preference in negro children. In: Newcomb, T. M. und Hartley, E. L. (Hg.): Readings in social psychology, New York.

Fend, H. (1974): Gesellschaftliche Bedingungen und schulische Sozialisation. Beltz, Weinheim.

Fengler, J. (1989): Hörgeschädigte Menschen. Beratung, Therapie und Selbsthilfe. Kohlhammer, Stuttgart.

Haen, I. de (1984): Aber die Jüngste war die Allerschönste. Schwesternerfahrungen und weibliche Rolle. Frankfurt.

Hofstätter, P. R. (1959): Einführung in die Sozialpsychologie. Kröner, Stuttgart.

Hofstätter, P. R. (1984): Gruppendynamik. Kritik der Massenpsychologie. Rowohlt, Reinbek.

Künkel, F. (1974): Die Arbeit am Charakter. Bahn, Konstanz.

Luhmann, N. (1985): Soziale Systeme. Suhrkamp, Frankfurt.

Watzlawick, P., Beavin, J. H., Jackson, D. D. (1968): Menschliche Kommunikation. Formen, Störungen, Paradoxien. Huber, Bern.

Wilhelm, R. (1973): I Ging. Text und Materialien. Diederichs, Düsseldorf.

Wing, R. L. (1980): Das Arbeitsbuch zum I Ging. Diederichs, Düsseldorf.

3. Polaritäten im Wertequadrat

Ich will nun den Versuch unternehmen, das Wechselspiel der beiden Grundimpulse Konkurrenz und Kooperation in etwas grundsätzlicher Form und anhand einer Skizze sichtbar zu machen. Dabei greife ich auf das sogenannte Wertequadrat zurück, mit dessen Hilfe Helwig (1967) und später Schulz von Thun (1989) sowie Gloor (1993) die Beziehung zwischen scheinbar entgegengesetzten Handlungstendenzen verdeutlicht haben. Viele Regungen, die wir im Prinzip für positiv halten, sind, isoliert betrachtet, kaum beurteilbar. Zwischenmenschliche Nähe z. B. können wir gewiß bejahen, aber es gibt auch gewisse Übertreibungen dabei. Distanz ist andererseits sicher notwendig; aber sie sollte sich in einem Rahmen halten, daß der Mensch räumlich, seelisch und kommunikativ noch erreichbar bleibt. Nähe *und* Distanz, die uns zunächst wie unvereinbare Antagonisten erscheinen, können einander ergänzen und wechselseitig korrigieren. Dies gilt *innerseelisch*; der Mensch wird vollständiger dabei. Aber auch *zwischen* Personen vermögen Nähe und Distanz sich wechselseitig zu regulieren, wenn beide Impulse von den Beteiligten bejaht und als *legitime* Teile der Begegnung betrachtet werden (Abb. 1).

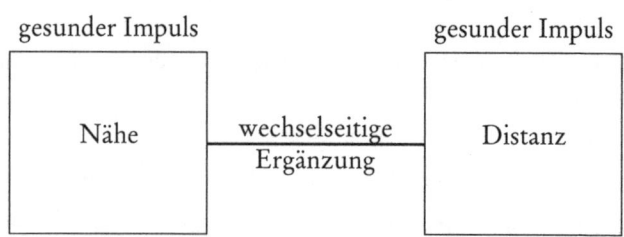

Abb. 1: Zwei Verhaltensweisen in wechselseitiger Ergänzung

Warum sind wechselseitige Ergänzung und Ausgleich erforderlich? Deshalb, so Helwig, weil jeder gesunde Impuls eine Schattenseite hat, eine Fehlform, gleichsam einen negativen Gegenpol. Wenn man einen Impuls also mit allzugroßem Eifer zu verwirklichen versucht, so schießt man leicht über das Ziel hinaus und landet bei Einseitigkeit und Übertreibung. Sparsamkeit wird so zu Geiz, Fröhlichkeit zu läppischem Flachsinn, Wissenschaft zu Erbsenzählerei und Güte zu Dummheit. In unserem Beispiel ist daran zu denken, daß Nähe sich zu symbiotischer Abhängigkeit entwickeln kann, Distanz zu schroffer Zurückweisung (Abb. 2).

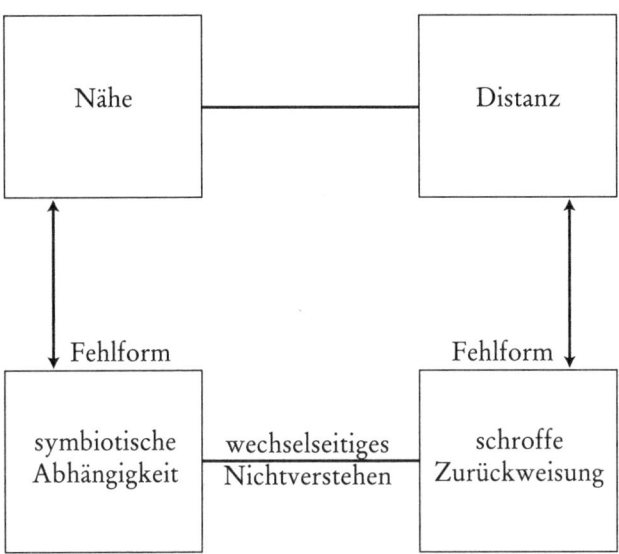

Abb. 2: Grundimpulse und Fehlformen

Zwischen diesen beiden Impulsen gibt es weder Verständnis noch Verständigung. Eine Person, die zwischen beiden schwankt, erlebt sich im unüberbrückbaren Konflikt. Werden die Regungen durch verschiedene Personen repräsentiert, so können wir damit rechnen, daß beide einander fremd bleiben und sich nicht voneinander angenommen fühlen.

Was ist zu tun? Menschliche Beziehungen sind ja beweglich; wir können also hoffen, daß es uns gelingt, die Fehlformen zu überwinden oder jedenfalls abzuschwächen. Dazu ist es erforderlich, von den Fehlformen jeweils eine Verbindung zu dem diagonal gegenüberliegenden Grundimpuls zu finden und sich vermehrt an ihm zu orientieren. Wer sich also in der Position der Abhängigkeit befindet, kann sich vornehmen, ein gewisses Maß an Distanz einzuüben und auszuhalten; wer zu Zurückweisung neigt, kann lernen, ein gewisses Maß an Nähe zu tolerieren und zu praktizieren. Auf diese Weise finden beide ein wenig zu den Grundimpulsen Nähe und Distanz *in wechselseitiger Ergänzung* zurück (Abb. 3).

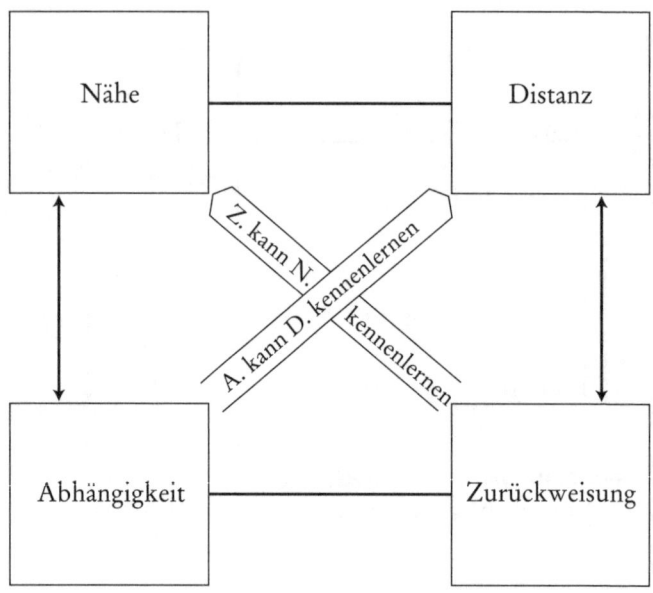

Abb. 3: Korrektur der Fehlformen

So weit die Grundgedanken des Wertequadrats. Wir können es nun heranziehen, um die Verhältnisse zwischen Konkurrenz und Kooperation zu klären. Im Grundsatz gehen wir dabei davon aus, daß beide, Konkurrenz und Kooperation, gesunde Impulse sind, die in einem Verhältnis wechselseitiger Ergänzung zu stehen vermögen.

Konkurrenz kann sich freilich, wenn sie überwertig wird, zu der Fehlform des Rivalisierens um jeden Preis hin entwickeln. Dies wird das Zusammenleben gewiß belästigen und belasten. Andererseits kann auch die Kooperation übertriebene Formen annehmen: Wenn Strukturen, Aufgaben und Verantwortlichkeiten nicht mehr klar sind und z. B. Planungssitzungen den größten Teil der Zeit verschlingen, ohne daß es zu Entscheidungen kommt, so zeichnet

sich als Fehlform der Kooperation die Verantwortungslosigkeit
ab. Zwischen dem Rivalisieren um jeden Preis und der Verantwortungslosigkeit gibt es keine Verständigung. Versucht das eine, alle
Macht in der eigenen Hand zu bündeln, so schiebt das andere das,
was Folgen haben könnte, auf die lange Bank oder verteilt es auf
so viele Schultern, daß eine Zuständigkeit nicht mehr erkennbar ist
(Abb. 4).

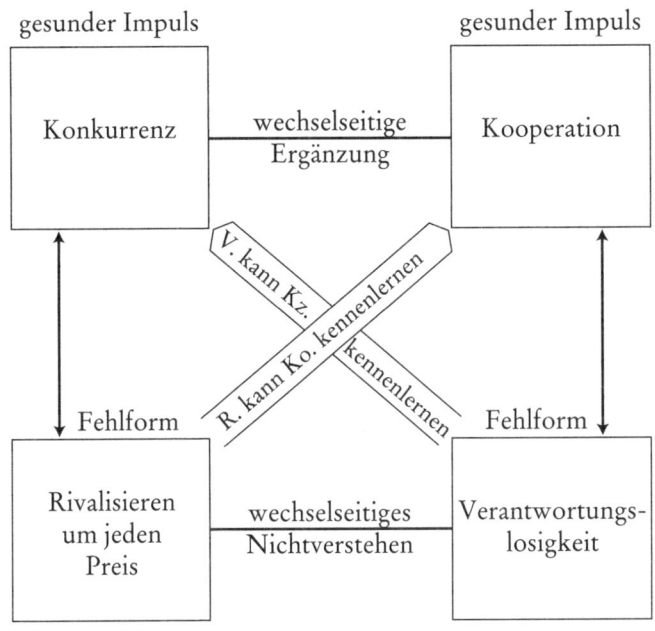

Abb. 4: Wechselbeziehungen von Konkurrenz und Kooperation

Manchmal werden beide Haltungen von der gleichen Person im
Wechsel eingenommen: Der Betreffende schwankt zwischen den
Extremen; nimmt er die eine Position ein, so erkennt er das Übertriebene, das dieser Position anhaftet, und versucht eine Korrektur. Freilich kommt er dabei schnell zum anderen Extrem. In diesem Fall schlägt ihm das Unverständnis von Personen aus der
Umgebung entgegen, die ihn als unberechenbar empfinden und
nicht wissen, ›woran sie bei ihm sind‹. Nehmen unterschiedliche

31

Personen die beiden Positionen ein, so wird der eine dem anderen vorwerfen, daß er sich vor der Verantwortung drückte; dieser wiederum wird an ihm kritisieren, daß er alles an sich ziehe. Gewiß haben dann beide recht.

Gibt es eine Möglichkeit des Ausgleichs? Wir knüpfen, wie am Beispiel von Nähe und Distanz aufgezeigt, zwischen den Fehlformen und den diagonal gegenüberliegenden gesunden Impulsen eine Verbindung an: Wer übermäßig rivalisiert, kann sich Kooperation als Lernziel vornehmen, um seine Einseitigkeit zu überwinden; wer in der Kooperation zu viel des Guten getan hat und sich in eine Haltung der Verantwortungslosigkeit hineinmanövriert hat, kann im Konkurrieren vollständiger werden.

Diese Themen werden uns in den Hauptabschnitten IV (›Wege zur Zusammenarbeit‹) und V (›Coaching und Supervision‹) noch beschäftigen.

Am Ende dieser kurzen Betrachtung können wir festhalten: In der weiteren Untersuchung benötigen wir das Denkmuster von der guten Kooperation und der bösen Konkurrenz, wie sie z. B. noch von Garcia (1984) einander gegenübergestellt werden, nicht mehr. Vielmehr ist an beide jeweils neu die Frage zu stellen, ob sie den angestrebten Zielen und Zwecken dienen und mit der seelischen Gesundheit vereinbar sind.

Literatur

Garcia, R. (1984): Konkurrenz: Ausdruck des kulturellen Skripts in den USA. Zeitschrift für Transaktionsanalyse in Theorie und Praxis, 5, 35–40.

Gloor, A. (1993): Die AC-Methode. Assessment-Center. Führungskräfte beurteilen und fördern. Orell Füssli, Zürich.

Helwig, P. (1967): Charakterologie. Herder,Freiburg.

Schulz von Thun, F. (1989): Miteinander reden 2. Stile, Werte und Persönlichkeitsentwicklung. Differentielle Psychologie der Kommunikation. Rowohlt, Reinbek.

II. Erscheinungsbilder

Wir können nach dieser Klärung nunmehr detaillierter Eigenschaften und Eigenarten von Konkurrenz und Kooperation untersuchen und beginnen dabei mit der Frage, wie beide entstehen.

4. Entstehung und Entwicklung

Die Gegenstände des Konkurrierens sind so vielfältig wie das Leben selbst. Mancher Drang auf diesem Gebiet erscheint, von außen betrachtet, abseitig und schwer verständlich, ist für die Betroffenen aber von existentieller Bedeutung: Kinder streiten bis hin zu schwerer Rangelei, wer in der Pause als erster aus der Klasse herauslaufen, wer beim Aufstellen an der Spitze der Reihe stehen und wer nachher als erster wieder hineinlaufen darf; Studenten konkurrierten einige Jahre lang um das ›Du‹ des Professors – das ist mittlerweile zu Recht wieder aus der Mode gekommen; Referatsleiter in Ministerien gieren nach der Erwähnung ihres Namens durch den Minister; in fast allen Kulturen ist Redezeit ein knappes Gut, um das in den verschiedenen Lebensbereichen konkurriert wird. Viele weitere Beispiele ließen sich anschließen.

Wiederholung und Verfestigung

Jeder Mensch trägt die gesamte Konkurrenzgeschichte mit sich herum, die er im Kontakt mit Eltern, Geschwistern, frühen Freunden und anderen Bezugspersonen erworben hat. Später behält er nahezu unweigerlich eine Tendenz, ähnliche Beziehungsmuster zu konstellieren, zu befürchten, zu ersehnen, zu projizieren. Jedenfalls gelingt es ihm immer wieder, sie herbeizuführen.

Ich saß einmal in einem Gestalt-Workshop am Abend nach getaner Wein- und Schreiarbeit mit den anderen Teilnehmern zusammen.

Wir redeten über dies und das, und ich kam mit einem Kollegen ins Gespräch, der etwa 10 Jahre jünger war als ich. Er erzählte mir von seiner im Aufbau befindlichen Psychologischen Praxis, ich ihm von meinem Universitätsleben. Das ging eine ganze Weile so hin und her in angenehmem Tempo, von gelegentlichem gemeinsamen Lachen unterbrochen. Dann widersprach ich ihm bei irgendeinem Detail. Im nächsten Moment sprang er wütend auf und schrie mich an: »Noch ein Wort, und ich schlag Dich tot!« Das Gespräch in der Runde verstummte. Nun fühlte ich mich keineswegs schwach oder wehrlos; aber so, wie er in großer Erregung vor mir stand, bleich und zitternd, einen Kopf größer als ich und anscheinend sehr entschlossen, schien es mir klüger, nicht die Probe aufs Exempel zu machen. Ich sagte also: »Gut, gut« und begann ein Gespräch mit einem anderen Teilnehmer, der den ganzen Vorgang ebensowenig verstand wie ich. Der zornige Kollege blieb noch eine ganze Weile zitternd vor Wut und drohend vor mir aufgepflanzt stehen. Dann löste sich seine Spannung ein wenig, und er nahm in einer anderen Ecke der Runde Platz. Aber nun wollte, als er mit betonter Lockerheit versuchte, einen Gesprächsfaden zu finden, sich niemand mehr mit ihm unterhalten. Am nächsten Tag nahm ich noch einmal einen Anlauf, an den Vorgang anzuknüpfen, aber er blieb verschlossen wie auch sprungbereit drohend und schien nur auf ein passendes Reizwort zu warten, um sich doch noch auf mich stürzen zu können. Den Rest des Workshops über betrachtete er mich oft mit Blicken, die ich als haßerfüllt empfand. – Im Rückblick vermute ich heute, daß unser Gespräch in ihm Bilder von einer Situation geweckt hat, in der er gleichsam auf Leben und Tod konkurrieren *mußte*. Oft geht ja die Übertragung seltsame Wege und wird nicht von dem Gegenüber insgesamt ausgelöst, sondern von bestimmten Ähnlichkeiten im Detail. So mochte es sein, daß ich für ihn einen überlegenen Konkurrenten darstellte, gegen den er sich mit *aller* Kraft zur Wehr setzen mußte.

Viele Menschen eignen sich eine bestimmte Form des Konkurrierens an, die noch nicht unbedingt erstarrt ist, aber doch einen gewissen Grad der Verfestigung erreicht hat. Sie konkurrieren gleichsam auf die ihnen eigentümliche Weise und erkennen dies auch als ihre persönlich gewachsene Eigenart. Besonders deutlich treten solche Besonderheiten in Therapie- und Selbsterfahrungsgruppen hervor:

Eine Gruppenteilnehmerin sagt, nachdem sie sich in einer Streitfrage ohne große Anstrengung mit ihrem Votum durchgesetzt hatte:»Komisch, jetzt freue ich mich gar nicht über den Erfolg. Anders ist es, wenn ich mich richtig angestrengt und alle anderen niedergekämpft habe. Dann ist auch der Triumph entsprechend groß. Aber so – ein Kinderspiel, keine Herausforderung.« Sie sieht die Gruppe dabei fast ein wenig verächtlich an.

Ein anderer Gruppenteilnehmer dirigiert die Gruppe unauffällig, fast unmerklich, gleichsam aus der zweiten Reihe. Er spricht selten, aber stets sehr gut bedacht und mit großem Gewicht. Danach hüllt er sich wieder in Schweigen und beobachtet gelassen die Wirkung seiner Worte. Es steckt dahinter viel schweigende Kontrolle. Wenn die Diskussion eine Wendung nimmt, die ihm nicht gefällt, so äußert er sich erneut, allerdings zeitlich sehr verzögert. Es wirkt so, als wolle er die Gruppe spüren lassen, wie sehr sie in die Irre geht, bevor er sie mit einer eigenen Stellungnahme wieder auf den rechten Weg weist.

Ein dritter Teilnehmer kämpft an allen Fronten, wirbt, argumentiert, schlägt vor und faßt zusammen. Im entscheidenden Moment, wenn die Gruppe nahe daran ist, seinem Votum zu folgen, beginnt er plötzlich, die Argumente der Gegner zu loben und zu erläutern, betont ihre Berechtigung, schildert Zweifel an der Schlüssigkeit der eigenen Position und endet in einer Vagheit, die die Gruppe verwirrt. Er kann das, was er begonnen hat, nicht zu Ende führen. Dazu fehlt ihm ein Schuß Durchsetzungsfreude, die ihm auch Gegner schaffen könnte. Lieber sieht er zu, daß ihm der zum Greifen nahe Sieg nun wieder aus der Hand genommen wird und die Verfechter der entgegengesetzten Position sich durchsetzen; fast scheint er erleichtert, die Bürde der Führung nicht übernehmen zu müssen.

Ein Kommilitone von mir sagte zu allem, was im Freundeskreis zur Sprache kam, immer als erstes: »Das ist doch nichts!« und brachte uns damit in manche Beweisnot. Irgendwann fiel mir auf, daß die Atmosphäre in unseren Gesprächen nach solchen Einwürfen regelmäßig ins Ungemütliche umschlug und Selbstrechtfertigungsversuche sich ausbreiteten. Ich sprach ihn einmal darauf an; da sagte er: »Bevor ich mich auf jemanden einlasse, muß ich doch wissen, ob er ernst meint, was er sagt.« Was er *nicht* erkannte, war, daß er sich damit zugleich zur Kontrollinstanz machte und die Begegnung zu einer Prüfung, in der der Gegenüber zu beweisen hatte, daß er seinen Maßstäben genügte.

Manche Menschen haben Mühe, *nach* dem Sieg den Erfolg zu genießen. Es strengt sich also jemand in der Auseinandersetzung sehr an und setzt sich schließlich mit seiner Meinung durch. Aber dann knickt ihm gleichsam die Stimmung weg. Zweifel und Schuldgefühle beginnen, ihn zu plagen. Es hat Fälle gegeben, wo jemand die Diskussion, die gerade mit einer für ihn günstigen Entscheidung zu Ende gegangen war, selbst wieder in Gang gebracht hat und zu einem entgegengesetzten Ergebnis dirigiert hat, mit der er alles verlor, wofür er zuvor gekämpft hatte. Das ist ein nur schwer verstehbarer Vorgang. Am ehesten hilft uns in solchen Fällen manchmal ein Blick in die Jugend des Betreffenden. Manchmal sind es Menschen, die als Kinder die Erfahrung gemacht haben, daß sie sich zwar durch beharrliches Quengeln und Argumentieren durchsetzen können, aber hinterher Erwachsene und Geschwister ihnen mit Sanktionen den Erfolg vergällen und Schuldgefühle in ihnen erzeugen. Um diese Schuldgefühle loszuwerden, trennen sie sich von all dem wieder, was sie zuvor angestrebt haben. Im Erwachsenenalter ist dieses Muster dann noch wirksam: So lange sie das Ziel vor Augen haben, überwiegt, so wie in der Kindheit, noch der Kampfgeist. Ist der Sieg errungen, so melden sich die alten Schuldgefühle, für die es jetzt in der Außenwelt gar keinen Initiator mehr gibt, und machen es ihnen unmöglich, sich über den Erfolg zu freuen.

Eine gewisse Gegensatzspannung entsteht regelmäßig zwischen solchen Teilnehmern, die kontinuierlich und bisweilen mit einer gewissen Sturheit mitarbeiten und ihren Standpunkt vertreten, und anderen, die eine Position nur kurz einnehmen, gleichsam probeweise, um zu prüfen, ob sie von anderen geteilt wird, und andernfalls das Interesse an deren Durchsetzung verlieren: Hier treffen gleichsam der zwanghafte und der hysterische Pol der Gruppe aufeinander. Beide Funktionen können der Gruppe sehr dienlich sein, wenn sie sich gegenseitig tolerieren können, sich als Teilaspekte des Gruppengeschehens begreifen und voneinander lernen.

Manche Teilnehmer strengen sich sehr an, ihren Standpunkt durchzusetzen, und machen beim ersten Anzeichen einer eventuellen Niederlage eine Kehrtwendung. Einige von ihnen äußern auf Befragen explizit, daß sie auf diese Weise der Schmach zuvorzukommen versuchen, die eine Zurückweisung ihres Vorschlags durch die Gruppe für sie bedeuten würde. Andere verlieren, wenn die dauernde Anfeuerung und Bestätigung aus der Gruppe einmal ausbleibt, schnell die Lust und wenden sich neuen, seelisch lukrativeren Möglichkeiten des Auftritts zu.

In manchen Auseinandersetzungen kämpft jemand mit aller Kraft. Aber plötzlich bricht er die Debatte ab, in einem Moment, wo sie, von außen betrachtet, noch gar nicht entschieden ist. Aber er selbst sieht die Sache offenbar als verloren an und will nicht als der bezwungene Kämpfer dastehen, sondern als einsichtiger, entgegenkommender Kollege gelten.

Eine Teilnehmerin in einem Gruppendynamischen Laboratorium verfuhr in Auseinandersetzungen immer wieder so. Sie probierte es bei strittigen Fragen meist mit einer Überrumpelungsstrategie, indem sie ihre Meinung dezidiert äußerte und den Eindruck zu erwecken versuchte, dies sei zugleich der einzige sinnvolle Standpunkt. Gelang es ihr auf diese Weise nicht, sich durchzusetzen, so begann sie einen zähen Zank, den sie mit viel Spott für den Gegner würzte. Gelang ihr die Durchsetzung auch auf diese Weise nicht, so versuchte sie, die Gruppe zu einem Bekenntnis für oder gegen sie zu veranlassen – dies wurde ihr mehrfach verweigert. An dieser Stelle nun kam der Moment, in dem sie sich von der Auseinandersetzung ganz zurückzog, also gleichsam aus dem Felde ging, indem sie erklärte, soooo wichtig sei die Sache ja nun schließlich auch nicht, und natürlich wolle sie einem Gruppenkonsens nicht im Wege stehen. Aber die Gruppe mißtraute ihrem Einlenken bald, zumal angesichts der Energie, die sie zuvor in die Sache investiert hatte. Tatsächlich zeigte sich später mehrmals, daß sie den Gruppenbeschluß nicht wirklich mittrug, sondern bei der ersten sich bietenden Gelegenheit ausscherte und in übelnehmerischem vorwurfsvollen Ton ihren ursprünglichen Vorschlag noch einmal aufs Tapet brachte.

In allen diesen Fällen ist manchmal ein Feedback aus der Gruppe eine Hilfe bei der Klärung der Frage, warum der oder die Betreffende immer wieder in ähnlichen Situationen aneckt und steckenbleibt. Manchmal gelingt es, diese aktuellen Ereignisse und Hinweise mit Erinnerungen an frühere Erfahrungen in Verbindung zu bringen.

Der erste Platz

Für das Konkurrieren eignen sich offenbar jedes Thema, jeder Sachverhalt, jede Leistung, jede Eigenschaft und jedes Mißgeschick. Das Siegenwollen ist oft der entscheidende Motor des Geschehens.

Ein solcher Fall begegnete mir einmal bei den eigenen Kindern. Eines kommt während der Ferien auf dem Bauernhof am Morgen zu mir und klagt, es habe 17 Mückenstiche. Gleich mischt sich das andere ein: »Ich aber 18!« Hier geht es, leicht erkennbar, um die Aufmerksamkeit des Vaters, die errungen sein will. Dieser Zweck allein heiligt die kühne Übertreibung des eigenen Leidens.

Ähnliches erlebt man mit Erwachsenen. Ich hatte aus Anlaß einer Einladung für die Gastgeberin einen sehr schönen Pralinenkasten gekauft. Beim Auspacken sagt die Beschenkte: »Ach, was ich früher als Dienstmädchen von meiner Herrschaft immer für Pralinenschachteln geschenkt bekommen habe! Dagegen ist das hier gar nichts!«

Eine Kollegin erzählt im Freundeskreis von der Zahl der Bücher, die sie geschrieben hat, beiläufig und ohne Angeberei. Gleich unterbricht sie ein Kollege: »Ich aber mehr!« Unter Menschen, die ihr Leben in den Dienst anderer Menschen stellen, kommt es manchmal zu einem zähen Ringen um die Frage, wer von ihnen der Bescheidenste oder der Gottesfürchtigste sei. In Ehen habe ich wütende Schreiereien darüber miterlebt, wer von den beiden Partnern die Kinder am besten zu Pazifisten erzieht.

In allen diesen Beispielen scheint auch das Bemühen auf, einer Entwertung zu entgehen, die subjektiv eintreten würde, wenn man den ersten Platz dem anderen überlassen würde. Denn an Sieg, Genuß und wirkliche Überlegenheit ist bei solchen Wortwechseln natürlich nicht zu denken, sondern nur an Trotz und Verhärtung. Aber natürlich geht es oft auch um wirklich knappe Güter wie Zeit, Geld, Liebe, Einfluß und Prestige.

Zugzwang

Konkurrenz entsteht u. a. im eigenen Kopf. Wir selbst machen also eine Konstellation, die zum Konkurrieren einlädt, zu einer Situation, in der wir zum Konkurrieren verpflichtet sind. Oft steht am Anfang einer langwierigen derartigen Auseinandersetzung eine innere Bereitschaft zum Konkurrieren; oder es entwickelt sich der Eindruck, eine aufgedrängte Konkurrenz aushalten und durchstehen zu müssen. Diese innere Haltung stößt dann unweigerlich auf Konkurrenzangebote des Gegenüber, denen wir entgegenkommen. Das Szenario scheint wie ein insgeheim wohl eingeübtes Stück Zusammenarbeit zwischen Menschen, die gemeinsam dafür sorgen, daß ihr Konkurrenzstreben wechselseitig zum Zuge kommt und sich entfaltet. Jeder der Beteiligten erfüllt die Erwartungen des anderen und auch die eigenen, findet sich in seinem Weltbild bestätigt und ist unglücklich über die Entwicklung, die er nicht gewünscht, aber auch nicht verhindert hat: *Der andere* hat mir das alles aufgedrängt und angetan.

Ich selbst erlebte einen solchen Vorgang einmal etwa ein Jahr vor dem Abitur. Ich stand am Abend nach der Philosophie-Arbeitsgemeinschaft mit einem Freund an der Straßenbahnhaltestelle; wir unterhielten uns über unsere Berufspläne. Ich sagte auf seine entsprechende Frage hin etwas vage: ›Vielleicht Psychologie, mal sehen‹, ein wenig beiläufig und zugleich um weltmännische Selbstverständlichkeit bemüht; denn die Psychologie stand damals nicht besonders hoch im Kurs an unserem altsprachlichen Gymnasium, und ich war nicht ganz sicher, ob der Schulfreund nicht mit Spott über mich herfallen werde. Statt dessen antwortete er: »Hast du denn schon von Kretschmer ›Körperbau und Charakter‹ gelesen?« Nein, das hatte ich nicht. Ich hatte nicht einmal davon gehört bisher und gestand es etwas kleinlaut ein. Da gewann er ordentlich Oberwasser. »Waaaas?« sagte er mit übertriebener Betonung. »Waaaas? Du willst Psychologie studieren und kennst ›Körperbau und Charakter‹ nicht??? Ja, wie stellst Du Dir denn das vor, wenn Du nicht mal die Grundlektüre kennst?!« Ich antwortete, um meinen Selbstwert nicht ganz versinken zu lassen, betont lässig: »Wieso, das ist doch kein Problem. Dann leihe ich mir das morgen aus der Bibliothek, das hab ich ja in ein, zwei Tagen durch.« Das nahm ihm ein wenig den Wind aus den Segeln, und ich war erleichtert, meinen Kopf aus der Schlinge gezogen zu haben. Als ich mir das Buch dann wirklich auslieh, erwies es sich doch als zähe Lektüre, die meiner Absicht, sie ›in ein, zwei Tagen‹ zu absolvieren, erfolgreich widerstand. Es plagte mich danach noch lange Zeit die Vorstellung, daß, während ich mich nun an ›Körperbau und Charakter‹ abrackerte, der Schulfreund, der übrigens auch Psychologie studieren wollte, bereits das nächste Buch über Psychologie lesen werde. Wenn ich schließlich mit Kretschmers Werk fertig wäre und mir nun die Lektüre des Freundes vornehmen würde, hätte er bereits wieder Gelegenheit, zu einem weiteren wichtigen Standardwerk der Psychologie zu greifen – kurz: Ich würde ihn nie, aber auch nie mehr einholen.

Ist die Kampfansage ausgesprochen, so gibt es kein Zurück mehr oder jedenfalls nicht mehr ohne Gesichtsverlust. Der lateinische Spruch ›Quidquid agis, prudenter agas et respice finem‹ nimmt darauf Bezug: Gehe jede Sache umsichtig an und bedenke die Konsequenzen und das Ende von dem, was Du in Angriff nimmst.

Wen später der Mut verläßt, nachdem er anfänglich mit Forschheit begonnen hat, über den sagt man, er kneife – keine sehr schmeichelhafte Bezeichnung. Diese Redensart und die Furcht vor der Blamage mag manche Menschen dazu veranlassen, eine Torheit, auf die sie sich eingelassen haben, nicht abzubrechen, obwohl alle Vernunft dafür sprechen würde. Statt spät noch zu bremsen, nehmen sie lieber den größten Schaden in Kauf.

Manche Menschen bringen sich durch ihre Großspurigkeit in Situationen, aus denen sie später meinen, ohne Gesichtsverlust nicht mehr herauszukönnen, und lassen sich dann auf lebensgefährliche Mutproben ein. Eigenartigerweise wird dabei, etwa im Fall des Russischen Roulett, eher der Tod als den Rückzug in Kauf genommen. Auch im gegenwärtigen Alltag geschehen solche Dinge. So kletterte ein Mann, nachdem er in angeheiterter Stimmung vor Freunden geprahlt hatte, er könne von der Rheinbrücke in den Fluß springen, als sie ihm dies nicht glauben wollten und ihn einen Aufschneider und Angeber nannten, tatsächlich über das Geländer und sprang hinunter – in den Tod.

Ein Klient von mir begann eine heftige Liebesbeziehung mit einer Frau, die nach wenigen Begegnungen zu ihm sagte:»Wetten, daß Du es nicht wagst, mich zu heiraten?!« Das wollte er nicht auf sich sitzen lassen. Der Kraftakt ging aber nicht gut. Ein Jahr nach der Eheschließung zog sie hochschwanger aus der gemeinsamen Wohnung aus. Sein Mut hatte sie nur kurze Zeit beeindruckt. Danach stellte sie fest, daß sie eigentlich nicht mit ihm zusammenleben wollte.

Manchmal stellt sich die Haltung des Konkurrierens ganz unbewußt ein, als ob sie eine gesellschaftliche Selbstverständlichkeit sei, die zu einer bestimmten Rolle unweigerlich dazugehöre.

Ich war mit einem Vortrag auf 11.00 Uhr zu einem Kongreß eingeladen. Um 9.00 Uhr begann die Tagung mit den Begrüßungsworten und dem Vortrag eines Kollegen, der sein Thema sehr sorgfältig behandelte, geistreich, klug und in großem Bogen. Nachdem ich ihm eine Weile lang mit Genuß zugehört hatte, spürte ich eine Beunruhigung in mir aufsteigen. Ich ging ihr nach und stieß schnell auf die eifersüchtige Frage, ob mein bevorstehender Vortrag beim Publikum auf eine ähnliche Resonanz stoßen werde wie jetzt der seine. Ich konnte ihm nun nicht mehr so gut zuhören. Meine Aufmerksamkeit begann sich auf die Hoffnung zu konzentrieren, daß ihm vielleicht ein Patzer oder eine Plattheit unterlaufen werde, die die Qualität seiner Darstellung schmälern würde. Dies geschah leider nicht. Er sprach, meinen Neid nicht ahnend, unbefangen weiter und wurde mit angemessenem Applaus belohnt. Ich selbst beeilte mich, unter den ersten Gratulanten zu sein. Aber von weiten Teilen seines Vortrags hatte ich, was die Inhalte anging, nicht viel mitbekommen.

Es lohnt sich also, diese innere Bereitschaft und Neigung zum Konkurrieren an sich zu beobachten. Sie ist manchmal lästig; aber natürlich kann sie auch ein starker Motor bei dem Streben sein, die eigenen Fähigkeiten zu entfalten und persönliche wie auch gemeinschaftsfähige Ziele zu verfolgen.

5. Durchsetzung, Verzicht und Konsens

Konkurrenz entsteht u. a. auf Grund der projektiven Annahme, das Gegenüber konkurriere. Bekanntlich sind Erwartungen Tatsachen, die Wirkungen nach sich ziehen. Dies wurde durch Rosenthal und Jacobson (1971) erstmalig statistisch nachgewiesen, mit schwachen Signifikanzen übrigens. Es ist seitdem in der Pädagogischen Psychologie als *Pygmalion-Effekt*, in der Familientherapie, Sozialpsychologie und Politischen Psychologie als *sich selbst erfüllende Prophezeiung* (Watzlawick et al., 1968) bekannt. Das klassische gruppendynamische Experiment, das dies belegt, ist das prisoner-dilemma-game (Antons, 1976).

Zwei Verdächtige werden verhaftet und voneinander getrennt. Der Staatsanwalt ist sicher, daß sie eines bestimmten Verbrechens schuldig sind, aber er hat keine genügenden Beweise, um sie im Prozeß zu überführen. Er teilt jedem Gefangenen mit, daß jeder von ihnen zwei Alternativen habe: Das Verbrechen, von dem die Polizei sicher ist, daß sie es begangen haben, zu gestehen oder nicht zu gestehen. Im Falle, daß sie beide nicht gestehen, würde er sie einiger geringerer Vergehen überführen, wie z. B. Diebstahl und illegalen Waffenbesitz, und sie würden beide eine kürzere Strafe erhalten; wenn sie beide gestehen, würde ihnen beiden der Prozeß gemacht, aber er würde dann nicht die höchstmögliche Strafe vorschlagen; wenn einer gesteht und der andere nicht, würde derjenige, der gesteht, eine leichtere Bestrafung erhalten, weil er das Verfahren erleichtert. Derjenige, der dann nicht gesteht, wird die Höchststrafe erhalten. Das strategische Problem, ausgedrückt in Jahren Haft sähe dann folgendermaßen aus:

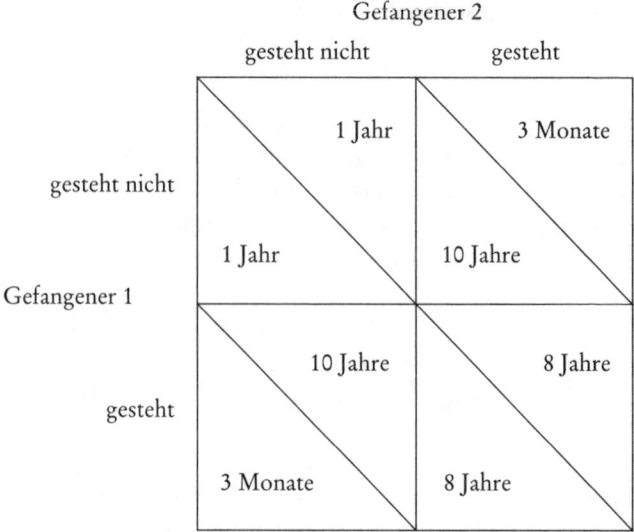

Abb. 5: Alternativen im Gefangenen-Dilemma
(aus Antons 1976, S. 128)

Im Original-Experiment handelt es sich also um zwei Gefangene. Diese haben Gelegenheit, sich selbst und den jeweils anderen zu schützen (Kooperation) *oder* selbst allein und zu Lasten des anderen freizukommen (Konkurrenz). Für die Kooperationsvariante benötigen sie freilich einzeln oder als Gruppe eine gleichsinnige Vorgehensweise der jeweils anderen Gruppe, von der sie nicht wissen, wie diese handeln wird: Wenn die andere Gruppe versucht, die eigene Haut zu retten, und man selbst hat auf Zusammenarbeit gesetzt, so ist man der Verlierer: Die andere Gruppe kommt frei; man selbst kassiert die langjährige Freiheitsstrafe. Folglich verhält man sich zunächst bedeckt, um die Reaktion der anderen Seite zu erkunden. Diese ist freilich nicht weniger vorsichtig und antwortet im ersten Durchgang des Spiels ebenfalls abwartend. Am Ende dieses Spieldurchgangs können sich die Verfechter des Konkurrenzstandpunktes in beiden Gruppen bestätigt fühlen: ›Wenn wir uns kooperativ verhalten hätten, wären wir jetzt die Dummen. Aber jetzt hat die andere Gruppe ihre wahren Absichten verraten, nämlich uns zu ihrem eigenen

Vorteil rücksichtslos zu opfern. Also bleibt uns nichts anderes übrig, als ebenfalls (!) auf das Konkurrenzmodell zu setzen!‹ Bei dieser vordergründig plausiblen Gedankenführung wird doch mehrerlei übersehen:

(1) Es gibt kein Vorher/Nachher in diesem Spiel. Vielmehr sind beide Gruppen aufgefordert, zu entscheiden und dabei mitzubedenken, was die andere Gruppe vermutlich *gleichzeitig* tut. Beide Gruppen dagegen interpunktieren den Prozeß, als reagierten sie selbst auf ein *vorausgehendes* Verhalten der anderen Gruppe.

(2) Beide Gruppen erwarten stillschweigend, die jeweils andere Seite müsse die eventuelle, freilich noch nicht praktizierte eigene gute Absicht erkennen oder jedenfalls vermuten, voraussetzen und in ihrem Verhalten berücksichtigen, ja honorieren, gestatten sich selbst aber, der anderen Gruppe gegenüber mißtrauisch zu sein.

(3) Die eigene Vorgehensweise wird als Umsicht und Vorsicht interpretiert, das gleiche Tun der anderen Gruppe dagegen gilt als Heimtücke und Verrat.

(4) Beide Gruppen verlieren schnell aus dem Blick, daß die Aufgabe lautet, so zu handeln, daß am Ende beide Gruppen zu möglichst wenigen Jahren Gefängnis verurteilt werden. Statt dessen bemühen sie sich, sich selbst auf keinen Fall mehr Gefängnisjahre einzuhandeln als der anderen Gruppe. Nach Spielende sitzen sie dann oft etwas belämmert auf dem Triumph, daß die andere Gruppe 50 Jahre absitzen muß, die eigene ›nur‹ 45 Jahre.

Selbst wenn sich im Laufe mehrerer Spieldurchgänge ein kooperativer Vorgehensmodus findet, ist doch die Neigung groß, in der letzten Spielrunde die Kooperation aufzukündigen und die andere Seite kurz vor Spielschluß abzuhängen (Hengsbach, 1995). Gleich keimt das Mißtrauen auf, die anderen planten vielleicht das gleiche. Also ist es klüger, schon in der vorletzten Runde so zu verfahren, oder – vielleicht sind die Gegner ja genauso gewitzt – doch besser noch ein, zwei oder drei Runden früher. Das ist die Logik des Präventivschlags.

Manche Konkurrenzreaktion erschöpft sich also darin, zu verhindern, daß der andere eine vorteilhafte Stellung erringt. Dies ist das sog. Null-Summen-Spiel, d. h. eine Strategie, bei der unterm Strich für alle Beteiligten der Vorteil summa summarum Null beträgt.

Ein Beispiel dafür erlebte ich einmal in einem Berufsverband. Einer der Kollegen hatte sich bei der Verbreitung einer neuen Therapiemethode bemerkenswerte Verdienste erworben und auch viele Kollegen in sie eingewiesen. Er erhielt von einem Buchverlag eines Tages das Angebot, ein Lehrbuch über die neue Arbeitsweise abzufassen. Seiner kollegialen partizipativen Grundhaltung gemäß wollte er diese Aufgabe aber nicht an seine Person binden, sondern nur als Herausgeber fungieren, und lud alle Kolleginnen und Kollegen ein, sich mit einem eigenen Beitrag an dem Werk zu beteiligen. Bei der Verbandssitzung, bei der er dies vortrug, schlug ihm offene Ablehnung entgegen. Man denke gar nicht daran, *für ihn* zu arbeiten; er mache es sich ja reichlich bequem; ein solches Buch unter seiner Federführung werde den Eindruck erwecken, er sei der Erfinder der Methode usw. Das Projekt kam am Ende nicht zustande. Eine repräsentative Selbstdarstellung der Methode durch ihre wichtigsten Vertreter gelang erst 30 Jahre später.

Wenn Konkurrenten sich zum Null-Summen-Spiel entscheiden, gewinnt am Ende derjenige, der in der Blockierung aller Initiativen seinen Vorteil sieht. Es kommt dabei schnell der Zeitfaktor als entscheidende Größe ins Spiel. Es geschieht nämlich *nicht nichts*, sondern es vergeht die Zeit, in der etwas geschehen *könnte*. Somit entscheidet am Ende derjenige die Auseinandersetzung zu seinen Gunsten, dem, auch wenn sein eigenes Votum sich nicht durchsetzt, am meisten daran gelegen ist, daß jedenfalls auch keiner der anderen zum Zuge kommt. Dies ist dann gleichsam sein Meta-Votum: Niemand soll Erfolg haben. Gelingt es ihm, dafür zu sorgen, so ist dies *sein* Erfolg. Welcher der Konkurrenten dies Ziel verfolgt, erkennt man meist freilich zu spät und ohne noch einwirken zu können daran, daß dieser während der ganzen Auseinandersetzung und auch an ihrem Ende relativ entspannt und zufrieden erscheint, während die anderen sich angestrengt um Lösungen bemühen und entnervt, mißmutig und enttäuscht sind.

Ich selbst erlebte eine solche Situation einmal im Freundeskreis. Wir hatten uns mehrere Jahre lang immer wieder zu fünft für ein paar Tage getroffen, um unsere beruflichen wie auch persönlichen Lebensläufe und Entwicklungen auszutauschen, von unseren Plänen zu berichten und uns wechselseitig zu supervidieren. Eines Tags kam der Gedanke auf, auch unsere Partnerinnen und Partner zu diesem Treffen hinzuzuziehen. Daraus freilich entwickelte sich schnell ein Problem, das unsere kleine Gruppe in drei Fraktionen spaltete. Eine Auffassung lautete, das nächste Treffen solle so ähnlich verlaufen wie die vergangenen, nur eben in Anwesenheit von fünf Gästen. Ein zweiter Vorschlag lautete, wir könnten zu zehnt eine völlig neue Gruppe bilden; hier sollten alle das gleiche Recht haben, reihum zu berichten und dabei ungeteilte Aufmerksamkeit zu genießen, ganz so wie früher die Mitglieder der Kerngruppe. Drittens wurde die Position vertreten, wir sollten vorab gar nichts entscheiden, sondern alles dem Prozeß der neuen Situation überlassen und das Richtige an Ort und Stelle herausfinden. Da wir uns nicht einigen konnten, fiel die Einladung an die Partnerinnen und Partner etwas undeutlich aus, und die unentschiedene Debatte wiederholte sich zu Beginn der Zusammenkunft. Sie dauerte fünf Tage lang; dann war das Treffen zu Ende, ohne daß wir etwas Nennenswertes besprochen hatten. Hintergründig hatte sich in gewisser Weise die erste Meinung durchgesetzt; denn die Partnerinnen und Partner waren ja jedenfalls nicht zum Zuge gekommen. Allerdings bezahlten die Stamm-Mitglieder diesen Statuserhalt damit, daß auch sie ihre Themen nicht zur Sprache bringen konnten.

Die Geschichte von Salomo und den zwei Frauen, von denen jede behauptet, die Mutter des Kindes zu sein, ist ein schönes Beispiel für den Versuch, ein Null-Summen-Spiel zu inszenieren: Die eine Frau jedenfalls will, wenn sie selbst das Kind nicht bekommen kann, es lieber tot sehen, als es der anderen zu überlassen. Aber Salomo durchschaut die Lügnerin: Wer der Vernichtung dessen zustimmt, was ihm angeblich am meisten am Herzen liegt, der kann keine lauteren Motive haben.

Salomonische Urteile gibt es auch im Alltag. In einer Reportage wurde vom Leben der Trobriander berichtet, jenem Volksstamm auf Papua-Neuguinea, den vor 60 Jahren der polnische Ethnologe Borislaw Malinowski erforscht hatte. Eine Episode: Zwischen Vater und Tochter ist ein Streit um den Besitz einer wertvollen Muschelkette ausgebrochen, die die Mutter bei ihrem Tod zurückgelassen hat. Aussage steht gegen Aussage – ein verbindliches Erbrecht gibt es nicht. Da zieht der Ältestenrat die Kette kurzerhand ein und gibt den beiden auf, sich zu einigen. Nun können sie nicht anders, als zu kooperieren. Denn jeder hat dem anderen gegenüber ein Vetorecht, wenn ihm die vorgeschlagene Lösung nicht gefällt. Währenddessen verrinnt aber die Zeit, in der beide nichts von der Kette haben.

Entsolidarisierung und reifer Verzicht

Konkurrenz geht oft mit Entsolidarisierung einher. In der Situation der Konkurrenz ist leicht jeder jedermanns Gegner. Wer von sich aus nicht dazu neigt, Mitmenschen als Feinde zu betrachten, kommt u. U., nachdem er ein paar Mal gutmütig verzichtet und dabei den kürzeren gezogen hat, zu einer solchen Haltung. Mir selbst ist dieser Vorgang u. a. an Schülern und Studenten aufgefallen.

Schülerinnen und Schüler sehen sich nicht nur genötigt, selbst gute Noten anzustreben, sondern müssen daran interessiert sein, daß Mitschüler *keine* guten Noten erzielen: Hochschulzulassung und spätere Berufschancen hängen davon ab. Das kann dazu führen, daß schon Zwölfjährige sich nicht mehr gegenseitig das Heft leihen, die richtige Mathematiklösung und Übersetzung zurückhalten und die Mitschüler hinsichtlich des eigenen Leistungsstandes gezielt im unklaren lassen:

> »Meine Oma belohnte gute Zensuren mit Geld. Zwischen meiner 16 Monate älteren Schwester und mir entstand Konkurrenz, wer die besseren Noten nach Hause brachte. Besonders deutlich wurde dies, wenn es Zeugnisse gab. Unsere Mutter hat dann aber immer dafür gesorgt, daß wir beide gleich belohnt wurden. Nach der Grundschule bekamen wir dann auch kein Geld mehr für gute Zensuren« (28jährige Studentin).

> »Ein gemeinsames Ziel meiner Freundin und mir war, auch nach der Schule mit Kunst in Berührung zu bleiben. In X wollten wir eine Graphik-Design-Aufnahmeprüfung bestehen. Der Entschluß fiel unabhängig voneinander. Zufällig trafen wir uns im Zug, sie hielt alles geheim, was mit ihrer Kunstmappe und mit der Prüfung zu tun hatte. Das fiel mir auf. Ich hatte aber auch keine Lust, sie darüber auszufragen. Erst in X merkte ich, daß ich für sie als Konkurrentin galt. Schade an der ganzen Sache war, daß fast alle Leute dort so unter Leistungsdruck standen. Mich schreckte die Atmosphäre so ab, daß ich, schon bevor die Eignungsprüfung stattfand, den Entschluß faßte, nicht in diesem Sinne Kunst weiterzumachen. Die ganzen drei Tage über war meine Freundin wie verwandelt. Nach ihrer Prüfung, die etwas früher fertig war als meine, fuhr sie wortkarg ab« (20jährige Studentin).

Daß Konkurrenz alle Kollegialität und Solidarität hinwegschwemmen kann, erfuhr ich eines Tages auch in meiner Selbstbeobachtung.

> Ein Kollege von mir war in der gemeinsamen Assistentenzeit ein rechter Überflieger. Er hatte eine schnelle Auffassungsgabe und steckte ständig voller Ideen. Er produzierte am laufenden Band Arbeitspapiere und war zusätzlich auch bei den Studenten noch sehr be-

liebt; er war mit ein paar Veröffentlichungen früh vorgeprescht und wurde häufig zu Vorträgen eingeladen. Eine baldige Berufung auf einen Lehrstuhl schien zum Greifen nah. Da erfuhr ich, daß ein Amerikaaufenthalt, den er für ein Forschungsprojekt angestrebt hatte, von der Fördereinrichtung abgelehnt worden war. Nun hatten wir dieses Vorhaben im Kollegenkreis ausführlich diskutiert, und ich hatte auch manchen guten Rat dazu gegeben. Aber nun durchfuhr mich eine heimliche Freude, daß sein Höhenflug einen Dämpfer erfuhr. Freilich hielt der Genuß nur wenige Minuten an, dann überwogen Mitleid und Bedauern – erst Jahre später fiel mir wieder ein, daß mein *erster* Affekt die Befriedigung über seinen Mißerfolg gewesen war.

Unter Studenten ist eine Vielzahl von Entsolidarisierungen zu beobachten. Skripten werden nicht mehr ausgetauscht, Prüfungsfragen nicht verraten; Bibliotheksbücher, die für die Arbeit unentbehrlich sind und die man selbst gefunden hat, werden nach der Benutzung in falschen Regalen abgestellt, nicht etwa nur, um selbst am nächsten Tag das Buch zügig wiederzufinden und weiterarbeiten zu können, sondern auch, damit kein anderer sie findet und etwa das gleiche gute Ergebnis erzielen würde wie man selbst. Es ist vorgekommen, daß Kommilitoninnen und Kommilitonen wichtige Textpassagen aus Büchern, nachdem sie sie selbst benutzt hatten, herausgerissen und weggeworfen haben: Hier herrscht das Prinzip der verbrannten Erde oder auch das Gesetz ›Nach mir die Sintflut‹. Ein Kommilitone berichtete mir, daß, wenn man als Student Unterlagen in Hörsaal oder Bibliothek liegenläßt, diese von anderen Studenten nicht etwa aus eigener Not oder zur eigenen Bereicherung mitgenommen, sondern gezielt weggeworfen werden: Was dem andern schadet, ist allemal mein Vorteil.

Wir können resümieren: Wenn wir beim anderen eine Konkurrenzhaltung erwarten, neigen wir dazu – rein vorsorglich natürlich –, uns selbst konkurrierend zu verhalten, und erhalten dann genau die Konkurrenzreaktion, die wir als Neigung des anderen vorausgesagt haben. Mythos, Geschichte und Literatur berichten in großer Zahl von Konkurrenzeskalationen bis hin zur Katastrophe: Kain und Abel, Esau und Jakob, Romulus und Remus, ein Bruderstreit im Hause Habsburg, Franz und Karl Mohr. Bales (1970) hat diesen Vorgang in seiner Interaktionsanalyse operationalisiert (Tab. 1).

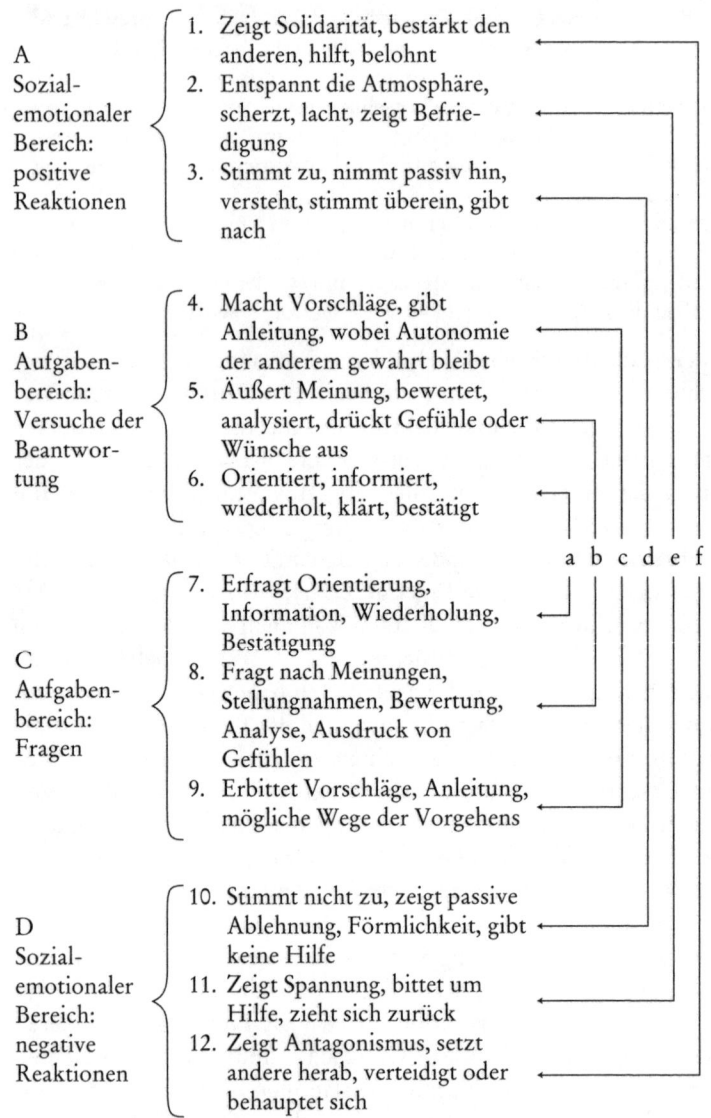

A Sozial- emotionaler Bereich: positive Reaktionen	1. Zeigt Solidarität, bestärkt den anderen, hilft, belohnt 2. Entspannt die Atmosphäre, scherzt, lacht, zeigt Befriedigung 3. Stimmt zu, nimmt passiv hin, versteht, stimmt überein, gibt nach	
B Aufgaben- bereich: Versuche der Beantwortung	4. Macht Vorschläge, gibt Anleitung, wobei Autonomie der anderem gewahrt bleibt 5. Äußert Meinung, bewertet, analysiert, drückt Gefühle oder Wünsche aus 6. Orientiert, informiert, wiederholt, klärt, bestätigt	
C Aufgaben- bereich: Fragen	7. Erfragt Orientierung, Information, Wiederholung, Bestätigung 8. Fragt nach Meinungen, Stellungnahmen, Bewertung, Analyse, Ausdruck von Gefühlen 9. Erbittet Vorschläge, Anleitung, mögliche Wege der Vorgehens	a b c d e f
D Sozial- emotionaler Bereich: negative Reaktionen	10. Stimmt nicht zu, zeigt passive Ablehnung, Förmlichkeit, gibt keine Hilfe 11. Zeigt Spannung, bittet um Hilfe, zieht sich zurück 12. Zeigt Antagonismus, setzt andere herab, verteidigt oder behauptet sich	

Legende: a) Probleme der Orientierung; b) Probleme der Bewertung; c) Probleme der Kontrolle; d) Probleme der Entscheidung; e) Probleme der Spannungsregulierung; f) Probleme der Integration

Tab. 1: Verhalten in Kleingruppen (Bales, 1970)

Interessant ist dabei vor allem, was auf die Verhaltensweisen 1 und 12 folgt: Es passiert ziemlich genau das, was das Sprichwort uns verrät: ›Wie man es in den Wald hineinruft, so schallt es heraus.‹ Wer also Solidarität anbietet, erhält sie zurück, und wer sich antagonistisch verhält, erfährt antagonistische Reaktionen.

Unter meinen Studentinnen und Studenten erlebte ich einmal ein beeindruckendes Beispiel des Verzichtens aus einer Haltung der Verantwortung heraus. Ich hatte ein Seminar zum Thema Supervision angeboten und wollte mit 12 Kommilitonen ein Semester lang an Fällen aus ihren aktuellen Praktika arbeiten. Es kamen zum Termin der Vorbesprechung aber über 30 Studenten; alle erfüllten die beiden Zulassungskriterien, nämlich gegenwärtige regelmäßige Arbeit in einem psychosozialen Arbeitsfeld *und* Bereitschaft, eigene Fälle vorzutragen. Ich konnte in dieser Situation kein Vorrecht einzelner Kommilitonen erkennen, und fand die Möglichkeit eines Losverfahrens inakzeptabel. Ich bat daher alle Kommilitonen zu prüfen, *wie dringend ihr Supervisionsinteresse gegenwärtig sei* und gegebenenfalls zurückzutreten. Für diese Option meldete sich zunächst niemand. Nach einigen Minuten äußerten einige Kommilitonen ihre Bereitschaft dazu, zögernd freilich. Zuletzt, als die Zahl der Verbliebenen schon beträchtlich kleiner geworden war, begannen einige Studenten, die Teilnehmer abzuzählen, stellten fest, daß es immer noch mehr als 12 waren, und trennten sich von ihrer Absicht. Nach 20 Minuten konnte die Arbeit in der 12er-Gruppe beginnen. – Nun ist nicht auszuschließen, daß nicht diejenigen ausharrten, die besonders dringend Supervision benötigten, sondern die Selbstsichereren und Durchsetzungsfähigeren, und daß die Schüchternen und Ängstlichen verzichteten, nicht die, deren Bedürfnis von geringerer Intensität war. Aber die Stimmung erschien mir in beiden Gruppen reif und gelassen, nachdem die Entscheidung gefallen war: bedauernd und akzeptierend bei den Verzichtenden, erfreut und dankbar bei der kleineren Gruppe der endgültig zugelassenen Seminarteilnehmer.

Eine aufschlußreiche Situation zum Studium von Konkurrenzprozessen ist das Diplomanden- und Doktoranden-Colloquium. Hier wird Sitzung für Sitzung eine der in Entwicklung befindlichen Arbeiten gründlich diskutiert. Der Kandidat selbst ist dadurch entlastet, daß alle Ideen und Beiträge von einem anderen Kommilitonen protokolliert werden. So kann derjenige, dessen Arbeit behandelt wird, sich ganz auf die Diskussion konzentrieren. Erhellend ist, wie die Aufgabe, konstruktiv zu der Arbeit Stellung zu nehmen, von den Kommilitonen aufgefaßt wird, und auch, wie der

Betreffende selbst reagiert. Manche Studenten sehen in der Diskussion eine Gelegenheit, dem Kandidaten vorzuführen, was er alles versäumt hat und wo die Unzulänglichkeiten seines Ansatzes liegen. Sie scheinen dem Motto zu folgen: ›Ich kritisiere, und indem ich den anderen klein mache, erlebe ich selbst eine Art Aufstieg.‹ Anderen gelingt es, ihre Beiträge *als Ergänzung* zum bestehenden Fundus zu formulieren – gegen sie muß sich der Kandidat, der sich doch unweigerlich auf dem Prüfstand fühlt, nicht zur Wehr setzen.

Als Orte besonders krasser Konkurrenzentwicklung müssen Prüfungsvorbereitung und Prüfung betrachtet werden. Hier geht es um Weichenstellungen, die oft über den ganzen weiteren Lebensweg entscheiden: Studiendauer und Notendurchschnitt werden von Personalabteilungen in der Regel als wichtige Indikatoren dafür herangezogen, ob ein Bewerber überhaupt in Betracht gezogen wird oder nicht. Dies allein schon erschwert es jungen Menschen, gemeinschaftsbezogene Haltungen zu entwickeln. Andererseits wünscht man sich gerade für Führungspositionen Menschen, die in Personalführung und Ressourcennutzung einen guten Stil praktizieren. Wer freilich jahrelang nach den Grundsätzen ›Jeder ist sich selbst der nächste‹ leben muß, um Examina erfolgreich bestehen zu können, wird es später schwer haben, solche Haltungen wieder abzulegen.

In manchen Studienfächern bemüht man sich, diese Konkurrenzhaltungen nicht ausufern zu lassen, indem man Gruppenreferate, Gruppenhausarbeiten und Gruppenprüfungen zuläßt. Diese Studenten arbeiten natürlich nicht konkurrenz-*los*. Auch sie haben die Bedingungen der Prüfungsordnung zu erfüllen und müssen sich am Leistungsdurchschnitt aller Studenten messen lassen. Aber intern können sie einüben, Aufgaben gemeinsam zu lösen, also *für sich selbst und für die anderen* zu arbeiten. Wenn dies gelingt, kann sich daraus eine kollegiale Haltung entwickeln, die in Fleisch und Blut übergeht und ein Modell für spätere Zusammenarbeit wird.

Manche Prüfungsordnungen schüren die Konkurrenz ganz gezielt und sind offenbar darauf angelegt, Zusammenarbeit zu verhindern. Die juristischen Hausarbeiten etwa *müssen* einzeln geschrieben werden. Arbeiten, die in Stil und Aufbau auffallend ähnlich sind, werden als Täuschungsversuch bewertet und mit ungenügend benotet. Nun läßt sich freilich die Zusammenarbeit zwischen den Kommilitonen nicht völlig unterdrücken. Wenn sie sich aber miteinander beraten, müssen sie im nachhinein die Spuren ihrer Zusammenarbeit wieder verwischen, indem sie die Gliederungen künstlich umstellen, eigenwillige Stilmerkmale einfügen und mit auffallendem Formulieren einen unverwechselbar-individuellen Eindruck erzeugen: So entsteht ein Zwang zu Täuschung und Betrug.

In Supervisionen geht es oft um die Frage, wer Raum für sein Thema findet und wer zurücktreten bzw. verzichten muß. Die Supervisanden begreifen die Situation manchmal als Szene der Konkurrenz und versuchen mit Anstrengung, das eigene Interesse durchzusetzen. Hier hat sich eine einfache Umdefinition des Sachverhaltes bewährt: Ich bitte in solchen Momenten, dem eigenen Wunsch gegenüber einmal eine gewisse Distanz einzunehmen und dann anzugeben, mit welcher Intensität auf einer Skala zwischen 1 und 100 Supervisanden daran liegt, daß ihr Thema als erstes behandelt wird. Dieser Perspektivenwechsel erweitert ihren Blick. Sie könnten nun blindlings 100 angeben und versuchen, das Rennen damit für sich zu entscheiden. Aber die Unsinnigkeit eines solchen Vorgehens wird ihnen sofort klar: Wenn alle so verfahren würden, hätten sie gemeinschaftlich meine Hilfestellung zunichte gemacht und nichts gewonnen; denn das Patt würde auf diesem Wege nur bestätigt. Tatsächlich tritt dieser Fall jedoch nicht ein. Da jeder der Konkurrenten *als Erwachsener* angesprochen ist, hat er die Möglichkeit, auf kindliches Taktieren, Übervorteilenwollen und Manipulieren zu verzichten, bedenkt ernsthaft die Dringlichkeit seines Wunsches und gibt seine Ziffer ungeschützt an; zumindest der erste weiß nicht, wie die anderen votieren werden. Ein Mißbrauch dieser Offenheit ist mir kein einziges Mal begegnet; wenn alle Wünsche mit großem Nachdruck geäußert werden, so teile ich die Zeit gleichmäßig auf und stelle jedem Supervisanden ein wenig davon zur Verfügung. Mancher Kommilitone sagt dann: »Ich brauche nur fünf Minuten, ich will nur kurz berichten.« Das entlastet ihn, bindet ihn ein *und* gibt Raum dafür, daß mit einem anderen Kommilitonen intensiver gearbeitet werden kann. – Auch in Paartherapien hat sich dieses Vorgehen bewährt, sowohl bei der Beschreibung von Bedürfnissen wie auch beim Aushandeln von Entscheidungen.

Gefühlsfärbungen

Konkurrenz weist oft eine triebhafte Komponente auf. Die aus dem Militärwesen stammende Redensart ›Viel Feind, viel Ehr‹, so lebensverachtend sie ist, trifft, was den seelischen Sachverhalt angeht, durchaus etwas Nachvollziehbares. Wer bekämpft wird, dazu noch von vielen und prestigehaltigen Gegnern, muß offenbar eine wichtige Persönlichkeit sein. Mit kleinformatigen Kontrahenten setzt man sich nicht auseinander. Angegriffen zu werden gereicht einem verquasten Gefühl von der eigenen Wichtigkeit also durchaus zur ›Ehre‹, wenn man unter Ehre das Beachtetwerden versteht.

Im Wissenschaftsbereich führt dies manchmal zu seltsamen Blüten. Wenn ein Autor in einem kritischen Artikel angegriffen wird, so greift er in der Regel zur Feder und schreibt eine Replik. Das läßt den Kritiker nicht ruhen; im nächsten Heft der Zeitschrift stellt er noch einmal seinen Standpunkt heraus, pointierter, schärfer oder ein wenig konzilianter. So geht es hin und her; beide scheinen die Öffentlichkeit ihrer Debatte zu genießen – natürlich geht es ausschließlich um die Sache dabei. In der Gruppendynamik trösten sich unbeliebte Trainer manchmal damit, daß sie offenbar den Nerv des Teilnehmerwiderstandes getroffen hätten und darum abgelehnt würden. Bisweilen ist dies auch der Fall. Aber in anderen Momenten nehmen die Teilnehmer mangelnde persönliche Integrität wahr und rechnen auch solche kränkungsabwehrende Selbsttröstungen dem zu.

Oft entsteht Konkurrenz aus dem Gefühl der Unterlegenheit. Es konkurriert also derjenige, der sich unterlegen fühlt oder dem öffentliche Unterlegenheit droht. Dabei wird subjektiv freilich die Bedeutung gern überschätzt, die die Rangfolge für Außenstehende hat. Im Sport etwa wird der Sieger gefeiert, erhält Prämien und eine Schlagzeile, ist Tagesgespräch in Fach- und Laienkreisen. Aber im übrigen bleibt er uns recht gleichgültig. Nur er selbst lebt von dem Aufsehen, das er erzeugt, und dem Ansehen, das er genießt. Der Unterlegene dagegen meint, Anlaß zu Scham, Rechtfertigung und Revanche zu haben. Aber auch er ist dem Publikum recht gleichgültig. Niemand findet ihn *sehr* blamiert nach seiner Niederlage (d. h. ja, er müßte sich niederlegen statt stolz zu stolzieren!). Selbst wenn er eine Publikumsreaktion von Abwendung und Schadenfreude erfährt, so sind diese Empfindungen doch flüchtig, von geringer Intensität, Dauer und Bedeutung für den Betrachter.

Unumkehrbarer Konkurrenzdruck entsteht oft aus Konstellationen heraus, die keiner der Beteiligten hat voraussehen können. Es ist oft eine Kleinigkeit, die den Auslöser für weitreichende Konsequenzen abgibt (vgl. Kap. 2). Wenn z. B. in der Nibelungensage Brunhild und Kriemhild einander am Kirchenportal begegnen, könnte es wechselseitig eine Geste der Noblesse sein, sich abwechselnd den Vortritt zu lassen. Nachdem Brunhild daraus eine Prinzipienfrage macht, für die staatlicherseits Klärungsbedarf besteht, weil durch die Reihenfolge des Eintretens ihre Stellung bei Hof definiert ist, gibt es kein Zurück mehr: Siegfried, der Kriemhild in indiskreter Weise die Wahrheit enthüllt hat, muß sterben – leider klärt auch dies die Situation nur für ein paar Jahre. Dann endet die Geschichte mit dem Tod aller Beteiligten – ein klassisches Beispiel des Null-Summen-Spiels, das in aller Konsequenz zu Ende gespielt wird.

Ich selbst hätte mich in einem gruppendynamischen Laboratorium beinahe einmal in eine unauflösbare Konkurrenz verstrickt. Eine Teilnehmerin sprach immer sehr konzentriert und konstruktiv und bemühte sich sichtlich um ein gutes Gelingen der Gruppe. Ich selbst leitete einmal eine längere Gesprächssequenz, in deren Mittelpunkt ein anderes Gruppenmitglied stand. Am Ende war die ganze Gruppe sichtlich bewegt. Nur diese Teilnehmerin lehnte sich zurück und sagte, zu mir gewandt: »Ich habe Dich genau beobachtet. Vieles von dem, was Du machst, ist reine Technik. Aber das ist zu wenig. Wenn Du nicht auch als Person sichtbar wirst in dieser Woche, werde ich unzufrieden abreisen.«

Nun kann ich der Aussage der Teilnehmerin im Prinzip gut zustimmen. Ich bin ebenfalls der Meinung, daß das Intervenieren von GruppenleiterInnen nicht in der Technik steckenbleiben und sich nicht in Maschen erschöpfen darf, sondern lebendig etwas von ihrer Persönlichkeit sichtbar werden soll. Aber zugleich fühlte ich mich nun verpflichtet, ihr genügend techniküberschreitendes Trainerverhalten zu liefern, damit sie am Wochenende nicht unbefriedigt nach Hause führe. Und da fing die Crux an. Ich begann nun nämlich, bevor ich etwas sagte, mich selbst zu prüfen mit der inneren Frage: ›Technik oder Persönlichkeit?‹, konnte manchmal nicht sofort sicher darauf antworten, geriet ins Grübeln und verpaßte darüber den Zeitpunkt für die Äußerung. Im Gruppengespräch meinte ich mehrmals, eine

Stockung wahrzunehmen; ihr gegenüber wurde ich zunehmend befangen und fragte mich schließlich, ob ich überhaupt noch zu technikfreien Äußerungen imstande sei und ob nicht *alles*, was ich sagte, auch etwas technisch Angeeignetes enthalte. Es meldete sich schließlich zum Glück ein gesunder Gegenimpuls in Form des Gedankens: ›Ich interveniere so, wie es mir gemäß ist. Ob das von ihr als technisch oder als persönlich bezeichnet wird, ist weniger entscheidend als die Frage, ob es frisch von *mir* stammt und dem aktuellen Gruppengeschehen entspricht.‹ Ich merkte, daß ich mit diesem Impuls die Last, der mir von ihr auferlegten Verpflichtung gerecht zu werden, von den Schultern fiel. Meine Äußerungen wurden nun wieder lebendiger und spontaner, und auch sie schien mir erleichtert. Wenn ich mich von ihrem Echtheitsdiktat hätte verpflichten lassen, hätte es weder ihr noch der Gruppe noch mir gutgetan; denn eine solche eingeforderte und produzierte Echtheit wäre gewiß eine peinliche Präsentation von Fassadenhaftigkeit geworden.

Fehlleistungen

Auch bei der Untersuchung innerseelischer Prozesse können wir einiges über das Wesen der Konkurrenz erfahren. Besonders plastisch zeigt sich dies in der Fehlleistung. Die Fehlleistung zeigt uns, wie von zwei konkurrierenden Bestrebungen sich zuerst die eine, dann die andere durchsetzt. Wir haben also einen Impuls, der auf Grund äußerer oder innerer Zwänge nicht zum Zuge kommen soll und den wir u. U. auch nur undeutlich spüren: Da ist noch etwas, was bedacht werden sollte – aber wir widmen ihm nicht unsere Aufmerksamkeit oder wischen es wie etwas Lästiges weg. Das Geschehen nimmt nach dieser kleinen Störung seinen Gang, so wie unser Bewußtsein, unser Wollen und unser Vorteil es sich wünschen. Der innere Konflikt scheint ausgestanden. Aber der zurückgedrängte innere Kontrahent ist nicht zur Ruhe gekommen, sondern wartet gleichsam auf den Moment der Unaufmerksamkeit und Schwäche, in dem er unerwartet auftauchen und sich durchsetzen kann. Das bedeutet nicht, daß er den Sieg davonträgt: Oft wird er nur wissend belacht, und man fährt in der Tagesordnung fort, als sei nichts geschehen. Aber zumindest durchkreuzt die Fehlleistung aufs gründlichste den Versuch, den unterdrückten Impuls zu verleugnen und unsichtbar zu machen.

Ich erlebte eine solche Situation einmal, als ich das Marketing-Team einer Modefirma beriet. Wir hatten einen dreitägigen Workshop zur Teamberatung vereinbart, der auf Einladung einer Kollegin zustande kam. Ich hatte anfänglich gezögert, mit einer Modefirma zu arbeiten, weil mir dieser Lebensbereich wenig liegt und auch weniger wichtig erscheint. Schließlich hatten die Aussicht, mit der Kollegin zusammenarbeiten zu können, der Seminarort und das Honorar mich doch umgestimmt. Wir arbeiteten also zwei Tage lang in guter Konzentration. Aber innerlich bewegte mich die Frage weiter, ob es Sinn mache, meine Erfahrungen dieser Branche und diesem Team zur Verfügung zu stellen. Mein Unbehagen wuchs noch, als eine der Teilnehmerinnen in einer Sitzung etwas affektiert darüber klagte, daß es ihnen bei einer nur wenige Wochen zurückliegenden Modemesse nicht gelungen sei, einen amerikanischen Transvestiten zu engagieren, der gewiß die Aufmerksamkeit der Journalisten erfolgreich auf ihren Stand gelenkt hätte. Innerlich wurde ich an dieser Stelle unruhig und begann mich zu fragen, ob es meine Lebensaufgabe sei, Ratschläge über verpaßte Transvestiten und die Zahl der zum Messestand zu lockenden Journalisten zu erteilen, und ein leiser innerer Groll meldete sich. Etwas später fragte die gleiche Teilnehmerin mich nach meiner Meinung zu einem firmeninternen Sachverhalt. Und nun kam die Fehlleistung. Ich beabsichtigte, der Teilnehmerin zu sagen: ›Dazu kann ich nichts sagen, dazu habe ich gar nicht genügend Kenntnisse von Ihrer Firma.‹ Tatsächlich sagte ich dann aber: »*Dazu kann ich nichts sagen, dazu habe ich gar nicht genügend Interesse an Ihrer Firma.*« Im nächsten Moment legte sich lähmendes Schweigen über die Gruppe. Auch ich war bestürzt über die unbeabsichtigte Offenheit, die ja nun wirklich genau das mitteilte, was mich innerlich bewegte. Etwas später faßte ich mich und sagte: »Tatsächlich ist mein Interesse an Modefragen sehr gering, und mein Engagement für Ihre Firma ebenfalls. Aber ich werde mir Mühe geben, mit Ihnen, also diesem ganz konkreten Team, die Arbeit doch in guter Qualität fortzusetzen.« Danach löste sich die Spannung, und wir konnten weiterarbeiten.

Hier wird, ganz ähnlich wie in der Konkurrenz zwischen Personen und Gruppen, etwas sehr schön deutlich: Es ist immer riskant, den Gegner, auch den inneren Gegner, zu unterschätzen bzw. ihn nur unzureichend zu studieren. Es könnte sich erweisen, daß er über weit größere Kräfte verfügt, als man sie ihm zugetraut hat, und daß er im unerwarteten Moment zuschlägt.

Aus einer nicht-psychologischen Fakultät hörte ich einmal folgenden Vorgang: Es wurde über das Habilitationsgesuch einer jungen Kollegin sehr kontrovers diskutiert. Das Werk der Kandidatin erschien einigen Kollegen bemerkenswert und originell, anderen zu schmal und zu wenig wegweisend. Dem standen unbestrittene Verdienste der jungen Frau im langjährigen Dienst bei einem Lehrstuhl der Fakultät gegenüber – es spielen ja bei der Beurteilung eines solchen Falles immer sehr unterschiedliche Motive eine Rolle, sachbezogene wie auch sachfremde. Der Gutachterin, die die Fakultät selbst benannt hatte, wurde nun vorgehalten, sie habe sich bei der Beurteilung von subjektiven Gesichtspunkten leiten lassen und sei im übrigen von der Kandidatin auch schon einmal im Auto mitgenommen worden, befindet sich also in einem Abhängigkeitsverhältnis ihr gegenüber – hehre Diskussionsthemen in einer hehren Runde. Jemand wies darauf hin, daß bei der bestehenden Gutachtenlage eine Ablehnung des Gesuchs schlechterdings ausgeschlossen sei, da man gegen die eindeutigen Befürwortungen vor dem Verwaltungsgericht keine Chance habe. Andere antworteten:»Dann soll sie doch vors Verwaltungsgericht gehen!« In der Endabstimmung ergab sich eine knappe Mehrheit, die die Annahme der Habilitation befürwortete. Aber bei allen blieb neben der Erleichterung, den Vorgang nun abschließen zu können, ein zwiespältig-schales Gefühl zurück: Vielleicht hatte man doch mehr aus Bequemlichkeit als aus Überzeugung votiert. Die Dekanin rief die Kandidatin herein und versuchte, ihr das Ergebnis mit betont guter Laune zu eröffnen, daß die Fakultät ihr die Venia Legendi, also die Berechtigung, Vorlesungen abzuhalten, erteilt habe. Statt dessen sagte sie:»Hiermit verleihe ich ihnen die Weniga Legendi!« Der Rest ihrer Worte ging im Gelächter der Versammlung unter. Denn wirklich erschien die Leistung der Kandidatin etwas *weniger* beeindruckend, und es gab etwas *weniger* Anlaß, ihr die Berechtigung zum Lesen zu erteilen, als die Fakultät mehrheitlich entschieden hatte.

Generell ist neben der Peinlichkeit das Gelächter als wichtiger Hinweis auf die Konflikthaftigkeit der Situation zu betrachten, die gern im verborgenen geblieben wäre und sich nun doch offenbart. Freilich fällt es nicht immer hämisch oder schadenfroh aus. Oft signalisiert es Entlastung und Sympathie für denjenigen, der die untergründige Dynamik der Situation unabsichtlich so treffend charakterisiert, indem er sich verplappert.

Ein sehr alter Kollege, der sich im Fach viele Verdienste erworben hat, ließ sich mit 90 Jahren überreden, vor großem Publikum noch einmal einen Vortrag über sein Lebenswerk zu halten. Er schritt sichtlich angestrengt und unsicher zum Podium und begann:»Meine sehr verdammten Ehren und Herren!« Da war das folgende Gelächter des Publikums durchaus verständnisvoll und von Sympathie getragen: Er hatte seine Zusage wohl wirklich mehr wegen der verdammten Ehre und nicht mit innerer Überzeugung gegeben.

Die Suche nach der vollendeten Form

Ein Teil des Konkurrierens tritt gar nicht sichtbar hervor: Es handelt sich dabei um Auseinandersetzungen, die die Person mit sich selbst führt bzw. in denen sie verschiedene innere Impulse gegeneinander antreten läßt. Es gibt eben nicht nur das Konkurrieren mit anderen Menschen. Vielmehr setzen sich viele Menschen Pläne und Ziele, bei deren Verwirklichung sie sich nur mit sich selbst in Fehde bzw. Auseinandersetzung befinden. Sie konstellieren gleichsam den Wettlauf mit sich selbst und erleben *ihn* als wirklichen Kampf: Um persönliche Bestzeit in einer sportlichen Disziplin, um das Einhalten einer bestimmten Frist bei der Vollendung einer Aufgabe usw. Unter Bergsteigern sagt man, der Berg sei unser Lehrer; wirklich sind solche Versuche, alle Energie für ein körperliches, intellektuelles oder musisches Ziel zu bündeln, schöne Möglichkeiten, mit der eigenen Person ein Stück voranzukommen.

Eine Variante der Konkurrenz, die die Person mit sich selbst austrägt, ist die Begegnung zwischen idealer Vorstellung, also dem inneren Bild einer angestrebten Gestalt einerseits, und den Unzulänglichkeiten, die jede Praxis mit sich bringt. Viele Beobachtungen sprechen dafür, daß die Grenze zwischen Konvention und Kunst da verläuft, wo in dieser Hinsicht Kompromisse gemacht oder verweigert werden: Wer sich also mit einer mäßigen Annäherung an sein inneres Bild zufriedengibt, produziert gefällige und kommerziell durchaus erfolgreiche Waren. Bedeutend dagegen wird eher, wer bis zum Erfolg kämpft – oder sein Scheitern riskiert und eingesteht.

In einem Werkstattbericht von der Arbeit des Regisseurs Louis Malle war zu sehen, wie er eine kurze Szene mit einem Paar immer wieder probte – es gelang nicht. Die beiden Schauspieler wußten recht gut, was ihm vorschwebte, aber sie konnten es in ihrem Spiel nicht herausbringen. Darüber wurde es Abend und Nacht. Die Kameraleute begannen zu murren; aber die drei, also der Regisseur und die beiden Hauptdarsteller, ließen nicht locker, sondern nahmen, schon völlig erschöpft, immer neue Anläufe, um die Szene doch noch in der ersehnten Intensität zustande zu bringen. Und schließlich, morgens um 4.30 Uhr, in einem Zustand zwischen Überreizung und Übermüdung, gelang es schließlich, und alle drei wußten im selben Moment, daß es nun geschafft war. Da fielen sie sich weinend vor Glück in die Arme, und die Strapaze war vergessen. Es handelte sich offenbar nicht um die Allüre eines Regisseurs, der die Schauspieler schikanieren oder demütigen wollte, sondern um ein Ringen um die Form, die sich nur dem äußersten Einsatz fügt. Von Charlie Chaplin wird berichtet, daß er in einem seiner Filme eine kurze Szene 150 mal probte, bis er zufrieden war.

Ganz Ähnliches gilt bei der Oper. Unter den ganz großen Sängerinnen und Sängern besticht am Ende nicht der Star mit der besten Atem- und Stimmtechnik, sondern derjenige, dessen inneres Strahlen, dessen Einswerden mit der Rolle das Publikum überzeugt. Im Zen heißt es: Der Maler soll das Bild erst dann malen, wenn er mit seinem Gegenstand eins geworden ist.

Literatur

Antons, K. (1976): Praxis der Gruppendynamik. 4. Aufl. Hogrefe, Göttingen.

Bales, R. F. (1970): Personality and interpersonal behavior. New York.

Hengsbach, F. (1995): Abschied von der Konkurrenzgesellschaft. Für eine neue Ethik in Politik, Wirtschaft und Gesellschaft. Knaur, München.

Rosenthal, R. u. Jacobson, L. (1971): Pygmalion im Unterricht. Beltz, Weinheim.

Watzlawick, P., Beavin, J. H., Jackson, D. D. (1968): Menschliche Kommunikation. Formen, Störungen, Paradoxien. Huber, Bern.

6. Das Spiel der Kräfte

In diesem Kapitel werde ich sichtbar machen, wie Konkurrenz und Kooperation situativ und normativ gefordert und praktiziert werden, welchen Einflüssen durch Personen und Beziehungen sie ausgesetzt sind und mit welchen anderen Gefühlen und Haltungen sie Affinitäten aufweisen.

Gesellschaftliche Ambivalenz

Konkurrenz gilt als eines der weniger attraktiven Gefühle. Sie ist, wie wir gesehen haben, Anlaß zu Verleugnung, Projektion und plötzlicher unbeabsichtigter Enthüllung. Es ist leicht, Konkurrenz bei anderen zu diagnostizieren, deren Konkurrieren wir als Betrachter gleichsam leidenschaftslos feststellen, allenfalls mit mildem moralischen Tadel: Sie konkurrieren, obwohl es sich eigentlich nicht gehört. Manchmal weist das Betrachten der Konkurrenz, die zwischen anderen Menschen herrscht, einen etwas voyeurhaften Beigeschmack und Genuß auf. Wir können an ihrer Konkurrenz teilhaben, müssen uns aber nicht selbst den Anstrengungen aussetzen, die sie durchleiden. Wer Sportwettkämpfe im Fernsehen verfolgt, hat das gewiß schon erlebt.

Wenn jemand *mit uns* konkurriert, kann dies leichten Herzens der öffentlichen Erörterung preisgegeben werden. Die Mitteilung erfolgt oft in etwas amüsiertem Ton, ein wenig von oben herab. Sein Konkurrieren ängstigt uns nicht; von einem Erfolg ist er weit entfernt; sein Bemühen wird vergeblich sein. Diese leicht gehobene Stimmung schlägt rasch um, wenn sich zeigt, daß der Mitbewerber ein ernsthafter Konkurrent ist. Dann ändern sich auch die Charakterisierungen, mit denen wir ihn belegen. Zuvor konnte er noch eines gewissen Wohlwollens sicher sein. Es schmeichelt uns, daß er sich um unsere Stellung bemüht, freilich ohne sie zu erreichen. Jetzt hingegen erscheint er plötzlich als Mensch mit Ellenbogenmentalität, als Karrierist, als jemand, der über Leichen geht. Kein Wunder: Er macht ja Anstalten, auf dem Weg zum Ziel über *unsere* Leiche hinwegzusteigen.

Verpönt, d. h. mit Sanktionsfurcht belegt, ist das eigene Konkurrieren. Man selbst konkurriert natürlich nicht, sondern versucht, in fairem Wettbewerb herauszufinden, ob man den Anforderungen besser gewachsen ist als der andere. Wenn die Chancen 50 : 50 stehen, ›will man es wissen‹, heißt es in der Alltagssprache. Gilt der andere als besser und tüchtiger, hat man immerhin eine ›Außenseiterchance‹. Erreicht man das Ziel, so ist man der ›Überraschungssieger‹. Die Sprache hat offenbar viele Möglichkeiten, den Begriff Konkurrenz zu umgehen und zu beschönigen; das eigene Konkurrieren umschreibt man lieber, als daß man es beim Namen nennt.

Was mag dem im Wege stehen, sich klar zum Konkurrieren zu bekennen?

• Assoziationen zum Wort Konkurrieren sind: ›Siegenwollen um jeden Preis‹; ›Kampf mit unfairen Mitteln‹; ›schlechte Verlierer‹. Offenbar ist dem, der konkurriert, nicht recht über den Weg zu trauen. Er könnte in der Auseinandersetzung die Gebote der Fairneß verletzen. Davon sind wir selbst zum Glück immer weit entfernt.

• Wer konkurriert, bekundet einen Willen zu Kampf und Sieg, der uns unheimlich sein könnte: Ob die Sache das wert ist? Manche Sorge um den allzu Tapferen erweist sich als berechtigt: Schillers ›Taucher‹ endet mit der Zeile: ›Den Jüngling bringt keine wieder ...‹ – gemeint sind die Wellen, die ihn verschlungen haben.

• Mit der Kampferklärung spitzt sich eine Angelegenheit, die andernfalls noch mit Verhandlung und Kompromiß hätte beigelegt werden können, endgültig zu. Es gibt nun nur noch Ja oder Nein, Sieg oder Niederlage, allenfalls beschämenden Rückzug, der der Niederlage gleichkommt.

• Ist die Kampfansage ausgesprochen, steht auch der Betrachter oft schnell vor der Notwendigkeit, Stellung zu beziehen. Das Ja oder Nein, A oder B macht vor ihm nicht halt, sondern zwingt ihn, Farbe zu bekennen. Sich dem zu verweigern ist schwer, wenn die Konkurrenten versuchen, den Fernerstehenden zur Parteinahme zu zwingen.

Ich selbst geriet auf diese Weise einmal in den Konflikt zwischen zwei Gruppendynamik-Instituten hinein. Ich war mit den Kolleginnen und Kollegen aus beiden Gruppen gut bekannt und hatte mit beiden ›Burgen‹ – so nannten wir diese regionalen Zentren damals – schon in Laboratorien zusammengearbeitet. Untereinander waren die beiden Gruppierungen durch lokale Nähe aneinandergekettet, voller wechselseitiger Kränkung und Wut; keiner grüßte den anderen, wenn wir zu unseren Fachtagungen zusammenkamen. Bei dem nächsten Laboratorium sagte einer der Beteiligten zu mir: »Es ist nicht üblich, für uns *und* für die andere Gruppe zu arbeiten – da mußt Du Dich in nächster Zeit entscheiden.« Das machte mich nun wirklich sehr frostig. Ich antwortete spontan: »Ich bin nicht Partei in Eurem Konflikt, aber Du kannst sicher sein, daß ich mich gegen den entscheide, der mir außerfachliche Bedingungen stellt.« Damit war das Thema erledigt. Meine Zusammenarbeit mit den beiden Instituten litt nicht darunter.

Aber oft geht es nicht so gut ab. Manchmal gelingt es, sich seine Unabhängigkeit zu bewahren, indem man eine Parteinahme verweigert. Dann wieder läßt man sich einseitig in die Pflicht nehmen und gewinnt mit dem Gewinner der Auseinandersetzung – oder steht plötzlich, Verbündeter des Verlierers, als Verlierer da. Die Abwehr der Konkurrenz kann andererseits so weit gehen, daß man sich ein Leben ohne Konkurrenz als geradezu paradiesischen Zustand erträumt. Garcia (1988) sieht in der Konkurrenz die Hauptquelle von Krieg und Gewalt, Isolation und Einsamkeit, und empfiehlt als Heilmittel Respekt vor dem anderen und vor sich selbst sowie bedingungslose Liebe. Das klingt recht einleuchtend und einladend; aber an der Realisierung hapert es offenbar. Es gibt eben Interessensgegensätze, die nicht gütlich beigelegt werden können, und es gibt gesellschaftliche Zustimmung zum Konkurrieren. Das ganze Ausmaß des kollektiv in Fleisch und Blut übergegangenen Konkurrierens kann man bei Fahrten auf der Autobahn studieren. Die vorgeschriebene Geschwindigkeit wird einheitlich um 20 bis 40 km/h überschritten. Hier spielen bestimmt Konkurrenz und Konformitätssog eine Rolle. Andererseits scheinen nicht nur viele einzelne Menschen einen Bogen um das Thema Konkurrenz zu machen. Vielmehr wird auch in der Sozialpsychologie dieses soziale Phänomen par excellence partiell nicht einmal zur Kenntnis genommen. Der Begriff Konkurrenz findet in keinem der folgenden Lehrbücher Erwähnung: Mueller und Thomas, 1974; Pagés, 1974; Irle, 1975; Sader, 1976; Homans, 1978 und Zander, 1983. Das Interesse, sich mit Prozessen der Konkurrenz auseinanderzusetzen, scheint also sehr unterschiedlich ausgeprägt.

Wieder andererseits wird Gleichheit oder Gleichrangigkeit konkurrierender Personen, Gruppen oder Institutionen oft weder von den Beteiligten noch vom Betrachter genossen, sondern sie erzeugen ein Gefühl der Fadheit. Es besteht ein gesellschaftlicher Druck und vielleicht auch eine individuelle Prägnanztendenz, wissen zu wollen, wer in einem Vergleich der ›Stärkere‹ ist.

Wenn ein Fußballspiel unentschieden zu Ende geht, so verlassen die Zuschauer das Stadion enttäuscht, oder es wird weitergespielt, bis die Entscheidung gefallen ist. Geht ein Fernsehduell konkurrierender Politiker unentschieden aus, so nimmt uns bei der anstehenden Wahl niemand die Qual ab. Rangreihen über Einkommen, Gewicht, Bierkonsum, Zahl der Publikationen, Verkehrsdichte, Zahl der mobilen Netztelefone und Millionen anderer Kriterien geben uns anscheinend eine sichere Auskunft über die eigene Stellung im Vergleich zu anderen.

Die entgegengesetzte Bewertung, Gleichrangigkeit positiv zu bewerten, erfolgt weit seltener. Wohl spricht man gelegentlich von zwei ebenbürtigen *Gegnern* (!) oder stellt mit Befriedigung fest, daß ein bisher offenbar unterschätzter Bewerber nunmehr ›gleichgezogen‹ habe; aber zu einer solchen positiven Konnotation ringen wir uns offenbar nur dann durch, wenn jemandem zuvor Unrecht geschehen ist oder besonders bemerkenswerte Leistungen eines Menschen sichtbar werden, den wir zuvor zu wenig wahrgenommen haben.

Zwei aktuelle Buchtitel dokumentieren die Ambivalenz: ›Abschied von der Konkurrenzgesellschaft‹ (Hengsbach, 1995) und ›Lernziel Konkurrenz?‹ (Ahlheim und Bender, 1996). Im weiteren werden wir uns mit beiden Impulsen als Teilwirklichkeiten auseinandersetzen.

Machtspiele

Unter Erwachsenen erfolgt das Konkurrieren, was die äußere Form angeht, manchmal etwas gesitteter als bei Kindern. Aber man spürt unter der Oberfläche die gleiche Dynamik von Kränkbarkeit, Kampf und Gewinnen-Wollen – fast um jeden Preis.

Eine solche Episode erlebte ich einmal bei der Begegnung mit ein paar Kollegen. Wir hatten uns in einem Café getroffen, um uns vor einer gemeinsamen Podiumsdiskussion ein wenig kennenzulernen und abzustimmen: ein Jurist, eine evangelische Pfarrerin, ein ärztlicher Standesvertreter und ich. Der Arzt und der Anwalt begannen sofort, in leicht hypermanischem Tempo aufeinander einzureden, um sich gegenseitig ihre Stellungnahme für die bevorstehende Diskussion vorzuführen, in einer schnellen Folge von Scherzen, Pointen und Thesen, bei denen es mir schwerfiel, Schritt zu halten. Gelegentliche Versuche der Theologin, sich und mich ins Gespräch einzufädeln, schlugen fehl. Allzusehr schienen die beiden Kollegen damit beschäftigt, sich im Hin- und Herspielen der Bälle wechselseitig ihre Grandiosität zu bestätigen. Später mischten sich etwas schärfere Töne hinein. Der Arzt hatte an irgendeiner Stelle die Bemerkung fallengelassen, das und das sei ›typisches Juristendenken‹. Darauf zahlte der Anwalt mit gleicher Münze heim: Ohne ordentliche Rechtsvertretung hätte doch die Ärztekammer noch keinen einzigen Prozeß gewonnen. Der Arzt antwortete, der Jurist solle ihm doch mal am Wochenende unters Messer kommen, dann werde er schon dankbar dafür sein, daß die Ärzte auch am Wochenende und uneigennützig für ihre Patienten daseien; als Jurist verdiene man offenbar so gut, daß man es sich leisten könne, nachmittags im Café zu sitzen und an Podiumsdiskussionen teilzunehmen. So ging es eine ganze Weile. Dann trat eine gewisse Ermattung ein. Der Disput über die Frage der Überlegenheit schien, da keiner dem anderen das letzte Wort lassen mochte, unentscheidbar und ging schließlich in ein leicht dysphorisches Geplänkel über. – An dieser Stelle wandte sich der Jurist mit der Bemerkung an mich, mit mir wolle er sich lieber gar nicht anlegen. Mir würden die Leute ja sowieso mehr glauben als ihm, ich käme ja aus der ›heiligen‹ Wissenschaft; und bei dem Wort ›heilige‹ zog er etwas spöttisch die Augenbrauen hoch und zwinkerte mich an. Ich zögerte zunächst mit einer Antwort, denn mir stand nicht recht der Sinn danach, ihm als neuer Sparringspartner zu dienen. Auch hatte er die Wendung zu mir mit der Bemerkung begonnen, er wolle sich *nicht* mit mir befassen. Ich hielt mich also zurück und gab auf seine Sticheleien nur sparsam Antwort. Er graste verschiedene Gebiete ab: Rechts- und Psychologiegeschichte, Unzulänglichkeiten der Begriffsbestimmung und Theorienbildung in der Psychologie, Lächerlichkeit und Überflüssigkeit manchen psychotherapeutischen Bemühens. Ich gab zurückhaltend Antwort, stimmte zu, schränkte ein und korrigierte. Aber es fiel mir nicht ganz leicht, diesem schnellen Wechsel von Kindheits-, Erwachsenen- und Eltern-Botschaften gelassen zu begegnen. So ging es eine ganze Weile unentschieden hin und her. – Dann machte der Jurist den entscheidenden Fehler. Er begann nämlich, von der Alltagserfahrung mit einem Mandanten zu erzählen, den er schlicht für verrückt erklärte, während mir dieser durchaus einfühlbar erschien. Da begannen sich der Arzt und die Theologin am Gespräch zu beteiligen und Partei für mich zu ergreifen, vielleicht nicht aus Sympathie, wohl aber, weil sie sich auf diesem Gebiet ebenfalls als Experten betrachten konnten. Die Debatte zentrierte sich nun schnell auf die Frage, ob die Wirklichkeit *ist* oder ob sie *konstruiert wird*. Der Jurist geriet hier verständlicherweise schnell ins Hintertreffen, weil alle Beispiele, die ihm einfielen, eben nicht die Objektivität der Ereignisse, sondern ihre Intersubjektivität bewiesen. Bei dieser Sachlage von 3 : 1 flüchtete er in eine ans Grobe grenzende Polemik gegen Psychologie, Medizin und Theologie. Hier trat nach einiger Zeit eine erneute Ermattung ein. Ich versuchte, an das vor uns liegende Podiumsgespräch denkend, ein kleines Pairing zu zweit mit ihm, indem ich ihm von verschiedenen positiv verlaufenen Begegnungen mit Juristen erzählte. Darauf reagierte er mit Wohlwollen, blieb aber auf der Hut. Während der Paneldiskussion spielte er durchgehend den bösen Buben, der uns drei andere abwechselnd mit polemischen Thesen zu provozieren versuchte, mit gezieltem Mißverstehen operierte und am Ende ein wenig in einer Clownrolle steckenblieb.

Die Diskriminierung des Konkurrenten gelingt u. a., indem man sein Produkt schlechtmacht. Ihn frontal anzugreifen, wird von vielen Menschen als allzu plumpes durchsichtiges Manöver wahrgenommen, wissen sie doch, daß dabei ganz handfeste eigene Interessen im Spiel sind. Aber der Angriff auf das Produkt des Gegners – dagegen kann niemand etwas haben, denn da geht es scheinbar um die Sache. Solche Kritik erscheint eben nicht eigennützig, sondern wirkt, als erwachse sie aus Verantwortung und Sorge um die Zielgruppe, die der andere bedient und die vor Täuschung und Gefährdung bewahrt werden müsse. Dabei darf diese Gruppe freilich nicht in einem spezifischen Gruppenstatus angesprochen werden, denn dies könnte sie zusammenrücken lassen und sie resistent gegen den Beeinflussungsversuch machen. Politiker wenden sich deshalb stets an *alle* ›Bürger‹. Es heißt dann: ›Immer mehr Menschen in Deutschland merken, daß ...‹, oder ›die Partei X begeht einen Betrug *am* Wähler!‹ usw. Die Werbung greift zu Sprachfiguren, die scheinbar eine spezielle Gruppe, faktisch aber alle Menschen ansprechen, zum Beispiel mit der Headline: ›Diese Anzeige wendet sich nur an Menschen, die kein Geld zu verschenken haben ...‹ Aber nun sollen sie ihr Geld einer ganz speziellen Bank oder Versicherung anvertrauen; die wird es schon richten.
Wer beabsichtigt, die Position des Konkurrenten in der Öffentlichkeit zu schwächen, tut gut daran, Zweifel an dessen charakter-

licher Integrität zum Ausdruck zu bringen. Oft ist es also klug, den Konflikt *nicht* auf Sachgebieten auszutragen. Dort könnte sich der Konkurrent als überlegen erweisen; oder die Verdienste des Angreifers sind nicht überzeugend ausgewiesen. Zieht man dagegen die Lauterkeit des Gegenübers in Zweifel, so macht man deutlich: Selbst wenn er in der Sache etwas zu sagen haben sollte, so ist er doch auf Grund charakterlicher Mängel disqualifiziert. Zumindest in Wahlkämpfen ist dieses Vorgehen üblich: Strauß sagte über Schmidt, er sei verrückt und gehöre in die Psychiatrie; Barschel bezichtigte Engholm, homosexuell zu sein und in seiner Steuererklärung Unregelmäßigkeiten aufzuweisen. Das Muster scheint gängig und entfaltet an und zu die beabsichtigte Wirkung. Wird die Dosis übertrieben, so schlägt es manchmal auf ihren Initiator zurück: Als die Christdemokraten in den siebziger Jahren die SPD verdächtigten, insgesamt aus Agenten Moskaus zu bestehen, erzielte diese kurz darauf ihren größten Wahlsieg.

Mancher Konkurrent wird heimlich erledigt: Wenn man für die offene Auseinandersetzung keinen Anknüpfungspunkt findet oder sie scheut, degradiert man den Kontrahenten insgeheim. Auf diese Weise kommt man leicht zu einem erfolgreichen Ende; denn der Gegner weiß nichts von dem heimlichen Kampf und kann sich nicht zur Wehr setzen. Ein literarisches Beispiel ist hier die kleine Lotta aus Astrid Lindgrens Kindergeschichte ›Lotta kann Radfahren‹. Sie bewältigt den Rückstand den älteren Geschwistern gegenüber, indem sie in einer Phantasiewelt alles *heimlich* kann, worin die Größeren ihr überlegen sind.

Ein Kollege nahm zu Fortbildungszwecken an einem Bioenergetik-Workshop teil, hätte aber nichts dagegen gehabt, nebenher auch noch ein kleines Liebeserlebnis mitzunehmen. Er fand leider unter den Teilnehmerinnen keine geeignete Kandidatin für eine solche wechselseitige Zuneigung, mußte dagegen mit Grimm feststellen, daß der Gruppenleiter sich für die Teilnehmerin zu interessieren begann, auf die er selbst – erfolglos – ebenfalls ein Auge geworfen hatte. Als die Annäherung zwischen den beiden fortschritt, was er mit Neid und Wut im Herzen minutiös und selbstquälerisch verfolgte, konnte er den bioenergetischen Instruktionen des Gruppenleiters kaum mehr folgen und stellte grimmig fest, in Sachen Bioenergetik lerne er eigentlich nichts und das Honorar und die Zeit habe er vergeblich investiert. Dies lastete er dem Verhalten des Gruppenleiters an, das er zunehmend als empörend empfand. Schließlich auf allen Gebieten in

Verliererposition, erledigte er den Gruppenleiter mit einem kogniti-ven Kunstgriff. Er sagte sich, daß, wenn dieser Beziehungen mit Teil-nehmerinnen anknüpfe, er auch fachlich inkompetent sein müsse. Den Rest des Workshops verbrachte er in dem stillen Triumph, daß er selbst – als einziger – dessen Unfähigkeit durchschaut habe.

Ein weiterer Kollege erlebte etwas Ähnliches, jedoch nahm die Sache hier einen anderen Verlauf. Er nahm an einem Tai-Chi-Wochenende teil, hatte ebenfalls Lust zu einer kurzen Begegnung mit einer Frau und kam in diesem Bemühen nicht recht voran. Dann setzte der Tai-Chi-Lehrer eine Übungsserie im Freien an, ließ die Gruppe allein und begab sich mit einer Teilnehmerin ins Tagungshaus. Der Groll des Teilnehmers wurde noch größer, als die beiden nach einiger Zeit gut gelaunt und lachend wieder erschienen und der Lehrer mit den Übungen fortfuhr, als sei nichts geschehen. Mein Kollege diagnosti-zierte daraufhin an dem Tai-Chi-Lehrer Scheinheiligkeit, Haften an körperlichen Gelüsten und Fehlen innerer Harmonie. Die Lust an dem Workshop war ihm gründlich vergangen, aber zum frühzeitigen Aufbruch konnte er sich auch nicht entschließen. So fragte er den Lehrer nach dessen Meinung. Dieser sagte: ›Bad energy! Fahr nach Hause!‹ Da antwortete mein Kollege trotzig: ›Das könnte Dir so pas-sen. Ich habe den Kurs bezahlt, jetzt bleibe ich, auch wenn es Dir nicht paßt!‹ Er blieb also erbittert und verschlossen bis zum Ende und genoß den Triumph, daß er den Tai-Chi-Lehrer entlarvt und ihm die Stirn geboten hatte und sich nicht von ihm hatte verjagen las-sen. Diesem schien das freilich ziemlich egal zu sein.

Verwandte Gefühle

Das Konkurrieren wie die Kooperation sind mit einigen anderen Phänomenen in Verbindung zu bringen, die ihnen verwandt er-scheinen. Die Alltagssprache verwendet manche Begriffe als Syn-onyme; jedoch läßt sich meist auch ein Unterscheidungsmerkmal ausmachen.

Konflikt. Die Grenzen zwischen Konkurrenz und Konflikt sind nicht ganz scharf zu ziehen. Man spricht gelegentlich von einem ›Konkurrenz-Konflikt‹ und deutet so an, daß Konflikt das grund-legendere Phänomen und Konkurrenz die Spezifikation sei. Je-doch ist es auch denkbar, beide Bezeichnungen auf der gleichen Ebene anzusiedeln oder in jedem Konflikt einen Zug von Konkur-renz zu erkennen. Das Gemeinsame ist stets die Durchsetzung des

eigenen Interesses gegen das des anderen, Überlegenheit, Vermeidung von Unterlegenheit, Gewinn in einem Meinungsstreit, Er-
werb und Verteidigung von knappen Gütern. Allerdings betont
Konkurrenz die Gleichrangigkeit der Kontrahenten, die Ähnlich-
keit ihrer Zielsetzung und den ungewissen Ausgang, während
Konflikte auch zwischen Kontrahenten in sehr ungleichen Kräfte-
verhältnissen auftreten.

Ehrgeiz. Ein gewisser Ehrgeiz ist zwar eine Voraussetzung für das
Konkurrierenwollen; aber er findet zunächst innerseelisch statt
und hat noch kein Gegenüber, mit dem er kämpfen will. Es kann
also jemand wie Helmut Kohl schon mit sechzehn Jahren den
Ehrgeiz haben, Bundeskanzler zu werden, und dieses Ziel mit 52
Jahren erreichen; aber für den jungen Mann Helmut Kohl waren
die Konkurrenten um den späteren Bundeskanzlerposten noch
nicht auszumachen; konkurriert werden konnte damals nur um
das nächste Parteiamt. Das Konkurrieren erscheint also als kon-
kreter Handlungsimpuls, der Ehrgeiz als die grundlegende Haltung und Bereitschaft. Buchkremer (1972) hat empfohlen, dem
Ehrgeiz bereits im Kindes- und Jugendalter mit Erziehungsmaß-
nahmen zu begegnen, die die ihm innewohnende Vitalität ansprechen und zugleich eine Verfestigung überflüssig machen.
Der Ehrgeiz spielt sich im Innern ab, zunächst als ganz privates
Anspruchsniveau. Und doch hat er als Ziel schon Ehre und Ansehen der Außenwelt im Blick. Das macht ihn, neben dem Respekt,
den man ihm zollt, ein wenig dubios. Ehrgeiz wird anerkannt,
wenn er mit entsprechenden Fähigkeiten und Fleiß gepaart auftritt. Ansonsten ist man skeptisch einem Menschen gegenüber, der
›hoch hinaus will‹, am besten noch in jungen Jahren. Aber wer
ehrgeizig ist, durch Leistung überzeugt und schnell aufsteigt, erfährt auch Wohlwollen und Bewunderung. Manchmal fallen diese
freilich ein wenig neidvoll aus; man bezeichnet den Menschen, der
allzu früh Erfolg hat, als Karrieristen. Darin zeigt sich die Anerkennung der Leistung *und* der Unmut dem übermäßigen Ehrgeiz
gegenüber.
Dominanz. Dominanz will dem anderen den eigenen Willen auf-
zwingen. Es geht also um ein spezifisches Konkurrieren auf dem
Gebiet der Willensdurchsetzung.

Ein Paar, das mich zu einer Beratung aufsuchte, berichtete mir u. a.:
- Der Ehemann machte seiner Frau Vorschriften darüber, was sie
  Tag für Tag anzuziehen habe.

- Er bestimmte den Speiseplan der Woche und die Reihenfolge, in der sie die Gerichte zubereiten sollte.
- Er schrieb ihr vor, auf welcher Route die Kinder von Schule und Kindergarten abzuholen seien.
- Er ordnete an, daß sie in der Zeitung zuerst den politischen Teil, dann den Sport und zuletzt das Feuilleton lesen solle.

In Partnerschaften beobachtet man hier sowohl komplementär wie auch symmetrisch eskalierende Beziehungen.

Intimitätsverlust. Konkurrieren steht für manche Menschen in einer Gegensatzspannung zu Intimität. Konkurrenz wird hier also als Haltung verstanden, die sich mit Annäherungen persönlicher Art ausschließt. Wer konkurriert, grenzt sich dieser Vorstellung zufolge vom anderen ab, strebt dessen Niederlage an und fürchtet die eigene. Das Konkurrieren wird hier ausschließlich als destruktiver Vorgang wahrgenommen, der nur mit der Schädigung des Kontrahenten enden kann.

In der Weltliteratur ist oft das Gegenteil beschrieben worden: die fröhliche Konkurrenz z. B. in Shakespeares *Der Widerspenstigen Zähmung*, die den Kontrahenten die Möglichkeit gibt, alle Kräfte zu entfalten und dabei zu wachsen, u. U. sogar aufeinander zuzuwachsen. Die Kommunikationstheorie empfiehlt, nach Zeiten der Anstrengung gemeinsam zu einem niedrigeren Spannungsniveau zurückzufinden, statt auf Sieg und Niederlage zu spielen. Das Theaterstück *Wer hat Angst vor Virginia Woolf* von Edward Albee bietet eine Fülle von Beispielen für eine Paarbeziehung, die in schnellem Wechsel zwischen Zuneigung und offener Feindseligkeit pendelt und dabei doch einen hohen Intimitätsgrad erkennen läßt.

Entfremdung. Manche Menschen erleben Konkurrenz als etwas Inspirierendes, das ihre Kräfte herausfordert. Andere dagegen nehmen Anstrengung und Taktieren, die dabei erforderlich sind, als Entfernung und Entfremdung vom eigenen Wesenskern, als Verlust der Eigentlichkeit und als Selbstbeschädigung wahr. In solchen Fällen ist es aufschlußreich zu untersuchen, was mit dem Konkurrieren und was mit dem Konkurrenzvermeiden insgeheim erreicht werden soll.

Eine Teilnehmerin in einer meiner Gruppen erklärte anfänglich, sie wolle *gar nicht* konkurrieren. Später zeigte sich dann, daß sie bei bestimmten Kontroversen doch recht nachdrücklich für die Interessen ihrer Teilgruppe eintrat und dies auch genoß. Sie fand auf diese Weise Gelegenheit, ihre eigenen tadelnden Gedanken über das Konkurrieren einer moderaten Revision zu unterziehen.

Ein älterer Gruppenteilnehmer eröffnete seine Beiträge immer mit den Worten:»Also, das sage ich jetzt außer Konkurrenz!«, und dabei wedelte er beschwichtigend und abwehrend mit den Händen. Später geriet er aber verschiedentlich in Auseinandersetzungen hinein, in denen er seinen Standort entschieden vertrat und den Überrumpelungsversuchen eines jüngeren, sehr redegewandten Gruppenmitglieds erfolgreich widerstand. Da merkte er, daß er mit der Eingangsfloskel ›außer Konkurrenz‹ eigentlich vor allem dem Kräftemessen aus dem Wege gehen und eine antizipierte Niederlage vermeiden wollte. Nun stellte er fest, daß er über eine erhebliche Portion Vitalität, Wortwitz und Überzeugungskraft verfügte und daß ihm mehrfach Äußerungen gelangen, die für die Gruppe zu Weichenstellungen wurden.

Unehrlichkeit. Es ist gewiß kein Zufall, daß Konkurrenz oft in einen Zusammenhang mit dem Begriff ›Konkurrenzkampf‹, mit Lug und Betrug und mit ›mörderischer Konkurrenz‹ gebracht wird. Wer auf Sieg und Niederlage aus ist, dem müssen, so mag man denken, fast alle Mittel recht sein, auch solche, die er auf sich selbst nicht gern angewandt wissen möchte. Mit einer gewissen Skrupellosigkeit muß also gerechnet werden. Geschäftswelt, Kunst, Politik, Wirtschaft, Sport und Wissenschaft sind voll von Berichten darüber, wie Konkurrenz mit harten Bandagen ausgetragen wird.

Ein Professor aus einem befreundeten Fachbereich strebte einen Zusammenschluß mehrerer Kollegen zu einem größeren Universitätsinstitut an, der nach seiner Intention gemeinsam Personal und Sachmittel beantragen und eine von allen Beteiligten getragene Beratungsstelle einrichten sollte. Als Namen des Instituts hatte er eine Formulierung gewählt, die auf den ersten Blick so unverfänglich weit gefaßt erschien, daß sich alle Kolleginnen und Kollegen darin würden wiederfinden können. Dem genaueren Hinsehen blieb freilich nicht verborgen, daß genau sein eigener Herkunftsbereich damit bezeichnet wurde. Der Name des neuen Instituts passierte unbemerkt die Gremien, und das Institut wurde gegründet. Nun allerdings begann der Initiator, mit dem Institutsnamen Politik zu machen, für *seine* Projekte zu argumentieren und einen Großteil der Gelder zu reklamieren, beanspruchte die Institutsleitung und den Direktorposten für die Beratungsstelle, kurz, er begann sich und das Institut als untrennbare

Einheit darzustellen. Die weiteren Kolleginnen und Kollegen reagierten darauf zunächst mit Überraschung und Ratlosigkeit, dann mit Unmut, schließlich mit Obstruktion. Sitzungen von Entscheidungsgremien mußten anderer Termine wegen immer wieder verschoben werden. Darüber verstrichen wichtige Fristen. Eine gemeinsame Forschungsplanung kam nicht zustande. Die Mittelverteilung reduzierte sich am Ende auf die Frage, wer wieviel Geld für Büromittel erhielt. Das Institut entwickelte keine Synergie und existierte schließlich nur noch pro forma. Auch der Initiator wurde am Ende nicht glücklich mit seiner Gründung; er erschien nun wie ein König ohne Land und Bürger. Zur Etablierung der geplanten Beratungsstelle kam es nicht.

Mißtrauen. Auch für denjenigen, um dessen Stellung und Ressourcen konkurriert wird, ist das verdeckte Vorgehen mißlich. Natürlich spürt er, daß sich etwas gegen ihn zusammenbraut, lange bevor die erste offene Attacke beginnt. Infolgedessen kann es ihm passieren, daß er gegen alle Kollegen und Mitarbeiter eine Haltung des Mißtrauens entwickelt, das, wie die Dinge sich eben oft unglücklich entwickeln, als erste diejenigen trifft, die ihm wohlgesonnen sind. Wer den Angriff aus dem Dunkel fürchtet, schlägt vielleicht, sich in Notwehr befindlich wähnend, als erster zu und liefert damit denjenigen Munition, die Punkte gegen ihn sammeln wollen. Eine milde Paranoia mag sich des Vorgesetzten bemächtigen, der sich von allen Seiten bespitzelt und angegriffen fühlt und dem eine Beteuerung des Gegenteils am Ende nur noch als Beweis für seine gute Witterung beim Entlarven von Intriganten gilt.

Wer sich von Konkurrenten umstellt sieht, wird seinerseits wichtige Informationen zurückhalten, Entscheidungen einsam und gegen wohlmeinende Empfehlungen fällen und sich vom Dialog abschotten, dies alles als *Reaktion* auf vermeintliche *Attacken.* Aber diese derart Verdächtigten halten sich ebenfalls für Opfer, drängen nunmehr vermehrt auf Transparenz und Beteiligung, was der Vorgesetzte für ein Eindringen in seine ureigenste Domäne halten kann – die Spirale von Unterstellung, Angst und Abwehr dreht sich nun unaufhaltsam.

Geübte Intriganten legen ihre Netze oft so fein aus, daß das Opfer davon erst dann etwas merkt, wenn es in der Falle sitzt. Stefan Zweig hat in der Biographie des *Joseph Fouché* einen solchen Charakter eindrucksvoll beschrieben.

Neid. Vielleicht steckt in aller Konkurrenz die Möglichkeit zum Neid. Man möchte auf keinen Fall dem Kontrahenten gegenüber ins Hintertreffen geraten und gönnt ihm nicht, daß er eine Überlegenheit erzielt. Aber es kommt im Neid etwas Weiteres hinzu. Konkurrenzgefühle sind der Ausgangspunkt dafür, in die Konkurrenz einzutreten und sich mit dem anderen zu messen. Es herrscht also der Impuls zum *Handeln* vor, an dessen Ende eine Klärung steht: Es gelingt, den Konkurrenten zu besiegen oder jedenfalls ihm ebenbürtig zu sein; aber auch zur Niederlage muß derjenige bereit sein, der sich in die Konkurrenz begibt. Anders der Neid. Hier steht die Mißgunst dem gegenüber im Vordergrund, was der andere besitzt und tut; es werden Zweifel an der Rechtmäßigkeit von dessen Leistung und Stellung geäußert: Eigentlich stünde *mir* das zu, was dem anderen an Schönheit, Klugheit, Erfolg, Status usw. zur Verfügung steht. Der neidische Mensch steckt also im Ressentiment fest; er verbreitet auch Dritten gegenüber eine ungute Atmosphäre (Schoeck, 1980).

Im Märchen ist der neidische Mensch stets ein häßlicher Mensch, der am Ende mit seinem unlauteren Begehren scheitert, z. B. in *Aschenputtel* und in *Schneewittchen.* Untrennbar mit dem Neid verbunden scheint das böse Herz des Neidischen: Er spricht über den anderen schlecht, verbreitet Gerüchte über ihn, deren Unwahrheit er selbst kennt, und greift zu unlauteren Mitteln, um die Auseinandersetzung zu seinen Gunsten zu wenden: Im Märchen sind es Betrug, Zauberei und Anstiftung zur bösen Tat, im Alltag Behinderung, Verleumdung und Intrige. Natürlich kann der neidische Mensch nicht fair sein und sich am Erfolg des anderen freuen. Vielmehr zeigt sich sein wahres Gesicht in der Niederlage besonders deutlich. Im Märchen erhält er am Ende immer die gerechte Strafe, über die Kinder echte Befriedigung erleben.

Zwei Freunde in meinem Bekanntenkreis, die lange Jahre als Junggesellen gelebt hatten, lernten etwa gleichzeitig Frauen kennen, mit denen sich eine enge Partnerschaft entwickelte. Man verstand sich auch zu viert gut. Dann ging eines der Paare auseinander. In der Folgezeit versuchte der nun wieder allein lebende Kollege, seinem Freund die Frau auf alle erdenkliche Weise madig zu machen, fast wie ein eifersüchtiger Liebhaber. Als dieser eines Tages genug davon hatte und sich weitere Einmischungen in seine Partnerschaft verbat, konnte der andere mit großer Ehrlichkeit schildern, wie er die eigene

Trennung als Niederlage erlebt hatte und dem Freund nicht gönnen konnte, daß dessen Partnerschaft in schöner Innigkeit weiter bestand. Ähnliches beobachtete ich einmal im Kontakt zwischen zwei Freundinnen. Auch sie waren kurz nacheinander feste Beziehungen eingegangen. Bei beiden reagierte der Bekanntenkreis zunächst reserviert auf die Absicht, eine Ehe einzugehen. Dem einen Mann gegenüber verstummte die Kritik jedoch rasch, als man ihn näher kennenlernte. Der andere dagegen erschien im gemeinsamen Freundeskreis so unklar und unstet, daß man der Beziehung wenig Erfolgsaussichten einräumte. Als dies deutlich wurde, begann die Frau dieses mit Skepsis beurteilten Mannes bei ihrer Freundin systematisch gegen deren Mann zu sticheln und zu hetzen. Auch wenn sie manchmal von Frau zu Frau über kleine Meinungsverschiedenheiten in der Partnerschaft sprachen, riet sie mit Nachdruck: ›Das würde ich mir nicht gefallen lassen!‹; ›Mach doch einfach, was du willst!‹; ›Wenn das so ist, dann ist das nicht der richtige Mann für dich!‹ usw. Aber ihre Freundin spürte intuitiv das Gift und die böse Absicht in diesen Ratschlägen und entschloß sich, als ihr dies klar wurde, solche Themen mit dieser Freundin nicht mehr zu besprechen, zumal sie nicht ausschließen mochte, daß die Freundin im Falle einer Trennung ihren Mann gerne als Erbin übernommen hätte.

Häme. Zur Konkurrenz gehört unausweichlich die Freude an Unzulänglichkeiten, Schwächen und Fehlern der Mitbewerber. Es ist also fast unmöglich, sich einerseits mit aller Kraft einem Konkurrenten gegenüber durchsetzen zu wollen und zugleich seinem Moment der Schwäche gegenüber völlig gelassen zu bleiben. Denn natürlich: Sein Fehler ist meine Chance und sein Straucheln mein Sieg. In Firmen und Behörden gilt: Nicht erst, wenn jemand stirbt oder ernsthaft erkrankt, sondern bereits in dem Moment, wo es *heißt*, er sei gesundheitlich nicht ganz auf der Höhe, beginnen Spekulationen und Hakeleien um seine Nachfolge.

Ein Scherz aus dem Auswärtigen Amt illustriert das ständig sprungbereite Schielen nach dem, der in der Karriere vielleicht gerade am andern vorbeizieht: Sagt ein Beamter zum anderen: »Der X, der wird in letzter Zeit ziemlich faul!« Der Kollege hat nicht genau zugehört und sagt: »Was? Wer wird VL?« (VL = Vertriebsleiter).

Ein Mönch wurde gefragt, woran er erkannt habe, daß es sich bei dem Meister Wu um einen Erleuchteten handele. Er antwortete: »Wenn er von einem Unglück hörte, so war sein Mitleid ohne Beimischung von Freude, und wenn er von einem Glück erfuhr, war seine Mitfreude ohne Beimischung von Neid.« Im Alltag dagegen ist die Freude über das Glück des andern oft von einem Anflug der Mißgunst überschattet, und das Mitleid mit seinem Unglück enthält einen Anteil Vergnügen. Darauf hat meines Wissens Lichtenberg in einem seiner Aphorismen hingewiesen.

Rache. Die seelische Situation der Rache sieht wieder anders aus. Der Racheimpuls setzt erst ein, wenn die Konkurrenz verloren oder das Unrecht geschehen ist – es mag auch nur ein vermeintliches sein. Die Rache ist der Impuls dessen, der in der Sache unterlegen ist und keine Hoffnung mehr hat, die Scharte auszuwetzen, sich aber auch nicht damit abfinden kann. Was er selbst nicht erreicht hat, kann er dem Überlegenen nicht gönnen und überlassen. Also plant er Intrige und Gewalt, Verleumdung, gesellschaftliche Vernichtung und Mord. Das Rachemotiv wird in der wissenschaftlichen Psychologie nicht explizit untersucht, außer unter der Rubrik Aggression und als Extremhandlung von Amokläufern. In der Belletristik dagegen ist es vielfach behandelt worden (Frenzel, 1980). Rache kann die elementare treibende Kraft im Leben eines Menschen sein.

Es wird der Fall eines Mannes berichtet, dessen Frau, eine Prostituierte, von einem unbekannten Täter getötet worden war. Der Verdacht des Ehemannes fiel auf einen völlig Unschuldigen, der ihm nur deshalb aufgefallen war, weil er einer der letzten Besucher der später Getöteten gewesen war. Er lauerte ihm auf und verschleppte ihn in den Wald, wo er ihn, unter Drogeneinfluß stehend, über Stunden hinweg sadistisch quälte. Immer wenn seine Wut zu erlahmen drohte (!), nahm er erneut eine Dosis des Rauschmittels, um den Racheimpuls wieder hinreichend intensiv zu spüren. Das Opfer konnte schließlich, lebensgefährlich verletzt, flüchten und wurde gerettet.

Literatur

Ahlheim, K., Bender, W. (1996): Lernziel Konkurrenz? Erwachsenenbildung im »Standort Deutschland« Eine Streitschrift (Hg.) Leske und Budrich, Opladen.

Buchkremer, H. (1972): Ehrgeiz. Kohlhammer, Stuttgart

Frenzel, E. (1980): Motive der Weltliteratur. Ein Lexikon dichtungsgeschichtlicher Längsschnitte. Kröner, Stuttgart.

Garcia, F. (1988): Konkurrenz: Ausdruck des kulturellen Skripts in den USA. Zeitschrift für Transaktionsanalyse in Theorie und Praxis 1988, 5, 35–40.

Hengsbach, F. (1995): Abschied von der Konkurrenzgesellschaft. Für eine neue Ethik in Politik, Wirtschaft und Gesellschaft. Knaur, München.

Homans, G. C. (1978): Theorie der sozialen Gruppe. Westdeutscher Verlag, Opladen.

Irle, M. (1975): Lehrbuch der Sozialpsychologie. Hogrefe, Göttingen.

Mueller, E. F., Thomas, A. (1974): Einführung in die Sozialpsychologie. Hogrefe, Göttingen.

Pagés, M. (1974): Das affektive Leben der Gruppen. Klett, Stuttgart.

Sader, M. (1976): Psychologie der Gruppe. Juventa, München.

Schoeck, H. (1980): Der Neid. Die Urgeschichte des Bösen. Goldmann, München.

Zander, A. (1983): Making Groups effective. Jossey Bass, London.

7. Funktionen und Fehlformen

Warum setzen sich Menschen situativ und habituell der Konkurrenz aus? Warum suchen sie sie geradezu auf? Worin besteht ihr besonderer Reiz, worin ihr Zwang? Wie sehen die Fehlformen der Konkurrenz aus? Diesen Fragen ist das folgende Kapitel gewidmet.

Reizhunger

Wer mit Leidenschaft konkurriert, für den sind die Themen der Auseinandersetzung nachrangig. Es gibt Menschen, bei denen das Konkurrieren zu den Existenzgrundlagen ihres Lebens gehört und die durchaus treffend über sich selbst sagen können: ›Ich konkurriere, also bin ich!‹ Der Gegenstand der Auseinandersetzung ist also weniger entscheidend als ihr Prozeß und ihr Ergebnis. Die Konkurrenzspannung sinkt gegen Null ab, sobald das Ziel erreicht ist; der Betreffende wendet sich alsbald einem neuen Konkurrenzziel zu. Für manche Menschen ist das Konkurrieren also *das* Lebenselexier wie für andere das Verkaufen, Reden, Organisieren, Lieben, Schreiben oder Helfen.

> Ein Kollege äußerte dazu: »Ich rackere und rackere das ganze Jahr lang gegen Widerstände der verschiedensten Art an. Ich bin Beamter und also gesichert. Ich habe keinen Aufstieg vor mir und kein großes Lob. Auch die Sache treibt mich nicht besonders. Denn die Arbeitseinheiten, für die ich zuständig bin, arbeiten von selbst, und sie arbeiten gut. Nein, ich suche die Schwierigkeiten und vernichte sie. Dann fühle ich mich lebendig und spüre meinen Körper, dann bin ich vital und voller Einfälle. Urlaub und Sommerflauten sind für mich die schwierigsten Zeiten des Jahres. Leben ohne Kampf – das ist nicht zum Aushalten.«

Vermeidung von Unterlegenheit

Manches Konkurrieren dient nicht dazu, eine Überlegenheit zu gewinnen, sondern eine drohende Benachteiligung zu verhindern.

Vielleicht sollte man in solchen Situationen nicht von Konkurrenz sprechen, sondern von Kompensation: Was der eine hat, das will der andere auch; er ist unglücklich, solange er es nicht bekommt. Der Vorteil und Vorsprung des anderen hat eine frühere Balance zwischen den beiden aus dem Gleichgewicht gebracht. Natürlich will ein Kind, das sieht, wie ein anderes Eis bekommt, das gleiche Eis auch haben, und gibt nicht eher Ruhe, bis es seinen Willen durchgesetzt hat. Aber es will *nicht mehr* als das andere, sondern nur mit jenem gleichziehen.

Wenn das eine Kind sich mit einem Spielzeug zu beschäftigen beginnt, das wochenlang unbeachtet herumgelegen hat, will das andere natürlich in genau diesem Moment ebenfalls mit diesem Spielzeug spielen, auch wenn es dies dem anderen wegnehmen muß. Der Kompensationsdrang ist besonders schön daran erkennbar, daß das zweite Kind allenfalls dadurch getröstet werden kann, daß es, wenn das andere Kind sein Spielzeug nicht hergibt, *dafür*, d. h. als Kompensation, etwas anderes Gleichwertiges erhält. Dieses Angebot setzt freilich manchmal eine Spirale des Vergleichens und Forderns in Gang. Das erste Kind findet das als Trost genannte Angebot oft überhöht und will nun seinerseits lieber *diesen* Vorteil, als auf seinem Spielzeug sitzenzubleiben, das für das andere nun plötzlich doch nicht mehr so attraktiv ist, und versucht einen Handel: ›Du bekommst mein Spielzeug, wenn ich dafür ...‹ Daran erkennt man zuverlässig, daß es nicht um das Spielzeug ging, sondern um den Statusvergleich. Tatsächlich verliert das Spielzeug schnell an Bedeutung, wenn das Interesse des konkurrierenden Kindes nachläßt: Man genießt noch einige Minuten lang den trotzigen Triumph, die Stellung gehalten zu haben; dann läßt der Reiz der Sache rapide nach.

Anders liegt die Sache, wenn es darum geht, einen rechtmäßigen (!) Vorteil gegen die Konkurrenz zu bewahren. Als das Patenkind erfährt, daß der Patenonkel ein Geldgeschenk übersandt hat, ist die Freude zunächst groß. Sie erlischt aber sofort, als bekannt wird, daß der Patenonkel auch die Schwester bedacht hat. »Das darf er nicht; er ist *mein* Patenonkel!« stellt das Kind entrüstet fest. »Soll *sie* sich doch von *ihrem* Patenonkel was schenken lassen!« Das Gönnenkönnen ist gewiß ein Gegenimpuls zur Konkurrenz – aber es ist schwer und muß als Beitrag zur Gemeinschaftsfähigkeit gelernt werden.

Manche Menschen konkurrieren ständig und finden sich zugleich belästigt dadurch. Da, wo ein Mensch in stereotyper Haltung, reflexartig und routinemäßig rivalisiert, ist er oft selbst nicht glücklich damit. Denn dieses Konkurrieren ist anstrengend, verhindert vertrauensvolle Bindungen und ist ein Kampf nicht nur mit dem anderen, sondern stets auch mit eigenen, manchmal unsinnigen Maßstäben. Der Betreffende zweifelt an den eigenen Fähigkeiten, mithalten zu können, und kann sie immer nur für kurze Zeit zum Schweigen bringen, indem er sich selbst die Latte immer wieder recht hoch legt.

Ein Bauunternehmer berichtete mir in der Therapie von seinem wirtschaftlichen Erfolgsrezept. Er bot potentiellen Auftraggebern stets einen äußerst knapp kalkulierten Terminplan für die zu errichtenden Bauten an und war bekannt dafür, daß er diese Zeiten bei den Subunternehmen durchzusetzen und im Endergebnis auch einzuhalten verstand. Das war für ihn selbst ursprünglich ein Kampf gegen die konkurrierenden Anbieter, dann gegen Unzuverlässigkeiten der Subfirmen, zuletzt, wenn der Erfolg zum Greifen nahe war, nur noch gegen sich selbst. Am Tag der fristgerechten Gebäudeübergabe erlebte er nach monatelanger Anspannung einen kurzen Moment der Euphorie. Dann überkamen ihn eine unendliche Müdigkeit und Traurigkeit. Er konnte kaum noch bis zum Ende des Fests durchhalten, verließ es unter einem Vorwand früher als vorgesehen und fuhr mit einem Gefühl völliger Leere nach Hause. Am nächsten Tag stürzte er sich mit aller Kraft auf den nächsten Auftrag und führte ihn in den darauffolgenden Monaten so wie den vorangegangenen erfolgreich, aber leidend aus. An mich hatte er sich wegen dieser depressiven Niedergeschlagenheiten gewandt. Als er die selbstgeschaffene Abfolge der Stimmungen in ihrer Wiederkehr erkannte, sagte er: »Ich lebe nach dem Muster ›Bitterer Lorbeer‹«. Dann fielen ihm viele Situationen aus seiner Jugend ein, in denen er durch äußersten Einsatz seine Familie aus Armut und Scham hatte befreien wollen, teilweise mit Erfolg, aber den Makel des Flüchtlings und Schuldnerkinds im Dorf hatte er nicht abschütteln können. Dieses Gefühl ›Ich strenge mich bis zum äußersten an, aber am Ende ist doch alles vergeblich‹ entdeckte er nun in seinem Erwachsenenleben wieder. Es gelang ihm in der Folgezeit, sich ein wenig aus dieser selbstgewählten Überlastung zu lösen, ohne daß sein Geschäft litt. Die Ausschläge zur depressiven Seite hin wurden schwächer. Später sagte er einmal lachend: »Ich laufe immer noch im Hamsterrädchen, aber nicht mehr so schnell!«

Bestätigung von Gleichrangigkeit

Konkurrenz drückt für manche Menschen Respekt aus. Als Konkurrenz betrachtet und angegangen zu werden ist oft angenehmer, als vollständiger Nichtbeachtung anheimzufallen. Gesprächsbeiträge, die übergangen oder unterbrochen werden, auch solche, die bei einer späteren Zitierung einer anderen Person zugeordnet werden, zeigen ihrem Autor seine schwache Stellung in der Gruppe. Frauen klagen manchmal darüber, daß es zum männlichen Machtgehabe gehöre, so mit ihnen zu verfahren. Empirische Untersuchungen stützen die Annahme, daß solche Techniken des Konkurrierens geschlechtstypische Anteile aufweisen (Tanner, 1992, 1993, 1995).

Dem Kontrahenten das Konkurrieren zu verweigern, stellt eine schwere Degradierung dar, ganz unabhängig davon, ob dies in der Substanz gerechtfertigt ist.

- In der deutschen Sprache zeugen das Sprichwort ›Die Hunde kläffen – die Karawane zieht weiter‹ und die Redensart vom ›Ans Bein pinkeln‹ davon.

- In den 50er Jahren konnte einem unbescholtenen Studenten noch folgendes passieren: Er rempelte ohne Absicht und bösen Willen im Hörsaal oder in der Mensa einen Kommilitonen an und murmelte eine flüchtige Entschuldigung. Der Gestoßene aber brauste auf, stellte sich ihm in den Weg und fragte ihn, welcher schlagenden Verbindung er angehöre. Der harmlose Täter antwortete, er sei nicht korporiert; der Herausforderer, der die Absicht gehabt hatte, ihn auf dem Paukboden zu stellen, wandte sich dann mit verächtlichem Achselzucken und der Bemerkung ab: ›Nicht mal satisfaktionsfähig!‹

- Manche Mitglieder in Selbsterfahrungs- und Therapiegruppen versuchen, mit dem Leiter oder einem einflußreichen Gruppenmitglied zu konkurrieren, nehmen ordentlich Anlauf, pumpen sich auf, haben aber an Kraft nicht viel zu bieten und bleiben dann mitten im groß begonnenen Angriff stecken. Der Angegriffene hat u. U. nicht einmal bemerkt, wie sehr der tapfere Angreifer ihn vernichten wollte (mehr darüber in Kap. 11).

- Wenn man Mitarbeiter einer Autofirma in Stuttgart fragt, was die Konkurrenz in München mache, so tönt es dem Frager wie einstudiert entgegen: ›Das ist keine Konkurrenz!‹

Die Zurückweisung des Konkurrenzansinnens soll dem Gegenüber den Grad seiner Unterlegenheit deutlich machen: Er ist so niedrig, daß die Auseinandersetzung mit ihm nicht lohnt und der Sieg bedeutungslos wäre. So verfahren *auch* manche Menschen, die das Kräftemessen mit dem Herausforderer sehr fürchten. Entsprechungen dazu gibt es im Tierreich in großer Zahl: Lange bevor der Kampf beginnt, versuchen die Gegner in ritualisierter Form, ihre Kraft vorzuführen und den Gegner einzuschüchtern: Es könnte gelingen, ihn ohne Kampf in die Flucht zu schlagen.

Befriedigung des Geltungsstrebens

Konkurrenzkampf ist oft der Kampf um die Bestätigung des eigenen Wertes. Manche Konkurrenz ist angetrieben von dem Wunsch, die inneren Zweifel am eigenen Wert zum Schweigen zu bringen. Das Gegenüber erscheint als jemand, der uns unsere Kleinheit und Bedeutungslosigkeit vor Augen führen könnte. *Dadurch* erscheint er als Konkurrent. Wenn wir ihn niederkämpfen, können wir für einen Moment zu der Meinung kommen, die Gefahr sei gebannt: Unser Sieg zeigt uns: Wir sind *nicht* klein und *nicht* bedeutungslos, sondern bedeutend und liebenswert – bis der nächste attraktive Mensch in unserer Umgebung auftaucht. Den müssen wir dann wieder besiegen.

So lernte ich bei einem Kongreß eine Kollegin kennen, die, kaum daß wir die ersten Worte miteinander gewechselt hatten, anfing, sich mit mir über die Länge unserer Veröffentlichungslisten, den Zeitpunkt unserer Berufung in den Hochschuldienst und die Zustimmung zu unseren Beiträgen bei der Tagung anfing zu streiten. Das fand ich in dieser Heftigkeit zunächst befremdlich; dann bekam ich Lust, in ihrer jetzigen Rangelei das kindhafte Element aufzusuchen, und ich nahm schnell Stimme und Stimmung eines kleinen Mädchens wahr, dem vielleicht gerade ein Junge vorgezogen worden war. Zuletzt fiel mir ein, wie ich selbst einmal bei einer Tagung kindisch mit einem anderen Referenten rivalisiert hatte (Kap. 4). Da konnte ich mich, ohne sie zu verletzen, aus der Umklammerung lösen und ein verbindendes Thema finden.

Manches Konkurrieren hat gar keinen konkreten Gegenstand, der gegen Mitbewerber errungen oder verteidigt werden müßte. Vielmehr scheint es für manche Menschen beruhigend, andere kleiner, ängstlicher, ungewisser zu erleben als sich selbst – offenbar erleben sie relativ gesehen einen Aufstieg dabei. Viel Imponierverhalten ist dem zuzuordnen. Unter Studenten gibt es besondere Rituale des Bluffens und Beeindruckens: gelesene Bücher, Dozentenkontakte, bestandene Klausuren, Hintergrundinformationen usw., mit denen sie sich das Leben gegenseitig schwermachen. Denn das Bluffen des einen läßt den anderen nicht ruhen. Er sucht seinerseits ein Feld, auf dem *er* beeindrucken kann – eine Spirale der Anstrengung und Angeberei. Eine universitäre Beratungsstelle hat vor vielen Jahren ein Bluff-Training entwickelt, um Studenten gegen solche Strategien ihrer Kommilitonen zu immunisieren: Hier wurde ihnen alles vorgeführt, womit sie sich bisher hatten einschüchtern lassen.

Identitätsstiftung

Manche Menschen legen viel – und manchmal kommt es einem so vor wie: allzu viel – Wert darauf, sich von anderen Menschen zu unterscheiden. Geschieht dies in der Gestaltung des Äußeren und des Auftretens, so nennt man solche Menschen exzentrisch. Erweitert sich das Bemühen auf die gesamte Selbstdarstellung oder auf die Form, in der eigene Ideen vorgetragen werden, so erkennt man darin ein erhöhtes Geltungsstreben und die Sorge, nicht genügend Beachtung zu finden. Das verdeckte Motto lautet hier manchmal:»Ich unterscheide mich, also bin ich.« Dies gerät gelegentlich zur Peinlichkeit oder zur unfreiwilligen Komik. Die Wissenschaft bietet hier ein besonders reiches Anschauungsmaterial.

Ein Kollege, der lange als Assistent eines weithin bekannten Psychologieprofessors gearbeitet hatte, schrieb schließlich selbst ein kleines Buch über das gleiche Fachgebiet, auf dem auch jener forschte. Dabei zog er Kapitel für Kapitel dessen wohlbegründete Definitionen des Gegenstandes heran, erläuterte sie kurz und fuhr dann jeweils fort: ›Ich hingegen definiere den Sachverhalt folgendermaßen: …‹, wiederholte dann die Definition seines akademischen Lehrers und fügte irgendein belangloses Detail zu – so entsteht Scheinoriginalität.

Eine Bekannte von mir hatte ein Konzept zur Teamberatung entwickelt, mit dem sie gute Arbeit leistete. Soweit waren ihr Interesse,

Respekt und Zustimmung der Kolleginnen und Kollegen gewiß. Immer freilich, wenn sie davon sprach, mußte sie zuletzt noch erwähnen, wie innovativ ihre Vorgehensweise im Vergleich zu allem war, was sonst noch auf dem Beratungssektor existierte. An dieser Stelle geriet ihre Selbstdarstellung sehr ins Übertriebene; denn gediegene Beratungsarbeit wird von vielen Kollegen geleistet, ohne daß einer von ihnen behauptet, der große Neuerer auf diesem Gebiet zu sein.

Viele Kolleginnen und Kollegen und auch ich hatten bei den Gründerinnen und Gründern der Gruppendynamik gelernt. Einige dieser Schüler machten sich später daran, die Gruppendynamik noch einmal ganz neu zu erfinden. Sie verwendeten viel Energie darauf zu beweisen, daß diese ersten Entwürfe und Konzepte völlig wertlos gewesen seien und daß die Gruppendynamik erst mit ihnen selbst beginne. Aber so ist es ja nicht. Den besten Dank, den man seinen Lehrerinnen und Lehrern abstatten kann, besteht vielmehr darin, daß man das, was man von ihnen gelernt hat, kennzeichnet *und* es eigenständig weiterentwickelt, ohne diese Wurzeln zu verleugnen.

Abfuhr projektiver Feindseligkeit

Manchmal richtet sich der Kampfgeist nicht gegen den ebenbürtigen Rivalen, sondern versucht, einen gänzlich ungeeigneten Gegner niederzumachen. Ein Beispiel dafür erlebte ich als junger Doktorand am Psychologischen Institut der Universität.

Meine Mitassistenten und ich betrachteten uns mit einem gewissen Übermut und, noch ohne etwas Rechtes geleistet zu haben, schon als die nachwachsende akademische Elite und trieben unsere Forschungsarbeiten mit Eifer voran. Ab und zu nun meldete sich bei unserem Doktorvater auch ein ehemaliger Kommilitone, der am Ort eine kleine psychologische Praxis betrieb, aber weder beruflich recht Fuß fassen konnte noch mit seinem Untersuchungsdesign ernsthaft vorankam. Gegen ihn begannen sich alle Häme und Verachtung eines meiner Kollegen zu richten. Wenn er ihn sah, behandelte er ihn demonstrativ abweisend und erkundigte sich so herablassend nach dem Fortgang seiner Doktorarbeit, daß der Gefragte regelmäßig ins Stottern geriet. Nach solchen Begegnungen äffte er den Unglücksraben manchmal in übertriebener Weise nach; dann wieder äußerte er sich erregt und empört darüber, daß so einer überhaupt zur Promotion zugelassen werde. Ich hatte ein paar Mal mitgelacht und seinen Tiraden beigepflichtet. Dann kamen mir diese wiederholten heftigen Affektausbrüche doch unverhältnismäßig vor, und ich begann, die beiden Kontrahenten zu vergleichen. Mein Mitassistent war nun wirklich das genaue Gegenbild zu diesem etwas glücklosen Kollegen, energisch und entschieden, schnell und präzise in der Auffassung, voller Pläne und Ideen, rasch und umsichtig in der Durchsetzung, charmant und beliebt – er erschien mir manchmal wie ein geborener Glückspilz. Aber daß er diesen vom Schicksal weniger begünstigten Kollegen so sehr mit seiner Wut verfolgte, ließ mich endlich vermuten, daß er selbst auf diesem Gebiet eine gewisse Unsicherheit erlebte oder einen blinden Fleck aufwies. Es schien mir nun so, als begegne ihm in dem anderen sein eigener Schatten: eine Lebensvariante von Mittelmäßigkeit, vor der er sich sehr fürchtete und die er nun, statt sich mit ihr auseinanderzusetzen, an dem anderen bekämpfte.

Auslese und selektive Aufmerksamkeit

Konkurrenz hilft, bei knappen Ressourcen die tüchtigsten Bewerber herauszufiltern. Sie ist das handlungsleitende Prinzip unterschiedlichster Ausleseprozesse: Zusammenstellung von Olympia-Equipen, Personalauslese, Assessment-Center, Auswahl von Bewerbern für Lehranalyseplätze.

In allen diesen Fällen ist nicht nur das Setting auf Konkurrenz angelegt, die Konkurrenz also im Interesse des Ausleseziels gleichsam instrumentalisiert. Vielmehr ist im Findeprozeß ein konkurrenzbetonendes Verhalten durchaus erwünscht und wird als signifikantes Unterscheidungskriterium zwischen geeigneten und ungeeigneten Kandidaten betrachtet.

In einem Psychotherapie-Institut etwa wurden die Kandidaten nach den obligaten Probeinterviews zusätzlich gemeinsam einbestellt. Ein Mitglied des Ausbildungsausschusses las ihnen nach der Einführung ein Grimmsches Märchen (!) vor. Danach bestand den Rest der Doppelstunde lang Gelegenheit, zu dem Text eigene Einfälle mitzuteilen und eine Märcheninterpretation zu versuchen, durchaus in Konkurrenz zu anderen Deutungsversuchen und unter den Augen beobachtender Lehranalytiker. Daß auf diese Weise freilich früh eine subtile Einladung ausgesprochen wird, sich mit Ellbogenmentalität durchzusetzen, statt eine Weichenstellung hin zur Entwicklung des Gemeinschaftsgefühls vorzunehmen, ist augenfällig.

Das Konkurrenzmotiv vermischt sich oft mit anderen Motiven oder macht sich hinter anderen Motiven unsichtbar. Es ist dann der Selbstprüfung nicht mehr ohne weiteres zugänglich und entzieht sich der Reflexion. Oft ist sie nur an der unproportionalen Heftigkeit zu erkennen, mit der ein bestimmtes Tun betrieben wird, wie das Beispiel von dem Mitassistenten in diesem Kapitel weiter oben zeigt.

Ich hatte mich am Ende des Urlaubs kurzfristig entschlossen, auf einen Ferientag zu verzichten und entsprechend früher die Heimfahrt anzutreten, um nicht in den großen Rückreisestau hineinzugeraten. Am Abend komme ich wirklich glücklich zu Hause an und bin über meine Entscheidung froh. Aus rein verkehrstechnischer Neugier interessiert es mich aber doch, ob es am nächsten Tag wirklich die von mir erwarteten Staus gegeben hat und mithin meine Entscheidung richtig war. So weit – so gut. Aber an der beharrlichen Neugier, mit der ich an diesem Tag versuche, die Verkehrsnachrichten zu hören, erkenne ich ein zusätzliches Motiv. Es ist die Konkurrenz mit all den Autofahrern, die nicht, so wie ich, Triebverzicht geleistet und den letzten Ferientag geopfert haben. Nun könnte zwar Mitleid in meinem Bemühen überwiegen; aber ich spüre den dringenden Wunsch, von Staumeldungen dramatischen Umfangs zu hören: Anscheinend kann ich es den anderen Urlaubern nicht ganz gönnen, daß sie mit ihrer Gedankenlosigkeit (›Ach so schlimm wird es wohl nicht werden‹) und ihrer Genußsucht (›Den Urlaub bis zur letzten Sekunde auskosten‹) ungeschoren davonkommen.

Nun sind alle diese Formen des Konkurrierens so lange unbedenklich, wie sie dem Menschen zur seelischen Stabilisierung dienen, ihm den klaren Blick auf die inneren und äußeren Verhältnisse nicht trüben und ihm bei der Verfolgung solcher Ziele helfen, durch die andere Menschen nicht übers Maß benachteiligt oder behindert werden. Aber das Konkurrieren ist kein isolierter Vorgang. Es ist von vielen anderen seelischen Prozessen begleitet. Da kommt es in der Form und in den Folgen manchmal zu Übertreibungen, Fehlentwicklungen und Fixierungen.

Projektion

Im Zusammenhang mit Konkurrenzsituationen sind krasse Projektionen und andere Fehlwahrnehmungen üblich. Dies gilt natürlich auch für andere Lebenskontexte; jedoch sind mir hier die auffallendsten Ausfälle begegnet.

So lernte ich einmal einen Kollegen kennen, der gerade ein recht beachtetes Buch veröffentlicht hatte und mit Recht stolz darauf war. Allerdings wurde seine Freude dadurch getrübt, daß sein Vorgesetzter Jahr für Jahr ähnliche Bücher schrieb und damit nun schon seit über einem Jahrzehnt Erfolg hatte. Als wir nun über eine eher kleine Meinungsverschiedenheit sprachen, zu der es zwischen den beiden gekommen war und zu der wir in der Sache keinen rechten Anlaß finden konnten, sagte der junge Kollege fachmännisch: »Na klar, der Hintergrund ist: Er hat ein Konkurrenzproblem mit mir!« Mir hingegen sah es mehr so aus, als habe *er* ein Konkurrenzproblem mit dem Älteren, mit dem er weder menschlich noch fachlich Schritt halten konnte.

Kommunikationsstörung

Unter Konkurrenzdruck ist der Mensch besonders anfällig für Mißverständnisse und Fehlleistungen. Eine Klärung ist manchmal nur dann möglich, wenn wir den Konkurrenzhintergrund der Situation beleuchten, der ursächlich für ihre Entstehung war.

Ich führte einmal mit einer Gruppe von Vorgesetzten aus Industrie, Dienstleistung und Verwaltung ein Gruppendynamisches Laboratorium durch. Die Gruppenmitglieder nutzten die unstrukturierte Situation in der Selbsterfahrungsgruppe zunächst als Einladung, mit ihrem berufsüblichen Imponier- und Konkurrenzverhalten aufzuwarten, und entfalteten dabei ein beträchtliches Repertoire an Techniken der Selbstdarstellung. Darüber verhärteten sich zwischen einzelnen Teilnehmern die Fronten; auch mich als Gruppenleiter griffen sie immer wieder an und testeten mein Standvermögen, einerseits in kritischer Auseinandersetzung mit meiner Arbeitsweise, aber auch in einem Ritual des Kräftemessens. Mich ließ diese Auseinandersetzung nicht unberührt. Ich bemerkte, wie ich mir Mühe gab, die Anwesenden mit begrifflicher und konzeptioneller Klarheit zu beeindrucken, offenbar nur mit geringem Erfolg. – In dieser emotional angespannten Situation deutete ein Teilnehmer an, er wolle die Auseinandersetzungen nicht länger mitmachen und erwäge eine frühzeitige Abreise aus dem Laboratorium. Die Mitteilung wurde von der Gruppe kaum beachtet, und ich fühlte mich veranlaßt, ihr Gehör zu verschaffen. Ich sekundierte ihm also mit der Verbalisierung: ›Sie meinen: Wenn wir hier keinen Kooperationsmodus finden, ziehe ich es in Betracht, vorzeitig abzureisen.‹ Da zuckte die Gruppe zusammen und duckte sich. Dies wieder war für mich überraschend, denn so dramatisch schien mir die Bemerkung des Teilnehmers nun wieder nicht, zumal er sie nicht drohend, sondern eher bittend und um Verständnis werbend geäußert hatte. Meine Verwirrung nahm noch zu, als die Gruppe nun *mich* zu bestürmen begann, sie wollten ja gerne kooperieren, wüßten aber nicht genau wie, aber das mit dem Abreisen solle *ich* (!) mir doch noch einmal überlegen, und sie versprächen, sie wollten ab jetzt nicht mehr streiten. Es stellte sich schließlich heraus, daß in meiner Intervention die Eingangsworte ›Sie meinen‹ von keinem einzigen Gruppenmitglied gehört worden waren, so daß meine ganze Äußerung für sie hieß: ›Wenn wir hier keinen Kooperationsmodus finden, ziehe *ich* es in Betracht, vorzeitig abzureisen‹, d. h. eine Drohung *von meiner Seite* darstellte. Der Affektdruck bestand hier offenbar bei allen Beteiligten in gleicher Weise. Die Gruppe hielt es für möglich, daß ich sie wegen ihrer Unbotmäßigkeit mit Abbruch des Seminars bestrafen würde. *Ich* wollte *bewußt* nur den Teilnehmer paraphrasieren – aber vielleicht liebäugelte ich insgeheim doch ein wenig damit, der Gruppe mit einer solchen Maßnahme zu drohen. Als ich das Mißverständnis aufklärte, trat in der Gruppe spürbare Erleichterung ein. Die Gespräche fanden danach in größerer Bezogenheit statt; fast schien mir, daß meine Nicht-Drohung doch als Drohung im Raum blieb und den Teilnehmern eine Haltung der Kooperation mit mildem Druck auferlegte.

Oben und unten

Der Stärkere und der Schwächere nehmen das Gefälle, das zwischen ihnen besteht, in unterschiedlicher Deutlichkeit wahr. Wenn wir uns eine Situation der Konkurrenz räumlich zwischen oben und unten vorstellen, sieht die Sache von ›oben‹ meist nicht besonders dramatisch aus: Man selbst ist halt ein bißchen besser als der andere. Was ist schon dabei? Das Konkurrieren schließt, von oben betrachtet, nicht aus, daß man mit dem anderen durchaus kollegial umgeht, vielleicht ein bißchen jovial: ›Das soll unserer Freundschaft keinen Abbruch tun.‹ Wer also mit Erfolg konkurriert, neigt keineswegs immer dazu, den anderen vernichten zu wollen, sondern kann ihn auf dem untergeordneten, ihn selbst nicht gefährdenden Platz gut belassen; u. U. dient der unterlegene Konkurrent noch als Staffage für die eigene vorteilhafte Stellung. Zugleich dient das Gönnen, das freilich manchmal in Gönnerhaftigkeit übergeht, dazu, das eigene Gewissen zu beschwichtigen: Hat man sich denn unfair verhalten? Hat man denn nicht selbst als erster die Hand zur Versöhnung ausgestreckt? Hat man nicht mehr als erforderlich sogar von eigenen Aufgaben und Ressourcen abgegeben? Der Sieger der Konkurrenz ist also oft bald mit sich im reinen und sieht die Welt wieder im Lot. Es hat sich eben das (!) Bessere durchgesetzt – so soll es ja auch sein – kein Anlaß für Gewissensbisse.

Wer allerdings als Unterlegener gegen seinen Status der Unterlegenheit verstößt, zieht sich leicht den Zorn des Überlegenen zu. Der andere, der sich in der Position des großzügigen Gewinners sieht, reagiert also höchst empfindlich, wenn sein Gegenüber weniger schwach auftritt, als es der Rollenbeziehung gemäß wäre. In Goethes späteren Lebensjahren etwa finden sich zahlreiche Episoden von dieser Qualität (Friedenthal, 1991): Immer wieder lassen es Besucher des Meisters an der erwarteten Devotion fehlen und werden dann frostig abgefertigt.

Ein Kollege führte ein Gruppendynamisches Laboratorium durch, zu dem er außer einem weiteren Trainer zwei Co-Trainer eingeladen hatte, deren Ausbildung er auf diese Weise fördern wollte, einen Mann und eine Frau. Das Seminar nahm anfänglich einen guten Verlauf; die beiden Anfänger setzten sich ein und lernten am Vorbild des erfahrenen Kollegen; er fühlte sich väterlich-ermutigend, unterstützend und fördernd. Dann erfuhr er aus einer beiläufigen Bemerkung, daß die beiden schon seit mehreren Monaten eine Liebesbeziehung miteinander unterhielten. Das kränkte den uneigennützigen Förderer sehr. In den vergangenen Tagen hatte er sich als *zweifach* wohlwollender Mentor gesehen. Nun fand er sich als *einzelner* einem *Paar* gegenüber, das miteinander eine weit engere Bindung unterhielt als mit ihm und die wichtigen Dinge im Binnenverhältnis klärte, statt Hilfe von ihm zu erbitten. Er fühlte sich durch das Verschweigen der Partnerschaft in den Vorgesprächen in unbestimmter Weise hinters Licht geführt, sah sich in seiner Rolle als Seniorkollege betrogen, war verstimmt und konnte die Supervision nur noch frostig zu Ende führen. Die gemeinsame Arbeit endete in allseitiger Enttäuschung.

Ein Konkurrieren, für das nach Auffassung des Überlegenen keine Berechtigung besteht, wird oft bestraft. In Verhältnissen, in denen es ein deutliches Gefälle gibt, z. B. zwischen Ausbilder und Lehrling, Doktormutter und Doktorandin usw., werden also Vorpreschen und frühes Konkurrieren meist nicht toleriert. Der Inhaber der höheren Position spricht dem Konkurrenten gleichsam die Legitimation ab, ihm bereits *zu diesem Zeitpunkt* nahezutreten bzw. sein Erbe antreten zu wollen. Der allzu früh Startende wird als undankbar empfunden: Er kann offenbar nicht warten, bis ›seine‹ Zeit gekommen ist. Freilich will der Ältere bestimmen, wann dieser Zeitpunkt eintritt. Zahlreiche Dramen von Königen und ihren ehrgeizigen Söhnen behandeln dieses Thema. Die Geschichte endet in der Regel mit dem Tod: Der Vater läßt den Sohn hinrichten, der nach dem Thron trachtet; oder der Sohn bringt den Vater um, der ihm bei der Thronbesteigung im Wege steht.

Eine Zen-Geschichte behandelt das Thema in heiterer Form. Der Meister hat den Jünger in alle Künste des Ringkampfs eingewiesen und entläßt ihn schließlich, als er ihm nichts mehr beizubringen vermag. Der Schüler hat nun nichts Eiligeres zu tun, als den Meister großspurig zum Kampf herauszufordern, und der Meister nimmt an. Lange geht der Kampf unentschieden hin und her. Dann wirft der Meister den Schüler mit einem völlig neuen Griff auf den Rücken. Der Schüler sagt entgeistert: »Meister, Du hattest mir doch alles beigebracht?!?« – »Ja«, antwortet der Meister vergnügt, »alles bis auf diesen Griff. Den hatte ich mir für den heutigen Tag aufgespart.«

Ähnliches gibt es im Verhältnis von Vorgesetzten und ihren Zieh-Söhnen im Arbeitsleben. Der Ältere hat den Jüngeren u. U. über Jahre hinweg uneigennützig gefördert. Er ist bereit, ihn als Nachfolger einzusetzen und ihn entsprechend zu qualifizieren. Aber der in dieser Weise Herausgehobene kann nicht warten. Statt dankbar für die Entwicklungschance zu sein, die er erfährt, trachtet er danach, den Stelleninhaber zu vertreiben. Dies disqualifiziert ihn endgültig oder jedenfalls für einige Zeit, das Amt noch zu übernehmen. Das Drama *Das Leben ist ein Traum* von Calderon de la Barca handelt davon.

Enttäuschung ist die verständliche Reaktion desjenigen, der so von seinem Zögling angegangen wird. Zwei Beispiele aus dem Universitätsalltag sind mir hier besonders aufgefallen. Beide Male dankte der von seinem Vorgänger unterstützte Nachfolger seinem Förderer die Unterstützung nicht: Der eine stellte seinem Vorgänger pünktlich am Tag von dessen Emeritierung den Stuhl vor die Tür; der andere wies, kaum daß er im Amt war, dem Vorgänger eine kleine Kammer in einem Nebengebäude des Instituts zu.

Kränkung und Entwertung

Wer sich in der Konkurrenz zurückgesetzt fühlt, reagiert auf Leistungen anderer besonders gern mit verdeckter Kränkung und offener Entwertung.

Ich erlebte in einem Berufsverband einmal folgende Situation: Zu einer Wochenendtagung hatte der Vorstand einige von uns eingeladen, einmal eine ganz persönlich gehaltene Darstellung unseres eigenen Selbstverständnisses in dieser Arbeit zu formulieren und den Kollegen vorzutragen. Die Eingeladenen kamen dem gern nach; es wurde ein Vormittag, an dem wir mehrmals den Atem anhielten während der wirklich sehr offenen ungeschützten Darstellungen, die die Kolleginnen und Kollegen aus ihrem Leben gaben. Diese Sitzung hätte also alle Anwesenden zufriedenstellen und bereichern können. Aber kaum waren die Vorträge zu Ende, kam eine Diskussion darüber auf, warum *gerade diese fünf* von der Verbandsspitze eingeladen worden waren und nicht fünf andere. Der Vorsitzende geriet darüber in arge Beweisnot. Denn die Auswahl, die er getroffen hatte, war durchaus von subjektiver Art gewesen. Alles, was er sagte, wurde von den Fragenden mit dem Hinweis beantwortet, diese oder jene Bedingung erfüllten auch viele andere, die nicht zum Referat gebeten worden waren. Am Ende mußte er zugeben, daß er seiner persönlichen Präferenz gefolgt war. Die Stimmung wurde darüber immer gereizter. Erst später fiel mir ein, daß die Diskussion vielleicht von denjenigen angezettelt worden war, die selbst gern als Referenten eingeladen worden wären.

Fixierung

Der Unterlegene kann sich mit seiner Position oft nicht abfinden. Er bleibt dann an einem Gefühl des Nichtwahrhabenwollens und Haderns haften. Es ist nicht leicht, sich einzugestehen, daß man verloren hat, weil der andere – und sei es auch nur auf einem ganz bestimmten Gebiet – *besser* war und ist.

Wenn eine Partnerschaft zu Ende geht, weil einer der beiden einen neuen Partner gefunden hat, so fragt der Verlassene oft wie unter einem gewissen Zwang: »Was ist, hat oder kann der andere, was ich nicht habe?« und meint, es erfahren zu müssen, koste es, was es wolle. Ich rate davon ab, diese Frage zu stellen oder sie zu beantworten. Im Ergebnis bleiben danach Kränkung und Leid zurück, nicht aber Verstehen. Wird die Antwort nämlich gegeben, so werden Ausflüchte, Scheinerklärungen, Verschwörungstheorien benutzt, um die Niederlage gerade *ohne* das Kriterium ›besser als ich‹ erklären zu können. Oft bleibt ein lebenslanges Ressentiment zurück; manchmal entwickelt sich ein verbohrter unkorrigierter Liebeswahn, oder es kommt zu einem fortgesetzten inneren Streiten und Hadern.

Die Attitüde des Rivalisierens wächst manchen Menschen so sehr ins Fleisch, daß sie sich selbst nur noch in der Auseinandersetzung spüren. Einem jungen Soldaten im Zweiten Weltkrieg, der Chirurg werden wollte, wurden von einer Granate beide Hände zerfetzt. So fand seine Planung ein jähes Ende. Er fand eine Anstellung im Vertrieb chirurgischer Geräte und machte seine Sache gut. Jedenfalls stieg er schnell zum Gebietsleiter auf und bekleidete früh eine angesehene Stellung. Aber immer hatte er nun mit Chirurgen zu tun, während er sich selbst ›nur‹ als Handelsvertreter fühlte; diese Kränkung begleitete ihn sein ganzes Leben hindurch. Einerseits brüstete er sich gerne damit, mit welchen Kapazitäten der Medizin er auf vertrautem Fuß stand; andererseits bezeichnete er sie voller Haß auch als Hyänen und Metzger, die sich von menschlichem Elend ein feudales Leben finanzierten. Zum Loslassen der verlorenen Konkurrenz und zur Bejahung der eigenen beruflichen Identität fand er erst im Rentenalter, als diese täglichen Begegnungen mit der überlegenen Konkurrenz aufhörten.

Ein stark konkurrierender Teilnehmer in einem Gruppendynamischen Laboratorium machte sich anfänglich sehr für Entscheidungen stark, die vom Konsens der ganzen Gruppe getragen waren. Er war beruflich Chef einer kleinen Firma und benutzte in der Diskussion oft Bilder und Analogien aus Arbeitsleben und Teamarbeit. Um seinen Worten Nachdruck zu verleihen und die Gruppe auf seine Linie einzuschwören, entwickelte er aus dem Stegreif eine kleine, mit leichter Hand rasch hingeworfene Theorie der Gruppe und der Gruppensynergie und fand damit wirklich einen gewissen Anklang. Später begann die Gruppe, seine Ausführungen doch allzu flach und zweckgerichtet zu finden, und wollte sich nicht mehr für seine Zwecke einspannen lassen, sondern hörte auf andere Gruppenmitglieder. Da wandte sich der Entthronte rasch einer anderen Gruppe zu, in der er glaubte, noch reüssieren zu können. Die eigene Gruppe protestierte und versuchte, ihn zu halten. Es gefiel ihm eine Zeitlang, so umworben zu sein, aber es brachte ihm seine ursprüngliche Stellung nicht zurück. So beschloß er, die bisherige Gruppe zu verlassen und zu der anderen überzuwechseln. Seine Anfangsgruppe erinnerte ihn nun an seine ehemaligen Forderungen nach Konsens und Fortsetzung der Diskussion. Aber es nutzte nichts. Flugs strickte er nun eine kleine Philosophie der Freiheit und Vielfalt zusammen, bewies der Gruppe, daß es doch viele Vorteile für sie habe, wenn jeder Teilnehmer tue, was er wolle, und keiner durch ›destruktive‹ Normen gehindert sei, und verließ, als die Gruppe ihm bei diesen Gedanken nicht folgte, hocherhobenen Hauptes den Raum.

Verleugnung und Bewußtwerdung

Wenn über Konkurrenz andererseits *nicht* gesprochen wird, wird sie agiert – das geschieht manchmal in sehr destruktiver Weise. Auch Klienten und Patienten erleben Situationen der Konkurrenz. Es ist ihnen nicht damit gedient, wenn ihre Helferinnen und Helfer solche Impulse verleugnen. Vielmehr ist es wünschenswert, Entstehung und Verlauf von Konkurrenzprozessen zu verstehen und eine Gestaltung zu suchen, die die seelische Gesundheit der Beteiligten wahrt.

Ein junge Patientin bekam während der 90minütigen Sitzungen fast regelmäßig nach Ablauf der ersten Stunde starke Kopfschmerzen. Sie nahm an der Gruppe wegen Schlafstörungen und Anorgasmie teil und hatte im Verlauf des ersten Therapiejahres unter anderem von langjährigem sexuellem Mißbrauch durch den eigenen Vater berichtet. Als sie diesen regelmäßig auftretenden Kopfschmerzen ihre Aufmerksamkeit zuwandte, fiel ihr auf, daß diese regelmäßig auch dann auftraten, wenn ihr Chef ihr in kritischem Ton etwas sagte. Auch wurde sie vermehrt von ihnen heimgesucht, seit sie eine neue Vorarbeiterin bekommen hatte, die sie als streng und kontrollierend empfand. Nach einiger Zeit kam ihr in den Sinn, daß ihre Kopfschmerzen während der Therapiesitzungen mit unterdrückten Rivalitätsgefühlen der Gruppenleiterin gegenüber zusammenhängen könnten. Sie wolle sich gern, so wie jene, ruhig und gelassen in der Gruppe bewegen und äußern, fand sich aber aufgeregt und konfus und mochte sich nicht eingestehen, daß sie in diesem Vergleich den kürzeren zog. Zugleich fürchtete sie, sie werde die Zuneigung der Gruppenleiterin verlieren, falls sie sich zu ihren Konkurrenzgefühlen bekennen würde; folgerichtig strengte sie sich an (!), *nicht* zu konkurrieren. Diese Anspannung spürte sie dann Sitzung für Sitzung recht bald, zuerst im Nacken, dann den Kopf hinaufziehend, zunehmend als quälenden Schmerz. Zuletzt glühte ihr Kopf und schmerzte bei jeder Bewegung. Nachdem sie dies selbst herausgefunden hatte und den Schmerz als Signal zu begreifen begann, fiel er nicht mehr ganz so heftig aus und verschwand nach einiger Zeit ganz. Auch ihr Verhältnis zu Chef und Vorarbeiterin wurde später gelassener.

Nachdem wir nun Konkurrenz und Kooperation in der Vielfalt ihrer Funktionen und Fehlformen untersucht haben, wenden wir uns nun verschiedenen Lebenskontexten zu, in denen ihnen eine besondere Bedeutung zukommt.

Literatur

Friedenthal, R. (1991): Goethe. Sein Leben und seine Zeit. Piper, München.

Tanner, D. (1992): Du kannst mich einfach nicht verstehen. Kabel, Hamburg.

Tanner, D. (1993): Das habe ich nicht gesagt. Kabel, Hamburg.

Tanner, D. (1995): Job Talk. Wie Frauen und Männer am Arbeitsplatz miteinander reden. Kabel, Hamburg.

III. Lebenskontexte

Wir haben in den letzten Kapiteln eine Grundlegung von Konkurrenz und Kooperation vorgenommen und wenden uns nun den Lebensbereichen zu, in denen beide Prozesse in besonderer Deutlichkeit hervortreten: Partnerschaft und Familie, Arbeitsleben, Frauen in Führungsfunktionen sowie Therapie, Selbsterfahrung und Supervision.

8. Partnerschaft und Familie

Beginnen wir mit einem kleinen Exkurs in die Frühgeschichte der Menschheit.

Urhorde und Sippe

Freuds Theorie von der Urhorde (1973) legt nahe, daß das Verhältnis zwischen Vätern und Söhnen und alle vergleichbaren Konstellationen konflikthaft und in Konkurrenz verlaufen müssen und daß es dabei zu tatsächlichem oder symbolischem Mord kommen wird. Freud nahm an, daß in grauer Vorzeit die Sippe von einem allmächtigen Vater beherrscht worden sei, der über die Frauen verfügt und die Söhne von diesen ferngehalten habe. Die Söhne töteten den Vater in gemeinsamer Auflehnung und verzehrten ihn. Freilich sind Freuds Angaben über die Zeitspanne, in der sich der Vorgang abgespielt haben soll, ungenau. Historische Bestätigungen finden sich nicht. Durch Befunde aus der Ethnologie wird die Hypothese nicht gestützt (Malinowski, 1979). Auch unter Primaten finden Rangkämpfe nicht in der von Freud beschriebenen Weise statt.
Trotzdem hat Freuds Geschichte von der Urhorde unser Denken stark beeinflußt, durchaus auch im Guten. So ist heute unbestritten, daß es zwischen den Generationen zu mörderischem Haß

kommen kann und daß manche Söhne und Töchter Mordgelüste gegen Vater und Mutter in sich tragen, wie es auch umgekehrt der Fall ist. Dieses Motiv wurde in Werken der Weltliteratur zu allen Zeiten behandelt (*Elektra*, *King Lear*, *Jenseits von Eden*). Insofern greift Freuds Darstellung vom Vatermord einen wichtigen Aspekt der Familiendynamik auf und zeigt seine Bedeutung für Entstehung und Aufrechterhaltung von Neurosen. Andererseits wird deutlich: Der abgrundtiefe Haß in der Familie ist nur eine von zahlreichen möglichen Entwicklungen. Wenn wir in unserem Patienten- und Freundeskreis umherblicken, so erkennen wir gewiß hier und da elementare Unverträglichkeiten, auch Kränkung, Wut, Auszug der Heranwachsenden aus dem Elternhaus in Unfrieden, Sprachlosigkeit und Kommunikationsverweigerung; aber auch viele andere Regungen zwischen Eltern und Kindern kommen vor.

Nachteilig wirkt sich der Mythos vom Vatermord da auf unser Denken aus, wo er als die einzige gesunde Form der Beziehung zwischen Eltern und Kindern ausgegeben wird: Der Jugendliche könne sich *nur* dann vom Vater lösen, wenn er ihn, jedenfalls in symbolischer Form, umbringe. Wer seine Eltern liebt, wer sich in reifer Weise gelassen von ihnen löst und dennoch den Kontakt mit ihnen pflegt, gerät dann in den Verdacht, ›unabgelöst‹ zu sein.

Dem ist entgegenzuhalten: Dem Jugendlichen, der das Elternhaus verläßt, ist doch an erster Stelle zu wünschen, daß er im Zuge der Entwicklung seiner Eigenständigkeit weiterhin ein Gefühl von Vertrauen und Dankbarkeit erlebt, wenn die Eltern sich einigermaßen sorgsam um seine Entwicklung bemüht haben. Dazu kann das Erlebnis der Verbundenheit kommen, als fortbestehende Familienbindung, als potentielle Zugehörigkeit *und* als Bewußtsein von Abgrenzung und Individualität. Gelegentliche Haßgefühle haben darin durchaus Raum. Dagegen ist es unsinnig, sie zur Bewährungsprobe erfolgreicher Elternablösung zu stilisieren nach dem Motto: Ohne Haß keine Individuation.

Die gleiche Auffassung wird manchmal für das Verhalten von Lehranalysand und Lehranalytiker und generell von Ausbildungskandidaten ihren Therapieausbildern gegenüber vertreten. Hier nun führt diese Auffassung zu seltsamen Brüchen und Einseitigkeiten. Nach Phasen positiver und negativer Übertragung neigen manche Kandidaten dazu, von ihren therapeutischen Lehrern etwas von oben herab zu sprechen, ein wenig gespreizt, mit dem Tenor, der Lehrer habe durchaus seine Stärken und Verdienste, aber im Laufe der Zeit seien eben doch auch seine Grenzen überdeutlich sichtbar geworden, und man sei froh, daß man nun aus dieser Abhängigkeit endlich heraus sei, die auch weiter nichts mehr gebracht hätte.

Ein Blick auf die buddhistische Lebensphilosophie zeigt, daß auch ganz andere Einstellungen möglich sind: Der Pose des Hintersichlassens stellt der Buddhismus die Haltung der Dankbarkeit gegenüber. Vom Schüler wird selbstverständlich erwartet, daß er allen seinen Lehrern gegenüber *lebenslang* Dankbarkeit empfindet und übt. Wer dies nicht zu leisten vermag, an dessen Erkenntnis- und Schulungstiefe muß gezweifelt werden.

Der Vorgang des Vergleichens und Sich-Messens wird oft von den Eltern selbst initiiert. Richter (1969) hat unter den Rollen, die dem Kind in der Familie zugewiesen werden, u. a. das ›Kind als Substitut für eine Geschwisterfigur‹ beschrieben. Hier kann es dazu kommen, daß eine frühe Geschwisterrivalität, die die Eltern in ihrer eigenen Kindheit nicht verarbeitet haben, nun am eigenen Kind agiert wird: War dieses Geschwister in der Kindheit der Eltern von unerträglicher Überlegenheit, so kann es jetzt dazu kommen, daß die Eltern sich von dem projektiv mit diesen Eigenschaften ausgestatteten eigenen Kind wieder einschüchtern lassen und sich unterwerfen – so wie damals:

Eine Mutter berichtete in der Therapie, daß sie mit ihrem Kind ausführlich über ihre Berufspläne sprach und auch seine Meinung dazu hören wollte; es war aber erst 1 $^{1}/_{2}$ Jahre alt. Oder Eltern spielen als Erwachsene dem eigenen Kind gegenüber ihre faktische Überlegenheit aus und tun ihm alle die Demütigungen an, die sie selbst seinerzeit von dem überlegenen Geschwister erfahren haben. – Richter selbst zitiert den Fall einer Mutter, die als Kind stets hinter ihrer klugen Schwester zurückstehen mußte und später versuchte, ihre eigenen Zwillingskinder mit allen Mitteln dumm zu halten (S. 152 ff., Richter, 1969).

Viele Positionierungen in der Familie erfolgen lautlos, geradezu unmerklich und unsichtbar, mühelos, weil alle Beteiligten sich an einem gemeinsamen Kodex von Regeln orientieren. Erst wenn man in eine andere Kultur eintritt, wird sichtbar und bewußt, daß es in diesem Bereich überhaupt ein Regelwerk gibt und daß es auf andere Weise funktioniert als das, das uns selbst geläufig ist.

Ich erlebte es einmal mit, wie in einer hauptsächlich von Koreanern bewohnten Region Nordchinas in einer bestimmten familiären Situation zwei Männer um die Führung konkurrierten und wie die Sache schließlich in Konsens beigelegt wurde. Es herrscht in dieser Bevölkerungsgruppe eine ziemlich klare Weisungshierarchie, die durch Alter, Funktion und Geschlecht definiert ist. Gilt es, etwas zu entscheiden, so gibt der Vater den Ton an, nach ihm die Mutter. Sind beide nicht anwesend, so hat auch unter Erwachsenen das älteste Geschwister das Sagen, unabhängig vom Geschlecht. Da manche Situationen nicht so eindeutig sind, gilt als weiteres Kriterium die Nähe der Beteiligten zur höchsten verfügbaren Funktion. In der konkreten Situation hatte der Onkel meiner Frau einen Geschäftspartner, der ihm beruflich viel verdankte, gebeten, uns während unserer Reise durch Nordchina unter seine Fittiche zu nehmen. Dies stellte zugleich eine Art Weisung dar, die der so Angesprochene sich gern zu eigen machte. Die Situation konnte also durch folgende Rangplazierungen definiert werden:

Ferner Onkel	(1)
Geschäftsfreund des Onkels	(2)
Reisendes Ehepaar	(3)

Unsere Stellung am Ende der Hierarchie ergab sich dabei aus unserem Mangel an Kenntnissen der Sprache und Landeskunde. Wir *mußten* betreut werden. Zugleich hätten wir aber auch unmittelbar unter dem Onkel eingereiht werden können, weil der Geschäftsfreund uns gegenüber ja in einer dienenden Funktion auftreten sollte. Nun reiste aber der Bruder meiner Frau, also der Neffe des Onkels, der Land und Sprache gut kannte, ebenfalls mit. Er beanspruchte als Stellvertreter des Onkels den zweiten Platz und definierte die Situation folgendermaßen:

Ferner Onkel	(1)
Neffe als Stellvertreter des Onkels	(2)
Geschäftsfreund des Onkels	(3)
Reisendes Ehepaar	(4)

Dies behagte dem Geschäftsfreund nicht, der sich dadurch in seiner Möglichkeit beeinträchtigt sah, dem Onkel Dank und Referenz zu erweisen. Er sagte daher zu dem Neffen: »Als Dein Onkel und ich noch in der gleichen Stadt wohnten, hat er mich Dong Seng genannt«, also ›jüngerer Bruder‹! Damit hatte er das Rennen für sich entschieden. Der Bruder ist natürlich allemal mehr als ein Neffe. Wir verbrachten also eine sehr schöne Woche in der Rangfolge

Ferner Onkel	(1)
Geschäftsfreund des Onkels (»Jüngerer Bruder«)	(2)
Reisendes Ehepaar	(3)
Neffe des Onkels	(4)

Dabei geriet der Neffe des Onkels, also mein Schwager, überraschend auf den letzten Platz. Denn wenn er nicht mehr ›Stellvertreter des Onkels‹ war, blieb ihm nur noch die Position ›Neffe des Onkels‹, mit der er sich schließlich notgedrungen zufriedengab.

Komplementäre und symmetrische Entwicklungen

Auch die Partnerschaft selbst ist ein gängiger Ort der Konkurrenz. Hier werden die Beziehungsmuster wieder aktualisiert, die das Kind in den frühen Kontakten mit Eltern und Geschwistern gelernt und sich angeeignet hat. Entsprechend werden dem Partner u. a. Rollen wie Bruder und Schwester, Geliebter, Gegner, Sieger, Verlierer oder Konkurrent angeboten. Dieser wieder konstelliert aus seiner Biographie heraus ähnliche oder andere Rollenmuster, so daß jede Partnerschaft Merkmale der Wiederholung aller dieser Erfahrungen aufweist. Ein paar Beispiele mögen das Wechselspiel der Kräfte illustrieren, das hier herrscht.

- Das unsägliche ›das letzte Wort behalten müssen‹ ist hier zuzuordnen.
- Als Gegenpol ist bekannt, daß in manchen Beziehungen beide Partner sich wechselseitig klare Stellungnahmen verweigern (›Schlag Du etwas vor!‹; ›Nein, Du!‹) – wunderbar vorgeführt von Helge Schneider (›Was is, Reinhold?‹; ›Ja, was is, Helge?‹; ›Reinhold!‹; ›Helge!‹ …)
- Manche Paare, die sich in Trennung und Scheidung befinden, kämpfen am Ende nicht mehr darum, voneinander loszukommen, sondern nur noch um das Etikett ›schuldlos‹ oder ›schuldig‹. Bis in die Gegenwart hinein weisen sich Menschen in Heiratsanzeigen als ›schuldlos geschieden‹ aus. Um sie sollte man einen Bogen machen; sie geben mit diesem Beharren das ganze Ausmaß ihrer Uneinsichtigkeit zu erkennen.
- Ein Mann, der mit seiner Frau zwei Jahre lang um ein kleines antik imitiertes Spinnrad aus der gemeinsamen Ehe prozessiert hatte, stellte dies, nachdem er vor Gericht gesiegt hatte, in den Keller, Triumph im Herzen. Dort stand es fünf Jahre lang unbeachtet. Dann brachte er es eines Tages, als er Platz brauchte, zum Sperrmüll an die Straße.

Ein pensionierter Kollege hatte eine wesentlich jüngere Frau geheiratet, die ihn in seinem beruflichen Erfolg sehr bewunderte und ihm, als es für ihn auf diesem Gebiet zu einer Stagnation kam, aufopferungsvoll und mit großem Arbeitseinsatz zur Seite stand. Er empfand dies, wie er mir gegenüber äußerte, aber bald eher als Umklammerung, die ihn subjektiv in eine Position von Abhängigkeit und Verpflichtung brachte, und wandte sich, u. a. um seine Freiheit zu unterstreichen, anderen jungen Frauen zu. Die Idealisierung, die seine Frau ihm anfänglich entgegengebracht hatte, schlug nun in Zorn und Verachtung um. Sie begann, sich ganz auf ihre eigene berufliche Entwicklung zu konzentrieren, und lehnte es ab, weiter sexuell mit ihm zu verkehren. Ihr Triumph lag nun darin, sich ständig in aufreizender Kleidung im Haus zu bewegen und doch unerreichbar für ihn zu sein. Sein beruflicher Abstieg erschien ihr zugleich wie eine gerechte Strafe für seine Untreue. Schließlich duldete sie, nachdem nunmehr sie eine gefragte Spezialistin geworden war, ihn auf ihren zahlreichen Vortragsreisen nur noch als blassen Begleiter, der dabei aber eine unglückliche Figur machte.

Als Varianten eines stabil-fließenden Gleichgewichts in der Partnerschaft sind komplementäre und symmetrische Entwicklungen denkbar.

Im ersten Fall übernimmt der eine Partner, von außen betrachtet, die aktive, der andere die zurückhaltende Seite der Beziehung. Eine Frau drückte dies ihrem Mann gegenüber einmal voller Dankbarkeit so aus: »Meine Siege finden auf Deinen Schultern statt.« Entgegen der verbreiteten Praxis, daß nämlich in der Regel die Frau dem Mann ›den Rücken freihält‹, war es hier so, daß ihr Mann in einer etwas langweiligen, aber gut bezahlten Stellung für das Familieneinkommen sorgte, während sie, von diesem guten Rückhalt gestützt, politische Aufgaben übernahm und das volle Risiko, das diesem Metier innewohnt, in Kauf nehmen konnte.

In anderen Fällen wird das Konkurrenzproblem in der Partnerschaft symmetrisch gelöst: Beide Partner bekennen sich zu ihrer Tüchtigkeit, oder beide verbeugen sich symmetrisch in Bescheidenheit voreinander. In beiden Fällen kann es zu einer Eskalation kommen. Diese führt in dem einen Fall zu einem kräftezehrenden Dauerlauf, im anderen zu Lähmung und Untätigkeit. In beiden Fällen wird anscheinend sichergestellt, daß beide Partner in bezug auf das Konkurrenzthema immer nah beieinander bleiben.

Bei einer privaten Begegnung lernte ich einmal ein Ehepaar kennen, von denen beide sich auf unterschiedlichen Wegen in einem Teilgebiet der Psychotherapie hervorgetan hatten. Der Kollege freilich genoß die älteren ›Rechte‹ auf diesem Gebiet, da er sich früher etabliert hatte. Aber auch seine Frau unterstrich in Auftritten und Publikationen ihre eigenständige Position und stieß auf positive Resonanz damit. Nun wurde ihr die Mitarbeit im Redaktionsstab einer fachbezogenen Enzyklopädie angeboten, eine Aufgabe, die fachlich auch ihm hätte angetragen werden können. Der Herausgeber der Buchreihe mußte lange auf eine Antwort warten und fragte mehrmals nach. Am Ende kam von ihr ein wortreicher, komplizierter und im Kern nichtssagender Brief mit einer Absage: Aus grundsätzlichen Erwägungen, und in Folge von Termindruck, und in Anbetracht der Thematik, und zu diesem Zeitpunkt sei es ihr nicht möglich, das Angebot anzunehmen. Im vertraulichen Gespräch freilich wurde deutlicher, daß es ihr in der Dynamik dieser Partnerschaft nicht ratsam schien, die Aufgabe zu übernehmen. Ihr Mann hatte in den letzten Jahren mit zunehmendem Groll mit angesehen, wie sie Schritt für Schritt an ihn heranrückte, aus der Rolle der Schülerin heraustrat und ihm ebenbürtig zu werden begann. Sie fürchtete, der Sitz in dem Gremium würde für ihn eine solche narzißtische Kränkung darstellen, daß er die Partnerschaft insgesamt in Frage stellen könnte.

In diesem Fall weist sowohl die Reaktion des Ehemannes (›Auf keinen Fall darf meine Frau fachlich mehr Ansehen gewinnen als ich!‹) als auch die der Ehefrau (›Lieber auf die Aufgabe verzichten als auf die Partnerschaft!‹) eine gewisse Geschlechtstypik auf. Männer ziehen im Konflikt zwischen Aufgabe und Beziehung oft ersteres vor, Frauen letzteres.

Aber andere Entwicklungen sind möglich. Ich lernte einmal ein Paar kennen, das in der ganzen Psychotherapieszene auffiel. Beide waren gutaussehende, kluge Personen, beruflich erfolgreich, mit beachteten Publikationen hervorgetreten, bekannt und prominent. Sie führten, soweit man das von außen sehen konnte, eine glückliche Ehe, hatten zwei hübsche Kinder und traten auf Kongressen zusammen auf. Irgendwann ging ihre Partnerschaft plötzlich zu Ende. Aus getrennten Gesprächen mit beiden gelang es mir nachträglich, einen Teil der Dynamik zu verstehen, die in dieser Ehe geherrscht hatte. Ihr anfänglich schnelles berufliches Vorankommen hatte für beide etwas sehr Beflügelndes. Es bewies ihnen wechselseitig: Ich bin mit einem durch und durch attraktiven Menschen verheiratet, mit jemandem, der bei einem großen Publikum auf Zustimmung stößt. *Seine* Erfolge zeigen u. a. *mir*, wie bedeutend *ich* bin. Denn sonst würde der andere gewiß nicht mit mir zusammenleben wollen. Wo also einer der beiden Erfolg hatte, selbst wenn er den anderen dabei überflügelte, konnte dieser sich über diesen Vorsprung des anderen noch mitfreuen. Die Stimmung schlug um, als die Gunst des Publikums gewonnen war und die beiden ernsthaft anfingen, *miteinander* zu rivalisieren. Nun war der *Sieg des einen die Niederlage des anderen,* und dieser andere unternahm jeweils vermehrte Anstrengungen, die Scharte auszuwetzen. Das ging eine ganze Weile mit zunehmender Verbissenheit hin und her. Keiner der beiden konnte mit dem Spiel aufhören. Der Mann hielt der Frau vor, sie bediene in billiger Manier feministische Trends; sie wieder kritisierte sein machohaftes Gehabe, in dem er mit ihr und mit Frauen generell umgehe, und bemerkte, daß er, typisch Mann, es nicht aushalte, mit einer erfolgreichen Frau zusammenzuleben. Als sie sich trennten, bezeichneten dies beide als Erlösung.

Konkurrenz muß in der Partnerschaft nicht nachteilig oder destruktiv sein; vermutlich wird sie von beiden Beteiligten mehr genossen, wenn abwechselnd der eine und der andere gewinnt. Dann kann Konkurrenz eine Partnerschaft sogar inspirieren und versüßen.

Eine Frau berichtet in der Beratung, daß sie oft voller Stolz daran denkt, wie sie sich allen Konkurrentinnen gegenüber durchgesetzt und ihren attraktiven begehrten Mann erobert hat. Wenn sie gelegentlich doch enttäuscht von ihm ist und an Trennung denkt, wischt sie diese Gedanken beiseite: ›Das könnte denen so passen, daß ich nun das Feld räume und ihn ihnen überlasse! Aber so blöd bin ich nicht!‹ sagt sie sich. Diese Vorstellung macht sie heiter und erleichtert es ihr, über manche Unzulänglichkeiten der Partnerschaft hinwegzukommen. Hier erscheinen andere Frauen wie Geschwister, gegen die man sich triumphierend durchgesetzt hat.

Eine andere Klientin war ihrem Mann gegenüber immer recht schnippisch und in einer für ihn nur schwer erträglichen Weise tadelnd und spöttisch. Oft ertrug er diese kleinen Sticheleien schweigend. Aber manchmal brach dann ein unverhältnismäßig heftiger Ärger aus ihm heraus. In einer solchen Situation tat ihr ihre Provokation leid, und sie hatte Lust auf eine kleine Liebesbegegnung mit ihm, die auch der Versöhnung dienen sollte. Sie versuchte also einzuschwenken und ihn zärtlich zu umwerben. Aber er saß in seinem nachhaltenden Groll fest und reagierte lustlos wie auch physiologisch ohne Erektion, was ihm einen merkwürdigen Triumph bescherte. Denn nun konnte er ihr vorwerfen, daß sie an seinem mangelnden Begehren schuld sei – wie überhaupt die Gelegenheit, den anderen als schuldig bezeichnen zu können, einer der gängigsten Schachzüge im Konkurrenzspiel ist. Sie ließ aber nicht locker mit ihrem Bemühen. Schließlich stellte sich die Erektion bei ihm doch ein, gegen seinen Willen, wie er im Paargespräch halb ärgerlich und halb amüsiert bekannte. Mit einer weiteren schnippischen Bemerkung zog sie ihn zu sich heran (>Na, Alter, komm, versuch mal, ob es noch mal klappt, jedenfalls einmal im Jahr!<), und halb widerwillig ließ er sich auf das Liebesspiel ein, das am Ende doch beiden Freude machte.

Oft spielt in der partnerschaftlichen Interaktion Kontrolle eine wichtige Rolle: Jeder von beiden muß sich immer wieder davon überzeugen, daß er bzw. sie Herr (!) des Geschehens ist.

Eine Klientin wollte im Rheinischen Karneval an einer sog. Damensitzung teilnehmen. Das sind Veranstaltungen, zu denen nur Frauen zugelassen sind und bei denen neben Tanzvorführungen und Musikdarbietungen auch witzige Reden mit politischen und sexuellen Pointen gehalten werden. Ihr etwas zur Behäbigkeit neigender Mann war's zufrieden und wollte sich den Abend mit Bier und Kartoffelchips vor dem Fernseher gemütlich machen. Aber irgendwie fand sie diesen Ausflug allein doch nicht ganz rechtens und drängte ihn, sich doch ebenfalls ins Karnevalsgetümmel zu begeben, das in dieser Zeit in allen Lokalen stattfand. Er wollte zuerst nicht recht, aber schließlich stimmte er zu. An dem Abend kam er dann spät und wirklich sehr vergnügt nach Hause, inspiriert von der Fröhlichkeit, die in den Kneipen herrschte, und beschwingt von Lachen und Späßen, zu denen es in dieser Zeit zwischen wildfremden Menschen kommt. Als er äußerte, er wolle sich im nächsten Jahr wieder allein aufmachen, wurde seine Frau schnell hellhörig und murmelte, jedoch laut genug, daß er die Botschaft verstand: »Na ja, nun weißt Du ja, wie es da zugeht. Einmal ist ja genug!«

Wenn beide Partner je nach Situation symmetrische *und* komplementäre Funktionen zu übernehmen verstehen, so ist die Chance zu Ausgleich und Ergänzung gewiß am günstigsten.

Bei einem anderen Paar fand der Machtkampf in subtiler Weise im Bett statt, und zwar in Form der Liegeordnung. Im wesentlichen ging es dabei um die Frage, wer zu wem kommt, wer wen zurückweist oder aufnimmt und wer also am Ende die größere Mühe auf sich genommen hat, Zärtlichkeit und erotische Begegnung zustande zu bringen. Der Mann ging meist zuerst ins Bett, lag dann halbwach dösend und wartete auf seine Frau. Sie kam etwas später aus der Dusche und fand das Bett von ihm aufgeschlagen, zum Hineinschlüpfen und Kuscheln bereit, legte sich aber vorsichtig mit etwas Distanz hin, wickelte sich geschickt in ihre Zudecke, nicht völlig verschlossen, aber auch nicht völlig offen. Meist schob der Mann dann einen Arm zu ihr hinüber und begann, sie zu streicheln. Je nach der Stimmung des zurückliegenden Abends drehte sie sich dann weg, ließ ihn gewähren oder gab ein Zeichen des Wohlbehagens von sich. Auf diese Weise schritt seine Annäherung an manchen Abenden zügig und zu beiderseitigem Vergnügen voran, an anderen dauerte sie lange, manchmal blieb sie auch mitten im Bemühen stecken. Wenn er nun freilich sich auf die andere Seite drehte und ihr den Rücken zuwandte, so empfand sie dies meist als ›die kalte Schulter zeigen‹ und reagierte entweder, indem sie sich fest und trotzig in ihre Decke einwickelte – oder mit kleinen Signalen des Werbens, auf die nun wieder er trotzig abweisend oder geneigt reagierte. Im ersteren Fall entstand ein frostiges Schweigen, und beide konnten weder einschlafen noch zueinanderfinden. Im anderen Fall kam es rasch zu Zärtlichkeiten und Intimität, die von beiden mit einer gewissen Erleichterung genossen wurden. Als das Paar mir in der Therapie davon erzählte, hatten sie die schlimmsten Auseinandersetzungen schon hinter sich und konnten darüber lachen. Aber sie sahen auch, wie sie sich mit dieser Taktik jahrelang wechselseitig auf Trab gehalten hatten. Dieses Paar bediente sich übrigens bei der erotischen Annäherung eines fein abgestuften Rituals, das ein wenig störanfällig war, aber doch zu sehr befriedigenden Begegnungen führte. Beide sehnten sich danach, vom anderen umworben zu werden, und manchmal kam es zu stürmischen Verführungen, die beide genossen. An anderen Tagen waren die Stimmungen der beiden nicht ganz in Einklang, und die sexuelle Appetenz dennoch stark. Dann fing einer von beiden an, den anderen mit kleinen Zeichen der Zuneigung auf sich aufmerksam zu machen. Darauf reagierte der andere oft zunächst nicht oder sogar ablehnend. Erwies sich der Partner, der die Initiative ergriffen hatte, als hinreichend ausdauernd, so konnte er dem anderen nach einiger Zeit eine kleine Andeutung von Zustimmung abringen; dies spornte ihn bei seinem weiteren Bemühen an und führte schließlich zu angenehmen Begegnungen. Aber manchmal erlahmte der Schwung des Werbens, und es trat eine Ermattung ein. In diesem Fall änderte sich nach einer Verschnaufpause gleichsam die Gefällerichtung, und der zunächst Umworbene begann, sich nun dem mittlerweile etwas abgekühlten Partner zuzuwenden. Bei diesem war manchmal freilich eine gewisse Unlust oder Beleidigtheit zu überwinden, und es dauerte lange, bis er oder sie Feuer fing und sich etwas widerwillig verführen ließ. Manchmal verpaßte er dabei den günstigen Moment des sich Einschwingens, und der jetzt aktive Partner knickte in seinem Bemühen ein, was nun wiederum den Beleidigten veranlaßte, die Führung zu übernehmen. Schließlich fanden die beiden meist doch zueinander; aber das Konkurrenzmotiv war stets spürbar dabei: Wer sich verführen ließ, lieferte sich dem anderen aus – so wirkte auf mich als Therapeuten die übermäßig vorsichtige, die Eigenständigkeit immer wieder betonende Haltung der beiden.

Parallelen aus der Tierwelt drängen sich hier geradezu auf. Die Werbungsrituale der Kreuzottern dauern stundenlang; der Löwe, der sich dem Weibchen nähert, riskiert das Leben, wenn er dessen Nahdistanz zur Unzeit überschreitet. Man kann die Liebeswerbung geradezu als Resultante aus Zuneigung und gebändigter Aggression oder als *Mittelweg* von *Konkurrenz* und *Kooperation* bei manchen Menschen betrachten; der Gegenimpuls bleibt in diesen Fällen stets präsent.

Gegenabhängigkeit

Wenn die Konkurrenz unbewußt bleibt, treibt sie manchmal besonders eigenartige Blüten. Manche Menschen, die sich in einer Art dauerndem Trotz und Kampf miteinander befinden, haben davon nicht die geringste Wahrnehmung; sie würden dem Eindruck, daß sie in stereotyper Weise um die Überlegenheit oder gegen die Unterlegenheit kämpfen, entschieden widersprechen. Vielmehr betrachten sie ihr Verhalten als selbstverständlich, üblich und normal. In der Gruppendynamik bezeichnen wir eine solche Haltung als ›Gegenabhängigkeit‹, d. h. als Abhängigkeit in der Haltung der Opposition (Däumling, Fengler, Nellessen, Svensson, 1974; Fengler, 1984). Denn solche Menschen sind ja nicht frei und bezogen, sondern können sich nur über ihre Unterschiedlichkeit definieren und geraten so in eine besondere Art der Abhängigkeit.

In einer Paarbeziehung, die mir in der Therapie begegnete, befand sich die Frau in einer Position der Gegenabhängigkeit fast allem dem gegenüber, was ihr Mann tat. Verließ er das Haus früh, um zur Arbeit zu fahren, so klagte sie, er lasse sie den ganzen Tag allein; richtete er es so ein, daß er erst gegen Mittag fortfuhr, so war er ihr beim Putzen im Weg. Lud er sie ein, ihn auf Auslandsreisen zu begleiten, so fühlte sie sich übermäßig beansprucht; beschloß er, allein zu reisen, so hegte sie den Verdacht, er wolle sich mit Freundinnen treffen. Der Mann geriet darüber in eine Ermattung und Hilflosigkeit und zog sich immer mehr von ihr zurück, fällte seine Entscheidungen einsam und teilte sie ihr erst spät mit. Oft richtete er es dabei so ein, daß er ihr eine Absicht mitteilte, der sie erwartungsgemäß widersprach, gleichzeitig aber schon alles so vorbereitete, daß er ihre Gegenvorschläge nun nahtlos in die Tat umsetzen konnte. So hatte er den Eindruck, daß *er* sich ihrer Opposition entzog, während *sie* ihn und die

Dinge im Griff zu haben glaubte. Dieses ›im Griff haben‹ erwies sich am Ende als das sich durch das gesamte Leben der Frau ziehende Motiv, das nun auch in der Partnerschaft allzu breiten Raum einzunehmen drohte. Sie hatte als ältestes Kind schon früh für viele jüngere Geschwister sorgen müssen und sich angewöhnt, die Dinge ›im Griff zu haben‹. In der Therapie sagte sie einmal: »Nur wenn ich das Gegenteil von dem durchsetze, was um mich herum angestrebt wird, weiß ich, daß ich *die Sache im Griff* habe.« – Aber über diesem mechanischen Opponieren kamen ihre eigentlichen gegenwärtigen Bedürfnisse zu kurz, und die Partnerschaft verkümmerte.

Ein Klient berichtete mir in der Einzeltherapie von folgender Episode aus seiner Ehe: Er hatte als Ingenieur eine Dienstreise nach Südamerika unternommen und seiner Frau eine Reihe schöner großer Seidentücher in verschiedenen Farben mitgebracht. Sie nahm sie in die Hand, sagte ›Naja‹ und legte sie beiseite. Freuen mochte sie sich nicht über das Mitbringsel. Diese Erfahrung hatte er auch schon früher gemacht; im Laufe unserer Gespräche hatte er die Vermutung entwickelt, sie fühle sich ihm unerträglich verpflichtet, wenn sie Freude über eine Aufmerksamkeit von ihm äußere, und halte sich deshalb zurück. Andererseits hatte er bei früheren Gelegenheiten, wenn er einmal von einer Reise kein Geschenk mitbrachte, ihre geballte Empörung zu spüren bekommen und den Vorwurf gehört, daß er offenbar an sie überhaupt nicht denke, sondern nur an sich. Nun waren also die schönen Seidentücher mitgebracht und unkommentiert beiseite gelegt worden; aber selbst dies empfand seine Frau offenbar noch als mit zu viel Nähe und Verpflichtung verbunden. Jedenfalls schnitt sie die Tücher am nächsten Tag in lange schmale Streifen, umsäumte sie neu und besaß nun statt fünf schöner großer Tücher 25 dünne Streifen, je fünf in der gleichen Farbe, die sie einige Zeit lang tapfer trug, um zu demonstrieren, daß dies die optimale Lösung des Tücherproblems sei. Dann verlor sie die Lust an ihnen, zumal ein paar Bekannte von ihr die Hände über dem Kopf zusammenschlugen, als sie von diesem Akt der Barbarei erfuhren, und ihr Vorwürfe deswegen machten. Der Ingenieur beschloß zu dieser Zeit, ihr von Reisen als Geschenke nur noch Eßwaren mitzubringen, die einen natürlichen, sinnvollen Platz im gemeinsamen Haushalt finden konnten und durch baldigen Verzehr rasch wieder aus ihrem Blickfeld verschwinden würden.

Bei der sog. ›Streitehe‹, also einer Partnerschaft, in der um das Staubkorn am Boden und die Fliege an der Wand gestritten werden *muß*, handelt es sich vermutlich um eine Konstellation starker trotziger wechselseitiger Abhängigkeit. Keiner kann dem anderen einen Fußbreit Boden nachgeben, ohne sich in seiner Identität bedroht zu sehen. Zugleich ist das Streiten offenbar das Lebenselixier des Paares. Manchmal hat man den Eindruck, die Partnerschaft funktioniere nach dem Lebensprinzip ›Wir streiten, also spüren wir, daß wir ein Paar sind‹. Dann ist das Streiten unerläßlich, um die Ehehomöostase aufrechtzuerhalten und den Beteiligten zu bestätigen, daß sie wichtig füreinander sind. Streitehen sind keineswegs immer unglücklich, wie man als Betrachter meinen könnte. Vielmehr gibt es darin Explosionen von Lachen, Triebhaftigkeit und Genuß, wie man in dem Theaterstück *Wer hat Angst vor Virginia Woolf* sehen kann – gewiß eine Alternative zu der Friedhofsruhe, die in manchen Partnerschaften herrscht. Ein neuerer Song einer deutschen Pop-Gruppe illustriert den Sachverhalt ebenfalls:

Niemals einer Meinung
Ich zeige auf die Sterne, doch du siehst nur den Mond – Ich rufe HALT und du rennst dabei los – Will ich dir was erzählen, dann kann ich mir ganz sicher sein, daß du schon alles kennst und es auch besser weißt – Wenn ich sage Schwarz, setzt du sofort auf Rot – Ob es klappt oder nicht, du versuchst es andersrum – Du hältst nichts von meinen Freunden, ich kann deine nicht verstehn – Kein Wunder, daß man uns so gut wie nie zusammen sieht – Wir werden niemals einer Meinung sein, und wenn's sich nur ums Wetter dreht – Frag mich nicht warum, ich brauche dich – Jeden Tag reicht uns der kleinste Streit, um aufeinander loszugehn – Frag mich nicht wieso, ich liebe dich!
Wenn dir etwas gefällt, steht für mich schon lange fest – Ich kann's nicht ausstehn, weil's langweilig ist – Wenn es uns mal schlecht geht, suchen wir woanders Trost – Unser Mitleid füreinander war noch nie sehr groß ...
Wenn ich dich haben kann, dann meine ich, ich will dich gar nicht mehr – Ist es umgekehrt, dann hab' ich Angst, daß du mir nicht gehörst – So war's bei uns schon immer und es wird nie anders sein – Würdest du's nochmal versuchen, ich wär sofort dabei.

Vermutlich gerät die Streitehe dann in die Krise, wenn einer der beiden Kampfhähne mehr aus Not als aus Lust beim Streiten mitgemacht hat oder generell der Auseinandersetzungen müde wird. Je mehr dann der andere in der bisher bewährten Praxis fortfährt, desto mehr zieht der eine sich zurück und findet das Zusammenleben unerträglich, was den anderen zu neuen Angriffen animiert – eine Spirale, die in Flucht oder Gewalt endet.

Taktik des Schweigens

Wenn das Schweigen in der Partnerschaft besonders beharrlich wird, stecken oft Verschüchterung, Machtkampf oder unausgesprochene Erwartung dahinter. Einer der Beteiligten äußert sich also zu wichtigen Fragen des Zusammenlebens nicht mehr, weil er mit Wutanfall, Sanktion oder Dauerstreit rechnen muß; oder beide Partner schweigen sich an, um herauszufinden, wer es länger aushält und so ›gewinnt‹; oder jeder von beiden denkt, die Situation sei so eindeutig, daß der andere nun die Initiative ergreifen müsse. Das sieht der andere freilich oft genauso – mit umgekehrtem Vorzeichen.

Eine Klientin von mir erlebte mit neuen Freunden auf diese Weise mehrmals die gleiche Enttäuschung. Irgendwann im Laufe der ersten Wochen nach dem Kennenlernen ergab es sich jeweils, daß sie mit dem neuen Freund einen Spaziergang im Mondschein an einem schönen See machte. Sie dachte dann jedesmal: ›Wie schön und still es hier ist. Jetzt muß er mich doch in die Arme nehmen, mich küssen und mir sagen, daß er mich liebhat!‹ Aber der eine Freund sprach über den bevorstehenden gemeinsamen Urlaub, der nächste über seine Mühe mit der Doktorarbeit und der dritte über sein Motorrad. – Ich fragte behutsam, ob sie jemals in Betracht gezogen habe, ihrerseits einen der Kandidaten im Mondschein am See in die Arme zu nehmen, ihn zu küssen und zu sagen, daß sie ihn liebe. Daraufhin antwortete sie entrüstet: »Wieso denn ich? Wenn er es nicht merkt, daß das angebracht ist, dann liebe ich ihn ja gar nicht!«

Wenn also in dieser Weise das Gelingen der Beziehung an Bedingungen geknüpft wird, die der Partner nicht kennt und deshalb nicht buchstabengetreu erfüllen *kann*, die man aber selbst, der man sie kennt, nicht erfüllen *will*, so kommt es leicht zum Verstummen.

Konkurrenz der Symptome

Wir wissen seit einigen Jahrzehnten, daß die körperlichen Symptome von Menschen nicht nur Anzeichen von Krankheiten sind, sondern auch eine kommunikative Funktion haben: Sie sagen etwas über die Lebensumstände des Menschen aus, u. U. auch ganz konkret über die Stellung, die er in Partnerschaft, Familie und Beruf einnimmt. Es gibt eine Sprache der Symptome, die verstanden werden kann, wenn wir Gelegenheit haben, den Träger des Symptoms aus der Nähe und in seinem Lebenskontext wahrzunehmen.

Ein Ehepaar, das sich in der Beratung kennenlernte, hatte eine nuancenreiche Symptomsprache entwickelt und gab sich auf diesem Wege Signale, die die Partner im Laufe der Behandlung zu entschlüsseln lernten. Herkömmlich halten wir solche Symptomentwicklungen u. a. für Erpressungsversuche, die den Partner unter Druck setzen sollen. In diesem Fall dagegen informierten sich die beiden Partner auf diese Weise über den Grad der jeweiligen Belastung und trugen dazu bei, daß beide – bei aller Begrenztheit ihrer Fähigkeit zur Einfühlung – doch eine Art eingependeltes Verhältnis von Nähe und Rückzug, Rücksichtnahme und Wiederannäherung fanden. Der Mann in dieser Beziehung hatte früher, lange bevor er seine jetzige Frau kennenlernte, in seinem Beruf als Bauingenieur mit verschiedenen gescheiterten Projekten Schulden angehäuft, die er nun Monat für Monat mit einer beträchtlichen Summe abtragen mußte. Dies zwang beide, obwohl er auch jetzt ein gutes Gehalt bezog, zu einer recht bescheidenen Lebensführung. Sie erbitterte es, daß sie, statt mit einem gutgestellten Mann ein Leben in Großzügigkeit führen zu können, seine früheren Fehlspekulationen auf diesem Gebiet mit ausbaden mußte, wiewohl er ihr über seine finanzielle Lage von Anfang an reinen Wein eingeschenkt hatte. Besonders aber verletzte sie, daß er verschiedene dieser alten Projekte unter Einsatz weiterer Geldmittel noch zu retten versuchte, wobei geringen gelegentlichen Erfolgen ein unverhältnismäßiger Aufwand gegenüberzustehen schien. In dieser unentschiedenen und anscheinend unlösbaren Situation entwickelte sich bei ihr eine Tinnitus-Symptomatik (starkes Ohrensausen, -pfeifen oder -klingeln), die immer dann besonders ausgeprägt war, wenn er mit diesen alten dubiosen Geschäftspartnern telefonierte, um noch irgend etwas von den früher getätigten Investitionen zu retten. Sie geriet dabei in regelrechte Angstanfälle hinein, und er mußte seine Telefonate verschiedentlich unterbrechen, um sie zu beruhigen. Er wieder, der zwischen Sich-Abfinden mit den Verlusten und Weiterkämpfen um das verlorene Geld schwankte, erlitt Schweißausbrüche und Herzrasen, wenn er sich so kurz vor dem vermeintlichen Erreichen wichtiger Verhandlungsziele durch seine Frau unterbrochen fühlte, und absolvierte die Hilfestellungen und Beruhigungen bei ihr nur unter angestrengter Selbstbeherrschung. In der Beratung fiel den beiden fast von selbst auf, wie sie sich gegenseitig mit ihren Symptomen zusetzten und wie sie sich abwechselnd damit handlungsunfähig machten. Sie fanden dann eine Form, sich im Gespräch miteinander zu verständigen, und die Symptomatik ließ bei beiden nach.

In einem anderen Fall verstrickte sich ein Paar in einen zeitweilig unauflösbaren Teufelspakt, gerade weil es mit besonderem psychologischen Geschick vorgehen wollte. Es handelte sich um ein Studentenpaar, das seit einem Jahr zusammenlebte. Fachlich und intellektuell hatten sie viele Berührungspunkte. Sie verstanden sich auch gut, verbrachten gern Zeit miteinander und dachten daran zu heiraten. Allerdings war der Mann bei seiner Lebensgefährtin impotent, was ihr Zusammenleben verständlicherweise sehr beeinträchtigte. Sie wieder hatte grundsätzlich und auch auf Grund dieser trüben Erfahrungen große Lust auf Begegnungen mit anderen Männern. Er fürchtete, sie zu verlieren, und verfolgte sie mit seiner Eifersucht. So kam es immer wieder zu verletzenden Auseinandersetzungen. Beide dachten über Lösungen des Problems nach. Dabei verfielen sie freilich auf eine Idee, die sich schnell als Sackgasse erwies. Er bot an, er wolle sich wegen seiner Impotenz einer Fokaltherapie unterziehen, und empfand dies als großes Entgegenkommen, weil er sich bisher strikt geweigert hatte, seine sexuelle Appetenz als Problem zu betrachten. Sie wieder wollte ihm an Großzügigkeit nicht nachstehen und teilte ihm mit, sie habe beschlossen, ihm so lange treu zu sein, wie seine Impotenz anhalte. Nun saßen sie in der Falle. Denn natürlich standen er und sein Therapeut auf verlorenem Posten, an der Behebung einer Symptomatik zu arbeiten, deren Verschwinden ein schwereres Unglück des Klienten heraufbeschwören würde. Sie wieder wartete mit zunehmender Ungeduld darauf, daß die Therapie zum Erfolg führen würde, um mit ihrem Lebensgefährten *und* auch mit anderen Männern schöne Dinge zu erleben, was sie sich mit ihrem befristeten Treueversprechen nun selbst versperrt hatte. In der gemeinsamen Beratung konnten die beiden das Destruktive ihrer Vereinbarung erkennen. Sie beschlossen, vorerst von beiden Versprechungen (Therapie und Treuegelöbnis) abzusehen und sich viel Zeit füreinander zu nehmen, ohne sich ein sexuelles Sport- und Erfolgsprogramm aufzuerlegen. Da stellte sich die Lust nach einiger Zeit von selbst ein.

Balance

Vermutlich wechseln in allen Partnerschaften Phasen symmetrischer und Phasen komplementärer Entwicklung ab. Mit stabilen, dauerhafte Sicherheit vermittelnden Verhältnissen kann nicht gerechnet werden. Dies würde wohl auch Lebendigkeitsverlust, Erstarrung oder Ende der Beziehung bedeuten.

Ein Kollege, selbst Paartherapeut, wurde eines Tages für ihn selbst völlig überraschend von seiner Frau verlassen. Er sprach mit seiner Therapeutin immer wieder darüber, verletzt und ratlos, da er seine Ehe in kontinuierlicher großer Liebe wahrgenommen hatte. Da sagte sie:»Nach 10 Jahren Ehe ist Liebe doch nicht mehr das gleiche wie in den Flitterwochen. Das können Sie doch nicht konservieren!« Aber genau das hatte er versucht, mit einer geheimen Theorie vom Eheglück: ›Wenn es mir gelingt, meine Partnerschaft dauerhaft so frisch, glücklich und unverändert zu halten, wie sie in den ersten Monaten war, dann wird sie von Dauer sein.‹ Aber darin steckte eine dreifache Fehlorientierung: Er starrte wie gebannt auf die Dauerhaftigkeit der Beziehung; er glaubte, er allein trage die Verantwortung dafür und lud sich so ein übermäßiges Leistungspensum auf; und er übersah, daß er und *auch* seine Frau Entwicklungen durchmachen würden, die Neukalibrierungen der Beziehung unerläßlich machen würden.

Wenn eine Veränderung des bisherigen Gleichgewichts eintritt, so kommt es meist rasch oder verzögert zu einer Korrektur, die freilich nicht den alten Zustand wiederherstellt, sondern allenfalls einen diesem verwandten Zustand *plus* der neuen Erfahrung. Manchmal hat man dabei den Eindruck, daß mit dem Beteuern der Liebe zu viel des Guten getan wird.

Eine Szene aus ›La Boheme‹:
Mimi beobachtet eine Gruppe von Studenten.
Rodolfo (mit sanftem Vorwurf):»Wen suchst Du?«
Mimi:»Du mißtraust mir?«
Rodolfo:»Mit Liebesglück ist Eifersucht im Bunde.«
Mimi:»Bist Du glücklich?«
Rodolfo:»Ja, so glücklich! – und Du?«
Mimi:»So glücklich!«

Ein Ehepaar aus meinem Freundeskreis fand auf diesem Gebiet nach manchen Wirrungen eine humorvolle Lösung. Der Mann war nach vielen Jahren des Zusammenlebens eine kurze Liebesbeziehung mit einer Kollegin eingegangen; diese Episode lastete auch nach ihrem Ende als Kränkung weiter auf der Familie und ließ den Mann mit ziemlichen Schuldgefühlen zurück. Seine Frau, nicht sonderlich erschüttert, war andererseits nicht gewillt, ähnliches immer wieder erleben zu müssen. Sie begann daraufhin ihrerseits eine Beziehung mit einem Kollegen in einer anderen Stadt, kam abends oft spät nach

Hause und schien vergnügt. Ihr Mann reagierte darauf besorgt, aber auch ein wenig erleichtert: Sie hatte nun das ›gleiche‹ erlebt wie er; als Paar waren sie somit quitt. Seine Frau war klug genug, mit diesem Ausgleich, den sie als gerecht empfand, die Sache zu Ende zu bringen. Danach ging das Familienleben intensiver weiter, als es zuvor gewesen war. Es blieben kein Vorwurf und kein schaler Rest zurück, und später konnten die beiden herzlich lachend davon berichten.

Literatur

Däumling, A. M., Fengler, J., Nellessen, L. J., Svensson, A. (1974): Angewandte Gruppendynamik. Klett, Stuttgart.

Fengler, J. (1984): Sozialpsychologische und soziologische Gruppenmodelle. In: Petzold, H., Frühmann, R. (Hg.): Modelle der Gruppe in Psychotherapie und psychosozialer Arbeit, Bd. 1 u. 2, S. 33–108, Junfermann, Paderborn.

Freud, S. (1973): Totem und Tabu. GW IX. Fischer, London.

Malinowski, B. (1979): Das Geschlechtsleben der Wilden in Nordwest-Melanesien. Syndikat, Frankfurt.

Richter, H. E. (1969): Eltern, Kind und Neurose. Rowohlt, Reinbek.

Tanner, D. (1995): Job Talk. Wie Frauen und Männer am Arbeitsplatz miteinander reden. Kabel, Hamburg.

9. Arbeitsleben

Wir können davon ausgehen, daß Erwachsene in unserer Gesellschaft bereits über eine kontinuierliche Reihe von Konkurrenzerfahrungen verfügen und sich ein Repertoire von Bewältigungsstrategien angeeignet haben, wenn sie ins Arbeitsleben eintreten. Es heißt, Konkurrenz belebe das Geschäft. Aber dies ist die Perspektive dessen, der annimmt, er habe keinen Anlaß, die Konkurrenz zu fürchten oder er werde trotz der Konkurrenz gut abschneiden. Wer um seine Existenz zu kämpfen hat, spricht dagegen gern von Dumpingpreisen und Verdrängungswettbewerb. Der Unterlegene argumentiert stets mit dem Rückenwind der besseren Moral, der Sieger dagegen mit dem Genuß des Gewinnens und manchmal mit einer Ad-Hoc-Philosophie vom Leben als Kampf, in dem jeder sich selbst am nächsten stehen müsse.

Konkurrenz und Kooperation sind im betrieblichen Alltag neben Gruppengröße, Führungsstil, Aufbau der Hierarchie, Kohäsion, Gruppenverträglichkeit und Kommunikationsstruktur die wichtigsten kommunikationsrelevanten Variablen (Welsch, 1973). Wie begegnet uns also die Konkurrenz im Erwachsenenalter, und wie begegnen wir ihr?

Konkurrenzverweigerung

Konkurrieren zu müssen, dazu aber keine Gelegenheit zu finden oder nicht bestehen zu können, kann sehr beängstigend sein. Einerseits ist Konkurrenz ja gesellschaftlich unausweichlich und unvermeidbar. Aber viele Menschen machen, gerade in Zeiten erhöhter Arbeitslosigkeit, die Erfahrung, daß ihre Konkurrenzbereitschaft nicht gefragt ist; oder sie treten gar nicht erst an, weil sie sich dem Test auf die Realität nicht aussetzen wollen.

Einer Mischung aus verschiedenen Ambivalenzen begegnete eine Professorin, die sich Gedanken über die berufliche Zukunft ihrer Studentinnen und Studenten machte. Diese Kollegin unterrichtete angehende Sozialpädagogen und Sozialarbeiter, die, so wie auch Berufsanfänger aus vielen anderen Sparten, seit einigen Jahren von Arbeitslosigkeit bedroht sind. Um ihre Studenten mit dieser ihnen möglicherweise bevorstehenden Realität vertraut zu machen, setzte sie ein Seminar mit dem Titel ›Studieren für die Arbeitslosigkeit?!‹ an. Es kam – niemand. Als sie von sich aus auf die Studenten zuging und nach dem Grund für dieses dezidierte Nicht-Interesse fragte, sagten diese: »Am Interesse hapert es nicht, und daß wir alle nicht wissen, was auf uns zukommt, wissen wir auch. Aber lassen Sie uns doch diese wenigen Semester Freiheit und Genuß. Das Elend nach den Prüfungen kommt noch früh genug!«

Wer keine Kraft zum Konkurrieren hat, neigt manchmal dazu, seine Schwäche für Stärke zu halten oder sie wenigstens als solche auszugeben.

In der Supervision höre ich manchmal Berichte von Mitarbeitern, die sich von ihren Vorgesetzten niedermachen lassen und dann versuchen, diese Niederlage in Einfühlung oder Verachtung umzumünzen: Der Vorgesetzte sei eben nicht sensibel; er habe selbst Angst; er habe einen schweren Job; er sei der Stelle nicht gewachsen; wer brülle, habe Unrecht usw. Das ist eine verständliche Abwehr. Die eigene Kränkung fällt milder aus, wenn man den Feind zum Klienten macht. Aber an der Unterdrückung ändert sich auf diese Weise nichts, und die Supervision muß die Verhältnisse klar herausstellen. Es geht also hier nicht darum, die überentwickelte Empathie der Supervisanden konfliktvermeidend noch weiter zu fördern. Vielmehr müssen sie lernen, zu beharren und sich zu behaupten. Abgrenzung, Zusammenschluß mit anderen Betroffenen, Wendung an Personalabteilung und Personalrat, gegebenenfalls Klage und Kündigung sind in Betracht zu ziehen. Das schließt nicht aus, sich aus einer Haltung der Festigkeit heraus *auch* Gedanken über die Belastungen zu machen, denen dieser Vorgesetzte ausgesetzt ist. Es ist eben nicht jede Durchsetzungsfähigkeit neurotisch oder exzentrisch, wie Helfer mit geringer Vitalität manchmal vermuten. Vielmehr verrät die Bereitschaft, die eigene Meinung für wichtig und verbreitungsbedürftig zu halten, u. U. auch Kraft und Inspiration. Demgegenüber erscheint die Reflexion und Entwertung einer solchen frischen Dominanz als Saure-Trauben-Reaktion dessen, dem diese Möglichkeit nicht zur Verfügung steht.

Vergleichsprozesse

Menschen unterscheiden sich in erster Linie in der Art ihrer Persönlichkeit und Lebensgestaltung, also qualitativ. Die dem am besten gerecht werdende Haltung ist die von Offenheit, Toleranz und Bejahung der Unterschiedlichkeit. Die Vielfalt des Lebens ergibt sich aus der unendlichen Variationsbreite der Möglichkeiten, das Leben zu entwickeln und zu gestalten. Dem steht offenbar eine nicht weniger ausgeprägte und manchmal sehr ungemütliche Neigung gegenüber, sich quantitativ zu vergleichen und den eigenen Platz in einer numerischen Rangreihe von Mitbewerbern herausfinden zu wollen. Dies macht Sinn, wo es um notwendige Auswahlprozesse geht: Zu vielen Ressourcen kann nur ein bestimmter Anteil aller Bewerber und oft auch nur ein Teil der Geeigneten Zugang finden.

Im Arbeitsleben gehören zur quantitativen Einschätzung der eigenen Bedeutung u. a. Zahl der Mitarbeiter, Freiheit von Weisungen, öffentliches Prestige und persönliche Verantwortungsspanne. Darüber hinaus läßt sich der Status einer Führungskraft an der Größe und Ausstattung seines Büros, dem Rang seiner Gesprächspartner und der Etage ablesen, in der er oder sie residiert. Die Stellung im Organigramm der Institution ist ebenfalls ein Hinweis. Jedoch kann man gelegentlich beobachten, daß sehr hochrangig eingestufte Personen faktisch weitgehend entmachtet sind und ihnen nur einige Symbole ihrer vergangen Macht belassen werden.

Die Konkurrenz findet auch auf der Ebene der Begriffe statt.

Ein Beispiel aus der Hierarchie des Auswärtigen Amtes. Der Titel ›Diplomat‹ hat in der Öffentlichkeit einen besonders guten Klang. Insider wissen aber, daß diese Bezeichnung nicht viel aussagt: Im Ausland darf sich jeder AA-Mitarbeiter des *Höheren* und *Gehobenen Dienstes* so bezeichnen. Auch ›Attaché‹ klingt interessant und geheimnisvoll. Es handelt sich dabei aber um die Eingangsstufe des Höheren Dienstes; sie hat mit Diplomatie noch nicht viel zu tun. Der ›Botschafter‹ steht auf der Prestigeleiter sehr hoch; er ist Vorgesetzter des Botschaftsrats, der Generalkonsuln und der Referatsleiter. Aber von Bedeutung ist dies nur bei Leitern größerer Botschaften, die tatsächlich über einen solchen Unterbau hochdotierter MitarbeiterInnen verfügen. Der deutsche Botschafter in einem kleinen Land genießt im Kollegenkreis geringeres Ansehen als der Generalkonsul in New York und der Referatsleiter in Washington, obwohl er mit dem klangvolleren Titel aufwarten kann. Ein deutscher Diplomat in einem kleinen Land der Dritten Welt sagte einmal verbittert zu mir: »Nun bin ich Botschafter in einem Land – so groß wie Wuppertal!« Für ihn zählte offenbar der Titel weniger als das Fehlen einer weitreichenden politischen Verantwortung in einem bedeutenden Gastland.

Unter Personen mit vergleichbaren Positionen gibt es zwischen tatsächlicher Kooperation und scharfer Konkurrenz oft etwas Drittes, gleichsam einen pragmatischen Kompromiß, nämlich das Zweckbündnis. Man unterstützt sich also wechselseitig, solange dies dem eigenen Fortkommen nicht abträglich ist, und entscheidet sich im günstigen Moment zum Absprung, wenn der bisherige Kooperationspartner zum Ballast zu werden beginnt. Das geht dann gut, wenn beide die Befristetheit des Bündnisses erkennen. Dagegen gerät ins Hintertreffen, wer von der funktionierenden Zusammenarbeit auf Sympathie, Treue und Verläßlichkeit in der Beziehung geschlossen hat.

Der schnelle, unberechenbare, rein pragmatische Wechsel zwischen Konkurrenz und Kooperation wird in dem sog. Malefiz-Spiel ›Barrikade‹ abgebildet: Man geht Zweckbündnisse ein, um vereint Hindernisse beiseitezuräumen. Aber in der Nähe des Ziels beginnt jeder der Beteiligten, sich selbst der Nächste zu sein, und versucht, den bisherigen Spielpartner hinter sich zu lassen. Dieser wieder findet neue Bündnispartner in den bisherigen Gegnern, mit denen ihn nunmehr das gemeinsame Ziel verbindet, den bisherigen Partner und jetzigen Gegner in seiner Spitzenstellung zu bremsen und einzuholen, ehe dieser einsam zum Ziel vorzieht. Ähnlich ist das Spiel konstruiert, in dem es um militärisches Paktieren und am Ende um die Weltherrschaft (!) geht.

Konkurrenz und integrative Führung

Manche Vorgesetzte versuchen, im Team eine Leistungssteigerung zu erzielen, indem sie zwischen den Mitbewerbern die Konkurrenz schüren. Das Ludwig XI. von Frankreich zugeschriebene politische Prinzip ›Divide et impera!‹, also ›Teile und herrsche!‹, scheint in vielen Vorgesetztenköpfen noch fest verankert und wie eine Gewähr für die Sicherung der eigenen Position. Mit Belohnungen und öffentlichen Ehrungen versucht man, in jedem Mitarbeiter den Wunsch nach dem Spitzenplatz zu wecken – Spitzenleistung wird dabei zur Bedingung gemacht (Grunwald u. Lilge, 1982; Dreyer, 1988; Schwalbe, 1991). Aufträge werden, ohne daß die Mitarbeiter davon erfahren, doppelt erteilt; Firmen- und Abteilungsleitung behalten sich die Entscheidung darüber vor, welche Lösung sie später verwenden werden. Hier kann die Konkurrenz sehr belebend sein – für den, der sich in der Mehrzahl der Fälle mit seiner Arbeit durchsetzt. Aber mit Entmutigung und Ermattung ist bei denen zu rechnen, die wiederholt den kürzeren ziehen. Vermutlich sind solche Vorgehensweisen nur da möglich,

- wo mehr Personal verfügbar ist, als man bei straffer Kalkulation benötigen würde,
- wo viele Bewerber sich um einen Auftrag bemühen oder
- wo das Auffinden der allerbesten Lösung von größter Bedeutung ist.

Wenn das Personal nur gerade zur Bewältigung der wichtigsten Aufgaben ausreicht, finden solche Praktiken ihre natürliche Grenze.

In Ingenieur- und Technikerteams der Autoindustrie wird meist so verfahren. Große Werbefirmen setzen mehrere Projektgruppen an die Aufgabe, für ein neues Produkt unterschiedliche Vermarktungsstrategien zu entwickeln, und entscheiden sich am Ende für eine der Lösungen. Oder die verschiedenen Konzeptionen werden ausgeschlachtet zu einem ganz neuen Entwurf. Zeitungen und Magazine lassen Journalisten über alle möglichen Themen schreiben – aber jeder dieser Mitarbeiter weiß, daß höchstens ein Drittel der abgelieferten Beiträge gedruckt wird.

> Ich lernte einmal einen Journalisten kennen, der ausschließlich für die Witzseite einer Wochenzeitung zuständig war. Bei dieser Aufgabe stand sein Abteilungsleitersessel Woche für Woche zur Disposition. Der erste Mißerfolg hätte seine Entmachtung zur Folge gehabt. Sein Stellvertreter, der seit Jahren eine alternative Witzseite konzipierte, die freilich bisher noch nie zum Zuge gekommen war, wartete Tag für Tag auf diesen Augenblick. Von Sonntag bis Donnerstag zitterte der Stelleninhaber um seinen Posten. Es folgte nach dem Erscheinen des neuen Hefts der Zeitschrift eine kurze Euphorie (›Gerettet!‹), bevor die Angst sich wieder meldete.

Wenn man in Führungsseminaren und Teamberatung für einen integrativen Umgangsstil im Arbeitsleben plädiert, so wird dies von manchen Vorgesetzten als Frage sentimental-humanitärer Gefühle betrachtet. Oder es wird ausschließlich auf die Arbeitszufriedenheit abgehoben, die andernfalls leiden könnte und der Leistung des Teams abträglich wäre. Insgeheim wird dabei zugleich weiterhin mit autoritärem Vorgesetzten-Verhalten geliebäugelt; von der Effizienz derart ›straff‹ geführter Teams wird zumindest im KollegInnenkreis der Vorgesetzten geschwärmt.

In einer Runde von Vorgesetzten, die sich über Unruhe im Team und besonders die ›Unbotmäßigkeit‹ eines Mitarbeiters erregten, sagte einer der Anwesenden: »Aber da müßte doch jedenfalls der Rest der Mannschaft wie ein Mann (!) hinter dem Chef stehen – im Krieg (!) war das ja schließlich auch möglich, unter viel schwereren Bedingungen!«

Aber das greift zu kurz. Verärgerte Mitarbeiter verbringen oft einen nennenswerten, in Einzelfällen sogar den größten Teil ihrer Zeit damit, sich der Firmenleitung, der Personalabteilung oder dem Vorgesetzten gegenüber zu rechtfertigen, polemische Schriftsätze zu formulieren und belanglose Mißverständnisse aufwendig richtigzustellen.

Ein Vorgesetzter überschüttete die Personalabteilung mit Schriftsätzen voller Vorschläge, Beschwerden und Dementis. Wenn nicht sofort reagiert wurde, so schickte er Erinnerungsschreiben und mahnte eine Antwort an. Die Personalabteilung ließ, nachdem sie das Querulatorische dieses Ansinnens erkannt hatte, stets etwas Zeit verstreichen und beantwortete einige seiner Schreiben in einer gemeinsamen Antwort. Darüber beschwerte er sich in weiteren Schriftsätzen, in denen er sofortige individuelle Beantwortung seiner Briefe forderte. Einmal hatte er, entgegen dem Rat aller seiner Teammitglieder, eine besonders abstruse Forderung erhoben, die nach einiger Zeit, wie zu erwarten, ›nach sorgfältiger Prüfung und mit freundlichen Grüßen‹ abgelehnt wurde. Da vermerkte er auf diesem Antwortbrief: »Hier können Sie sehen, was für Pfeifen in unserer Personalabteilung sitzen!«, und ließ jedem seiner Mitarbeiter eine Kopie davon zukommen. Mir selbst wurde dieses Blatt in der so apostrophierten Personalabteilung gezeigt. Auch hierher hatte er seinen Vermerk geschickt. Man war etwas unschlüssig, ob man daraus eine große Sache machen oder es mit Stillschweigen übergehen sollte.

Andere Firmenangehörige spinnen raffinierte Intrigen, die ihre Kollegen diskreditieren und zu Fall bringen sollen. Dritte treiben verdeckte Obstruktion und sorgen dafür, daß gute Pläne, denen sie öffentlich zustimmen, auf geheimnisvolle Weise scheitern. Ich

erlebte es einmal mit, daß die Dienstvereinbarung einer Bundesbehörde zum Thema Sucht ausgerechnet von dem Abteilungsleiter
durchgesetzt werden sollte, der selbst alkoholabhängig war. Es
dauerte zwei Jahre, bis sie schließlich auf den Weg kam (Fengler,
1994).

Eines der beliebtesten Spiele in zerstrittenen Teams besteht darin,
den Konkurrenten ins Messer laufen zu lassen, d. h. also, seelenru-
hig zuzusehen, wie er den entscheidenden Fehler macht. In kooperativen Teams dagegen gilt die bekannte Trias aus der Gruppendynamik: Das Team regt an – das Team weiß mehr – das Team
gleicht aus (vgl. Kap. 13). Wer also als Vorgesetzter nicht aus
Überzeugung mit einem integrativen Führungsverhalten sympa-
thisiert, tut aus Gründen der Effizienz dennoch gut daran, sich
darum zu bemühen (Blake u. Mouton 1964).

Noch einmal: Wenn von Vorgesetzten der Nutzen des Konkur-
renzkampfs herausgestellt wird – allerdings bevorzugt, solange
ihnen selbst nicht ein besonders tüchtiger und ehrgeiziger Kollege
zur Seite gestellt wird –, so ist es nützlich, auch die Kehrseite des
Konkurrierens zu betrachten (Kohn 1986). Der behaupteten und
manchmal erreichten Leistungssteigerung stehen nämlich manche
Dysfunktionen gegenüber:

*   Kollegen enthalten sich wechselseitig entscheidungsrelevante
    Informationen vor oder löschen, wenn sie an einen anderen
    Arbeitsplatz wechseln, vorher wichtige Dateien. Im Scherz
    wird dies manchmal in Anlehnung an Praktiken der Kriegs-
    führung etwas makaber als ›Prinzip der verbrannten Erde‹ be-
    zeichnet. Gewiß fühlen sich manche Mitarbeiter, die so ver-
    fahren, wie im Krieg, jedenfalls wie in einem persönlichen
    Kleinkrieg.
*   Vorschläge und Lösungsideen des Kollegen werden weder
    aufgegriffen noch unterstützt, *obwohl* sie gut sind und auch
    weil sie gut sind. Er könnte, wenn seinen Ideen gefolgt wird,
    der Leitung des Hauses angenehmer auffallen und schneller
    aufsteigen als man selbst.
*   Pläne des anderen werden gezielt sabotiert, nicht etwa, weil
    man selbst unmittelbar etwas davon hätte, sondern weil es auf
    diese Weise gelingt, dem anderen zu schaden (Wittenzellner,
    1993).

Auch wenn Vorgesetzte die Konkurrenz nicht gezielt fördern, ist es doch oft unvermeidlich, daß sie zwischen den Mitarbeitern fortbesteht.

Mir selbst passierte während einer großen empirischen Untersuchung, die ich mit einigen Kollegen zusammen durchführte, einmal folgendes: Wir lösten uns bei der Datenerhebung von Tag zu Tag ab, so daß jeder von uns *alle* Daten für die Kollegen und für sich selbst an einem bestimmten Tag in standardisierter Form von der Zielgruppe erhob, die extra zu diesem Zweck unter großem organisatorischen, zeitlichen und finanziellen Aufwand in das Institut eingeladen worden war. Am anderen Tag tat dies ein anderer von uns in gleichbleibend guter Qualität für sich und alle anderen ebenso. Aber eines Tages kam ich außerplanmäßig ins Institut und stellte mit Entsetzen fest, daß mein Kollege gerade im Begriff war, die Versuchspersonengruppe zwei Stunden früher als sonst nach Hause zu schicken – aber gerade an diesem Nachmittag standen ausschließlich Datenerhebungen für *mein* Forschungsprojekt an. Nun hatten wir diese Versuchspersonengruppen mit großer Mühe zusammengebracht und wußten, daß jede Minute kostbar war; denn in dieser Größe und Zusammensetzung würden wir sie gewiß kein zweites Mal herbeischaffen können, zumal unsere finanziellen Mittel begrenzt waren. Es gelang mir also buchstäblich in letzter Minute, die Gruppe festzuhalten und die eigenen Daten doch noch unter Dach und Fach zu bringen, aber natürlich vom Murren der Gruppe begleitet. Als ich den Kollegen anschließend zur Rede stellte, antwortete er mit Unschuldsmiene: ›Ich dachte, es sei zu viel für sie, und ich wollte noch in den Buchladen.‹

Aufgabe des Vorgesetzten ist es in diesem Fall u. a., die Konkurrenten in die gemeinsame Arbeit einzubinden und einen Teil der Konkurrenzbestrebungen auf diese Weise zu ›neutralisieren‹ (Erd, 1987). Dies fällt freilich um so schwerer, wenn die Mitarbeiterschaft sich ihrerseits auf besonders viele Hierarchiestufen verteilt oder wenn für viele Bewerber nur eine einzige Aufstiegsstelle in Aussicht steht.

Mittlerweile scheint auf diesem Gebiet übrigens eine Meinungsdifferenzierung einzusetzen. In einer Untersuchung der Kienbaum AG Unternehmensberatung (Berth, 1989) wurden zwei Unternehmenskulturen unterschieden, ein System H (Harmonie, Verständnis, Teamdenken und Toleranz für Versagen) und ein System B (Biß, Aggression, Kampf, Leistungsorientierung). Einzelerfinder und Gruppenerfinder favorisierten System H, Geschäftsführer und Vorstandsmitglieder System B. Als Kompromiß zwischen beiden wurde ein ›Partizipativer Leitungsstil‹ befürwortet, in dem Raum für Kollegialität, Respekt und Leistungswettstreit bestehen kann. Wir sehen hier eine Verwandtschaft mit dem Doppelaspekt von Konkurrenz und Kooperation, wie wir ihn vorn in Kapitel 3 im Wertequadrat konzipiert haben.

Eingriff in bestehende Hierarchien

Wer in ein festgefügtes System von Hierarchiestufen eingreift, bewirkt eine ganz neue Konkurrenzdynamik. Wir haben uns in den letzten Jahren daran gewöhnt, Hierarchien eher mit Skepsis zu betrachten und ihren Wert und Nutzen zu bezweifeln. Viele Menschen haben die Erfahrung gemacht, daß hierarchische Entscheidungswege und Weisungsstränge der individuellen Arbeitsgestaltung entgegenstehen und daß sie die Freiräume, die man für unverzichtbar hält, unerträglich einengen. Die Lehre vom Lean Management (Dworatschek und Hesseler, 1996), das die hierarchischen Aspekte der Arbeit zurücktreten läßt und Raum für zielbezogene, an Sachgesichtspunkten orientierten Arbeitsformen gibt, hat viele Erwartungen der Art geweckt, hierarchisches Denken in Organisationen könne Schritt für Schritt überwunden werden. Ich sympathisiere mit solchen Entwürfen sehr und teile die Hoffnungen, die man mit ihnen verbindet. Aber es muß damit gerechnet werden, daß es dabei zu Verwerfungen unerwarteter Art kommt. Die Hierarchie hat nämlich eine Eigenschaft, die angesichts der Nachteile, die man von ihr erfährt, oft übersehen wird: Sie bindet und kanalisiert die Konkurrenz: Wer mit seiner Position unzufrieden ist, richtet den Blick in der Regel auf die nächste und übernächste Ebene der Pyramide und versucht, diese Stufen zu erreichen. Die Konkurrenz findet so in einem gewissermaßen überschaubaren Rahmen statt. Wer diesen Rahmen zu sprengen versucht, wirbelt die festgefügte Ordnung durcheinander und löst eine nur schwer beherrschbare Dynamik aus. Oder er macht die Erfahrung, daß Hierarchien sehr änderungsresistent sind. Ich will dies anhand von drei Beispielen erläutern, die aus ganz unterschiedlichen Lebensbereichen stammen.

Während einer Nepal-Reise unternahm ich eine Trekking-Tour mit Führer, Träger und Koch. Mittags und abends kochten wir im Freien.

Unser Zelt schlugen wir in der Wildnis auf. Auf diese Weise erlebte ich sehr intensiv die Landschaft; aber nach einigen Tagen regte sich in mir der Wunsch, länger in den Dörfern zu verweilen, an denen wir vorüberwanderten, dort auch zu essen, manchmal in einer Schlafhütte zu übernachten und ein wenig Kontakt mit den Einheimischen anzuknüpfen. Ich sprach darüber mit meinem Führer, merkte aber, daß sich sein Gesicht sofort verschloß. Dies verstand ich zunächst nicht; denn das Speisenangebot in den teashops war schmackhaft und preiswert, und natürlich hatte ich angeboten, es für uns alle vier zu bezahlen. Ich fragte also nach; er schien mir einsilbig und abweisend. Nach einiger Zeit wurde aber folgender Sachverhalt sichtbar: Mein Führer war der Chef der kleinen Truppe und verantwortlich für meine Zufriedenheit. Insofern war mein Wunsch für ihn verbindliche Weisung. Andererseits entfaltete sich seine Autorität dem Koch und dem Träger gegenüber in der Natur weit besser als im Dorf. Im freien Feld konnte er, selbst zuschauend, Weisungen erteilen, wo und wie das Zelt aufzubauen war, wie das Kochen zu erfolgen hatte und wer was für mich erledigen mußte. Blieb nach meiner Mahlzeit etwas im Topf, so stand es ihm zu, es selbst zu essen oder es an Koch und Träger weiterzugeben. Auf diese Weise drückte er auch aus, wie zufrieden er mit ihrer Leistung war. Im Dorf dagegen war alles bequemer – aber *ohne* seine Autorität. Im Dorf waren, weil es fast nichts zu tun gab, Koch und Träger ihm gleichgestellt – alle drei abhängig von *meinem* Wohlwollen. So wurde mir verständlich, warum er von meinem Wunsch wenig hielt, stellte dieser doch faktisch seine Entmachtung dar. Wir fanden schließlich einen Kompromiß, indem wir in lockerem Wechsel meist in der Natur und manchmal im Dorf rasteten. Ich teilte ihm meinen Wunsch jeweils frühzeitig mit, und *er* gab dann die entsprechenden Kommandos. Wenn wir im Dorf aßen, so bestellte ich eine reichliche Portion und füllte davon zunächst meinen Teller. Er verteilte den großen Rest, den ich übrigließ, nach eigenem vernünftigen Ermessen. Auf diese Weise kam jeder zu seinem Recht. Ich hatte den Eindruck, daß auch Koch und Träger den Sinn der Konstruktion verstanden und sich an die Form hielten.

Auch in komplexeren sozialen Gebilden sind Eingriffen in die bestehende Hierarchie meist nur begrenzte Erfolge beschieden.

In einem Ministerium, in dem man eine neue Beförderungs- und Aufstiegsregelung plante, nahmen die Dinge nicht den Verlauf, den man beabsichtigt hatte. Die Bundesministerien weisen, was Weisungsbefugnis und Weisungsgebundenheit angeht, in straffer vertikaler Gliederung eine klare Hierarchie auf. Sie wird freilich von Mitarbeitern, zumal solchen in den niedrigeren Positionen jeder Laufbahn, als beengend empfunden: Ein Aufstieg erfolgt eher nach Dienstalter als nach Leistung. Man kann schon mit 30 Jahren ziemlich genau berechnen, was man mit 60 Jahren verdienen wird, eine Vorstellung, die für manche Menschen beruhigend, für andere beängstigend ist. In einem dieser Ministerien nun hatte man vor einigen Jahren versucht, die Beförderung ein wenig vom Dienstalter abzukoppeln und stärker an Leistungsgesichtspunkten zu orientieren. Tüchtige Mitarbeiterinnen und Mitarbeiter, die durch besonderen Einsatz hervortraten, sollten also schnell aufsteigen und früh unkonventionelle Karriereschritte machen können. Wer in seinen Leistungen bescheiden war, dessen Aufstieg sollte entsprechend langsamer verlaufen oder ausbleiben. Diese personalpolitische Entscheidung sollte die Mitarbeiter zu Höchstleistungen anspornen. Aber sie enthielt zwei Denkfehler:

(1) Unglücklicherweise sind die meisten Mitarbeiter, unabhängig von ihrer tatsächlichen Leistung, der Meinung, daß sie selbstverständlich zu den 10% gehören, die schneller als die anderen aufsteigen sollten. Nun merken sie, daß dies nicht geschieht.

(2) Wenn sich aber tatsächlich *alle* Mitarbeiter mehr anstrengen, die Zahl der Aufstiegsstellen aber nicht zunimmt, stellen die meisten Mitarbeiter fest, daß sie *nicht* befördert werden, *obwohl* sie einen ganz besonderen Einsatz leisten. Dann wird dieser besondere Einsatzwille gewiß nicht von langer Dauer sein.

Infolgedessen änderten sich nun in den Arbeitspausen die Gesprächsthemen unter den Mitarbeitern. Früher hatte man Beförderungen von Kollegen mit einem gewissen Gleichmut zur Kenntnis genommen, weil in der Regel eben alles seinen geregelten Gang ging. Jetzt fühlten sich bei den nun einsetzenden überraschenden Beförderungen alle, die davon erfuhren, dazu berufen, die Entscheidung der Personalabteilung ausgiebig zu erörtern. Meist kam man dabei zu dem Ergebnis, daß es sich dabei um Fehlentscheidungen gehandelt habe, zumal dann, wenn man selbst ebenfalls für diese Aufstiegsstelle infrage gekommen wäre und offenbar übergangen worden war. Die Personalabteilung sah sich nach kurzer Zeit veranlaßt, die neue Beförderungspraxis wieder rückgängig zu machen. Danach breitete sich, wie erwartet, die etwas apathische Mentalität wieder aus, die man hatte beseitigen wollen, mit der sich aber doch ganz gut leben ließ; ähnliche Vorgänge werden aus der ehemaligen DDR berichtet (Ladensack, 1993).

Andererseits ist die Bewegung gering, wenn das neue Ereignis die bestehenden Verhältnisse nicht grundsätzlich in Frage stellt oder sogar sichtbar bestätigt.

Ich selbst lernte einmal einen Kreis von Freunden kennen, der schon seit vielen Jahren gemeinsam Squash spielte und im Können eine festgefügte Hierarchie aufwies. Es entwickelte sich zwischen der Gruppe und mir rasch eine wechselseitige Sympathie. Irgendwann wurde ich eingeladen, zu einem dieser Abende dazuzukommen und auch mitzuspielen. Der Abend wurde ein voller Erfolg. Man bot mir spontan an, der Squash-Gruppe ganz beizutreten und regelmäßig mitzuspielen. Der Grund war, gruppendynamisch betrachtet, einfach: Mein eigenes Squashspiel war in seiner Qualität so jämmerlich, daß ich im Leistungsvergleich unübersehbar den letzten Platz einnahm, also mich ohne Protest am Ende der diesbezüglichen Hierarchie einordnete. Die bisherige Rangfolge blieb nicht nur unangetastet; vielmehr rückte durch mein Mitspielen sogar jeder der anderen relativ noch um einen Rang auf – verständlich, daß dies auf Sympathie stieß. Meine Interpretation des Vorgangs fand später noch eine Bestätigung, als ein jüngerer Kollege in die Squash-Gruppe kam. Er schlug gleich im ersten Spiel unseren (!) besten Spieler. Dies führte in der Gruppe zu einer unausgesprochenen Verstimmung. Man war sich schnell einig, daß er nicht recht in die Gruppe hineinpasse. Er blieb nach einigen Wochen weg, ohne daß dies ausgesprochen werden mußte und ohne daß man ihn später vermißte.

Das letzte Beispiel ist zugleich ein Beleg dafür, daß ein Satz aus der alten Ganzheitspsychologie, der oft und gern zitiert wird, nur von begrenzter Gültigkeit ist: Wenn sich ein Element des Ganzen verändert, so ändern sich auch alle anderen Elemente und die Qualität des Ganzen, so heißt es. Dieser Satz stimmt freilich nur dann, wenn ein *wichtiges* Element sich ändert, *aber nicht in jedem Fall*. Viele Elemente sind, in der Diktion von Niklas Luhmann (1984), nur locker gekoppelt und wirken nur wenig aufeinander ein. Es können also durchaus zahlreiche Elemente eines sozialen Gebildes sich ändern (z. B. durch Personenwechsel), und das Gebilde bleibt als Ganzes doch nahezu gleich, nämlich so lange, wie seine Regeln Gültigkeit behalten.

Oft wird die im konkreten Konkurrieren auftretende Aggression ritualisiert und gegen destruktive Entwicklungen gesichert, damit sie bestehende Beziehungen *nicht* gefährdet. Berufskonkurrenten etwa schließen sich in Berufsverbänden zusammen, um die Konkurrenz nicht ruinös werden zu lassen, sondern sie in geordnete Bahnen zu lenken und den größeren Teil der Kraft der Verfolgung *gemeinsamer* Interessen widmen zu können. Offenbar bringt diese Linie für alle Beteiligten mehr Vorteile mit sich als das wechselseitige Sich-Unterbieten. Wer sich dem nicht anschließt, indem er doch versucht, über Preis oder Leistung alle Konkurrenten aus dem Feld zu schlagen, gilt in allen Branchen schnell als Außenseiter und wird von allen geschnitten.

Ich erlebte einmal folgendes mit: Bei dem Versuch, einen außergerichtlichen Vergleich zustande zu bringen, stritten die beiden Anwälte in Gegenwart ihrer Mandanten eine ganze Stunde lang um jeden Punkt und jede Formulierung mit aller Härte, mit Fachkenntnis, Schlagfertigkeit, Witz, Ironie und beißender Provokation. Als der Konsens am Ende erzielt war, lehnten sie sich gemütlich zurück, und einer von ihnen sagte:»So, jetzt noch fünf Minuten Privates, damit wir uns weiter gut verstehen. Wie geht es der werten Familie, Herr Kollege? Wann fahren Sie in Urlaub?« Das war keineswegs zynisch gemeint; vielmehr gab sein Kollege bereitwillig ein paar Auskünfte und erkundigte sich seinerseits nach Details aus dem Privatleben des anderen. Offenbar dient ein solcher Abschluß in ritualisierter Form dazu, letztendlich in Frieden, ja geradezu mit Sympathie auseinandergehen zu können. Es ist sicherzustellen, daß man sich bei der nächsten Begegnung und einer ganz anderen Aufgabe ebensogut als Kooperationspartner zusammenfinden kann wie hier im Streitfall. Im Rückblick erscheint freilich dem auf anwaltliche Hilfe angewiesenen Mandanten sogar der Begriff ›Wortgefecht‹ wie eine gelungene Inszenierung.

Nebenschauplätze

Die Kräfteverhältnisse in vielen Teams und Gremien sind gut ausbalanciert, und jeder Beteiligte weiß, daß es sich empfiehlt, nicht ohne Not daran zu rühren. Denn jeder Versuch des Eingriffs kann zu nachteiligen Folgen für seinen Initiator führen. Wer den Doktoranden des Kollegen in der Fakultät nicht passieren läßt, riskiert bekanntlich, daß das gleiche bald darauf dem eigenen Mitarbeiter widerfährt. Über die Assistenten wird manches reguliert, was in der direkten Auseinandersetzung nicht behandelbar ist.

Wenn die Konkurrenz auf dem eigentlich umkämpften Gebiet nicht ausgetragen werden kann, so weicht sie gerne auf Seitengleise aus. Auf diese Weise gelingt es dann doch noch, einen Sieg zu erzielen, der bei dem eigentlich in Rede stehenden Thema verwehrt ist. In der Form kann man dabei durchaus auf Überraschungen stoßen.

Ich war einmal Gast eines Kollegen in der Gruppendynamik, der mich doch zugleich offenbar als Rivalen auf seinem Terrain betrachtete. In der Gruppenarbeit empfanden wir uns gegenseitig als erfahren; wir erhielten auch beide entsprechende Rückmeldungen aus den Gruppen. Aber unser Verhältnis blieb eigenartig nervös und angespannt. Merkwürdig wurde für mich die Sache allerdings erst, als der Kollege anfing, mir davon zu erzählen, daß Teilnehmer*innen aus meiner Gruppe ihm* Avancen machten. Das war ja nun ihr gutes Recht. Aber ich spürte, daß ich sofort eifersüchtig ansprang und, selbst in dieser Beziehung längst abstinent, ihm doch innerlich das Recht absprach, auf meinem Terrain zu wildern. Es gelang ihm auf diese Weise ein paarmal, mich mit kleinen Bemerkungen zu zwiebeln und sich an meiner Stimmung zu weiden, bevor ich meiner eigenen Empfindlichkeit auf die Spur kam.

Ähnlich ging es mir einmal mit einem Kollegen aus dem Universitätsbereich, mit dem mich eine kollegial-freundschaftliche Rivalität verband. Wir halfen uns oft bei Literaturrecherchen, Buch- und Materialbestellungen und Verwaltungsvorgängen gegenseitig aus. Aber eines Tages erwähnte er beiläufig, er habe ein Auge auf meine studentische Hilfskraft geworfen, eine junge Studentin, und von mir ihre Adresse wissen wollte. Nun besteht ja heute in der Universität keine Liebesleibeigenschaft mehr. Es fehlte mir also jegliche Handhabe, den Kollegen von seinen schändlichen Plänen abzuhalten. Ich sagte also grimmig: ›Frag' sie doch selber!‹ und fand es dreist, daß er mir seine schamlosen Gelüste so freimütig mitteilte. Er wiederum schien sich an meiner hilflosen Eifersucht zu weiden. Es sei verraten, daß er nicht zum Ziel seiner Wünsche vorzudringen vermochte – *mein* Konkurrieren mit ihm drängt mich, dies dem Leser mitzuteilen.

Ehrlichkeit und Risiko

Ich hatte in Kap. 6 erwähnt, daß viele Menschen Konkurrenz konnotativ in der Nähe von Unehrlichkeit ansiedeln. Tatsächlich setzt sich oft derjenige durch, der taktisch vorgeht, die Fäden heimlich zieht und im günstigen Moment zuschlägt. Demgegenüber gerät leicht ins Hintertreffen, wer mit offenen Karten spielt und sich auf diese Weise wehrlos macht. Dies muß jedenfalls erwähnt werden, wenn wir andererseits den Wert gleichrangiger transparenter Kommunikation betonen.

Eine Kollegin hatte sich mit einer gewissen Blauäugigkeit auf ihre langjährigen Verdienste als freiberufliche Dozentin in einer Firma verlassen. Sie hatte seit vielen Jahren Führungsseminare für das Unternehmen durchgeführt und stets positive Rückmeldungen darauf erhalten. Nun hatte sie in jüngster Zeit mit dem neuen Leiter der Trainingsausbildung, dem ihre Tätigkeit zugeordnet war, ein paarmal erfolglos Gespräche über eine Honorarerhöhung geführt. Schließlich hatte er sybillinisch angedeutet, er wisse gar nicht, ob er sich so teure Gastreferenten wie sie in Zukunft noch werde leisten können, und ohnehin sei ein Generalrevirement bezüglich der externen Referenten geplant. Von dieser Äußerung aufgeschreckt, aber zugleich den Führungsgrundsätzen verpflichtet, die sie in ihren Seminaren vertrat, schrieb sie ihm einen Brief, in dem sie ihr Interesse bekundete, notfalls zum gegenwärtigen Honorarsatz weiter Seminare in der Firma durchzuführen. Sie kündigte weiter an, sie werde sich in dieser Frage auch an seinen Vorgesetzten und an den Betriebsrat wenden, am liebsten aber die Sache mit ihm alleine regeln. Als sie auf diesen Brief keine Antwort erhielt, schrieb sie, wie angekündigt, diese beiden weiteren Briefe und betonte darin das gute Verhältnis, das in der Zusammenarbeit mit ihrem Auftraggeber bestehe. Letzteres entsprach nicht ganz der Wahrheit, da er ihr in den letzten Monaten viele Steine in den Weg gelegt und sie mehrmals mit fadenscheinigen Gründen bei ihrer Arbeit behindert hatte. Aber sie glaubte nun, alles Notwendige für eine Vertragsverlängerung getan zu haben. Statt dessen kam einige Tage später von seinem Vorgesetzten ein Brief, in dem ihre Verdienste um die Firma bestätigt und im weiteren lapidar um ihr Verständnis dafür gebeten wurde, daß sie bei der weiteren Auftragsvergabe nicht mehr berücksichtigt werden könne. Der Vorgesetzte hatte, wie sie später erfuhr, sich den Brief von eben dem für sie zuständigen Mitarbeiter vorformulieren lassen, mit dem sie so in Fehde lag. Auch der Betriebsrat, an den sie sich noch wandte, machte keinerlei Anstalten, sich ihretwegen mit der Trainingsabteilung zu streiten, und ihre Arbeit in der Firma fand ein abruptes unrühmliches Ende. Was war da geschehen? Möglicherweise war ihre Sache von Anfang an aussichtslos und ihre Kündigung in keinem Falle abzuwenden. Denkbar, daß sie nach so vielen Jahren der Beauftragung sich zu sicher fühlte und ihr nicht mehr bewußt war, daß es sich um eine Auftragsarbeit handelte, die *jederzeit* kündbar war, auch nach über 20 Jahren. Aber wenn sie zu diesem späten Zeitpunkt überhaupt noch hätte einwirken wollen, so wäre ihr Einfluß gewiß dann am größten gewesen, wenn sie den Leiter der Trainingsabteilung und den Betriebsrat *an dem Gruppenleiter vorbei* angesprochen hätte, vielleicht noch gewürzt mit Negativberichten über dessen Arbeit. Dies setzt freilich voraus, daß diese beiden, also der Vorgesetzte und der Betriebsrat, selbst schlechte Führungskräfte und Kollegen wären und sich zu Zusagen verführen ließen, ohne Rücksprache mit dem eigentlich Zuständigen zu nehmen. Wenn sie also alles das, was sie in ihren Seminaren lehrte, bei der Durchsetzung ihrer eigenen Interessen über Bord wirft, hat sie eine Chance. Versucht sie dagegen, Theorie und Praxis im eigenen Verhalten zusammenzubringen und die Maximen von Transparenz und Ehrlichkeit, die sie lehrt, selbst zu praktizieren, so zieht sie den kürzeren. Denn nach ihrem ersten Brief ist ihr Counterpart gewarnt und zieht seinerseits bei seinem Vorgesetzten wie auch beim Betriebsrat ohne Zögern alle Register, um sie in ein schlechtes Licht zu rücken. Als ihre Briefe dort ankommen, erscheinen sie bereits wie schwache Versuche der Selbstrechtfertigung gegenüber berechtigter Kritik und bewirken nichts mehr. Die ganze Erfahrung ist für die Kollegin dennoch nicht ausschließlich enttäuschend. Sie sieht sich jetzt deutlicher als zuvor mit Fragen ihrer eigenen Moral konfrontiert und beschließt, bei ihrer bisherigen Haltung und Linie zu bleiben. Sie erkennt, wie sehr sie von sachfremdem Wohlwollen abhängig ist, ein Gesichtspunkt, auf den sie in den letzten Jahren in ihrem Geschäftsgebaren zu wenig geachtet hat. Und sie beschließt, in ihren Seminaren, die ihr nach dieser Episode bei selbstkritischer Prüfung etwas normativ und idealistisch vorkommen, wieder mehr auf die Niederungen der alltäglichen Intrigenpraxis einzugehen, nicht als Anleitung, aber als Warnung. Einen kleinen Trost findet sie schließlich darin, daß sie dieser Firma eigentlich ohnehin schon zu lange gedient habe und daß die Arbeit dort sie langweile. Auch hofft sie insgeheim auf eine kosmische Gerechtigkeit, die den Leiter der Fortbildungsabteilung gewiß nicht ungeschoren davonkommen lassen werde für sein häßliches Tun. Mit diesen Überlegungen kann sie den Vorgang schließlich hinter sich lassen. Tatsächlich finden sich bald darauf neue fesselnde Aufgaben mit anderen Zielgruppen.

In einem eigenen Beratungsfall ging es ebenfalls darum, Anspruch und eigene Praxis in Einklang miteinander zu bringen. Das Ergebnis steht in diesem Fall noch aus.

Der kaufmännische Leiter einer Firma, der sich bei mir in Supervision befand, geriet einmal in einen Konflikt über die Frage, ob und wie er Einfluß auf die Geschicke seiner Firma nehmen solle. Vorstand und Technischer Direktor verfolgten seiner Auffassung nach die falsche Produktpolitik, und er selbst konnte sich im Vorstand mit seinen Plänen, die er als innovativ und marktorientiert empfand, nicht durchsetzen. Nun hatte er aber gute persönliche Kontakte zu dem prominenten Gastkommentator einer Wirtschaftszeitung. Diesen Kanal wollte er nutzen. Er gedachte, diesen Journalisten in einem sog. Hintergrundgespräch, wie sie in Politik und Wirtschaft üblich sind, über die Auftragslage der Firma detailliert zu informieren und ihm zugleich seine Marketingpläne zu unterbreiten. Wenn dieser darüber schreiben würde, so sein Kalkül, dann werde dies der Firmenleitung genügend Dampf machen, seine Vorschläge aufzugreifen, mit denen er auf direktem Wege nicht durchzudringen vermochte. Nun handelte es sich bei den Informationen, die er weiterzugeben gedachte, durchaus um vertraulich zu behandelnde Firmeninterna, so daß er ein gewisses Kündigungsrisiko einging. Mir selbst war die Heimlichkeit der Sache suspekt. Ich fragte ihn also, wie er auf direkte Fragen seines Vorstandes zu reagieren gedächte, wenn dieser ihn als die undichte Stelle und als Quelle des Artikels verdächtigen würde. Darüber hatte er noch nicht im Detail nachgedacht, zog nun aber in Betracht, ein schroffes ›Nein‹ zu üben oder ausweichend zu antworten (»Das weiß doch jeder in der Firma, da bedarf es doch keines Geheimnisverrats!«). Zugleich war ihm unwohl vor dem Moment, in dem die Frage auf ihn zukommen würde. Ein wenig erschien sie ihm, wiewohl er seine Zweifel mit dem Hinweis zu beschwichtigen versuchte, dies sei ein legitimes und durchaus auch übliches Mittel der machtpolitischen Auseinandersetzung und im übrigen ja zum Besten der Firma, doch intrigant. Nach langem Hin und Her und nachdem er erfahren hatte, daß auch ohne schlüssigen Beweis eine Verdachtskündigung ausgesprochen werden könne, wenn die Zusammenarbeit unzumutbar geworden sei, und daß dann *er* vor der Aufgabe stehen werde, sich vor dem Arbeitsgericht wieder in die Firma hineinzuklagen, entschloß er sich, von seinen Plänen Abstand zu nehmen und im Vorstand einen weiteren Anlauf auf regulärem Wege zu unternehmen (vgl. Fengler, 1996 a, 1996 b).

Dieses Beispiel ist eine Einladung, trotz einer konflikthaften Ausgangslage an einer manipulations- und gewaltfreien Form der Kommunikation festzuhalten. Aber wer sich dazu entschließt, soll wissen, daß dies zu seinem Nachteil ausschlagen kann: Der Konkurrent bekommt die angestrebte Stelle; der eigene Einfluß bleibt begrenzt; eine Situation materieller Not kann eintreten. Letztendlich werden Person- *und* Situationsmomente den Ausschlag dafür geben, welche Wege man im Arbeitsleben einschlägt.
Einer Untersuchung von Flodell (1989) zufolge geht die Entscheidung für eine eher konkurrenz- oder eher eine kooperations- und solidaritätsbezogene Haltung in erster Linie auf persönliche Werte des Betreffenden zurück, weniger auf ihre sozioökonomische Situation. Pawlowski (1986) berichtet dagegen, daß drohender Arbeitsplatzverlust die Bereitschaft erhöht, gegen Kollegen zu arbeiten, und die Innovationsfreudigkeit von Mitarbeitern verringert. Hochmotivierte Kollegen treten dabei aggressiver auf als niedrigmotivierte (Braun, 1974).

Wer sich zu einer wenig durch Konkurrenz gekennzeichneten Haltung entschließt, begründet dies manchmal mit einem Vorteil auf einem anderen Gebiet: Er bleibt sich selbst treu, bleibt im reinen mit sich oder will lieber einen Nachteil in Kauf nehmen als selbst Unrecht zu tun. Ein solches Votum ist oft von Mut und moralischer Kraft getragen. In der europäischen Philosophie hat m. W. Sokrates als erster diese Maxime formuliert und selbst gelebt. Wenn es uns allzu hoch gegriffen erscheint, allzu hehr, edel und abgehoben, so brauchen wir uns doch nur auf unseren Beruf zu besinnen. Hier findet diese Prioritätensetzung täglich statt. Viele Menschen könnten gewiß in einem anderen als dem eigenen Beruf mehr Geld verdienen. Aber sie ziehen die eigenen Tätigkeit vor, weil sie im wesentlichen mit eigenen Wünschen und Werten übereinstimmt, und es fällt ihnen leicht, dafür auf anderen Gebieten ihre Ansprüche zurückzustellen. Andererseits muß erneut betont werden: Das Konkurrieren ist kein Synonym für Feindseligkeit, Unechtheit und Destruktion. Auch das frische Messen der Kräfte gehört hierher; es gibt keinen Anlaß, das Konkurrieren per se zu verurteilen.

Zu einer realistischen Orientierung im eigenen Leben trägt vielleicht die Rückbesinnung auf das Wertequadrat aus Kap. 3 bei: Ein konkurrenzfreies Leben ist in der Gemeinschaft gewiß nicht zu führen. Einer der führenden Berater im Reich der industriellen Organisationsentwicklung, Edgar Schein, hat sogar ausdrücklich betont, daß bei aller Bereitschaft zu partnerschaftlichem Umgang in Führungspositionen eine gewisse Bereitschaft zu macchiavellistischem Handeln unerläßlich sei. Aber es kann der Versuch unternommen werden, dies so weit wie möglich nicht zum Nachteil der anderen Beteiligten zu tun und jedenfalls den Anspruch der Nichtschädigung beizubehalten, so, wie wir ihn in Psychotherapie und Beratung als selbstverständlich betrachten.

Konkurrenz der Berufe

Gruppen vergleichen sich u. a. fortlaufend miteinander und oft in besonderem Eifer mit angrenzenden Gruppen, die ihnen von außen betrachtet recht ähnlich sind, denen gegenüber sie aber gerade deshalb ihre Unterschiedlichkeit und Eigenständigkeit besonders betonen müssen. Die eigene Identität und Existenzberechtigung lebt gerade von der Möglichkeit, sich – natürlich vorteilhaft – von der Nachbargruppe zu unterscheiden. Freud hat dies den ›Narzißmus der kleinen Differenzen‹ genannt.

Ein Student berichtet mir von folgendem Ritual des Imponierens, das zwischen verschiedenen Studiengängen in festgelegter Weise verlief. Kommilitonen aus Jura, Betriebs- und Volkswirtschaftslehre haben in der Universität ein gemeinsames Gebäude mit Bibliotheken, Seminar- und Arbeitsräumen. Auf den Fluren und in Veranstaltungen begegnen die Studenten sich ständig, und zum Small talk gehört die wechselseitige Frage nach dem Studienfach. Die einen sagen dann wahrheitsgemäß ›Volkswirtschaft‹ oder ›Betriebswirtschaft‹. Die Jurastudenten dagegen antworten auf die Frage ›Was studierst Du?‹: »Das Richtige!«

Mir selbst passierte etwas Ähnliches, nachdem ich ein Jahr lang einen Juristen in einem Coaching-Prozeß begleitet hatte. Diese Arbeit und meine Art, mit ihm umzugehen, schienen ihm zu gefallen und zu helfen. Jedenfalls sagte er eines Tages anerkennend: »Sie hätten auch das Zeug zum Juristen – klar, zupackend, konkludent!« Das war wohl das höchste Kompliment, dessen er fähig war. Er nahm mich damit aber als Ausnahme, die die Regel bestätigt, aus meiner beruflichen Bezugsgruppe der Psychologen heraus, bei der er alle diese Qualitäten offenbar nicht erwartete.

Eines der wichtigsten Unterscheidungsmerkmale zwischen verschiedenen Menschen, Gruppen und Gruppierungen ist also der Beruf. Wir können einmal am Beispiel einer Klinik untersuchen, wie die Konkurrenz zwischen unterschiedlichen Berufsgruppen sich entwickelt und verfestigt.

Beginnen wir mit einer organisationspsychologischen Überlegung: Welche Gruppen und Gruppierungen von Menschen gibt es auf dem Gelände einer Fachklinik? Da fallen zunächst die Hauptgruppen ins Auge: Patienten, Ärzte und Therapeuten, Personalabteilung, Pflegedienst, Verwaltung, technisches Personal, Wäscherei, Küche sowie weitere Funktionsbereiche. Sie bilden die klassischen Säulen des Krankenhauses, und zwischen diesen Gruppen gibt es traditionell Reibungen wie andererseits auch gute Zusammenarbeit.

Therapie und Verwaltung

Therapie und Verwaltung sind in allen psychosomatischen Kliniken zwei hinlänglich unterscheidbare und sichtbar den Klinikalltag prägende Gruppen und Funktionen. Was ist da im Kontakt zu beobachten? Glasel (1980) unterscheidet in Konfliktfällen neun Eskalationsstufen, von denen hier die ersten fünf genannt seien:

1. Spannungen; Bemühen um sachgerechte Lösungen.
2. Ambivalenz zwischen Kooperation und Konkurrenz; die Anliegen der eigenen Gruppe nehmen an Gewicht zu.
3. Konformitätsdruck; Versuche, die Beziehung zu der anderen Gruppe differenziert zu betrachten, werden verhindert und sanktioniert. Zur Bezeichnung der anderen Gruppe bedient man sich nun kollektiver stereotyper Begriffe.
4. Entdifferenzierung; man ist nicht mehr fähig oder bereit, den Standpunkt der anderen Gruppe zu verstehen; Schwarz-Weiß-Denken, Projektionen: ›Daß ich Angst habe, beweist, daß Du mich bedrohst!‹
5. Ideologisierung und Totalisierung der Gegensätze; heilige Werte, Präventivangriff ...

Am Ende einer solchen Entwicklung kann eine Konfrontation stehen, die Spillmann und Spillmann (1990) als ›Feindbild-Syndrom‹ bezeichnen und die durch folgende Merkmale gekennzeichnet werden kann:

1. Mißtrauen (»Alles, was vom Feind kommt, ist entweder schlecht – oder wenn es vernünftig aussieht – aus unredlichen Motiven entstanden.«)
2. Schuldzuschiebung (»Der Feind ist schuld an der existierenden Spannung bzw. an dem, was an den beherrschenden Umständen für uns negativ ist.«)
3. Negative Antizipation (»Was immer der Feind unternimmt, er will uns schaden.«)
4. Identifikation mit dem Bösen (»Der Feind verkörpert in allem das Gegenteil dessen, was wir sind und anstreben, er will unsere höchsten Werte vernichten und muß deshalb selbst vernichtet werden.«)
5. Null-Summen-Denken (»Was dem Feind nützt, schadet uns«, und umgekehrt.)
6. De-Individualisierung (»Jeder, der zur feindlichen Gruppe gehört, ist eo ipso unser Feind.«)

7. Empathieverweigerung (»Mit unserem Feind verbinden uns keine Gemeinsamkeiten; es gibt keine Information, die uns von unserer Feindauffassung abbringen könnte; den Feinden gegenüber sind menschliche Gefühle und ethische Kriterien gefährlich und fehl am Platz.«). (Spillmann und Spillmann, 1990, S. 254; vgl. auch Fengler, 1994)
Eine Entwicklung hin zu einer solchen Verhärtung ist in der Klinik gewiß die Ausnahme. Wohl aber mag eine Polarisierung im einzelnen sich einstellen. Ich will daher einmal der Frage nachgehen, von welcher Qualität die Animositäten zwischen Therapeuten und Verwaltung im einzelnen sein können.

Entscheidend ist gewiß, daß Therapeuten und Verwaltungen bezüglich der gemeinsamen Aufgabe im Fachkrankenhaus über unterschiedliche Problemlöse-Ressourcen und Problemlöse-Strategien verfügen und sich dessen oft nicht bewußt sind. Therapeuten denken also in Begriffen wie Krankheitsbild, Indikation, Übertragung, therapeutischer Prozeß, Einzelfall, Ausnahme, Stimmung, Selbstverwirklichung. Sie können sich nicht ohne weiteres mit Begriffen wie Standardprogramm, 12-Wochen-Programm, Personalschlüssel, Rentabilität u. a. anfreunden, wie sie ihnen von der Verwaltung vorgehalten werden. Von ihrer beruflichen Sozialisation her haben sie Begegnung und Beziehung mit dem einzelnen Patienten im Auge und sind nur begrenzt bereit, den Patienten und damit auch sich selbst einem überindividuellen Reglement zu unterwerfen.

Andererseits bringt die Verwaltung eben doch eine wohldurchdachte Ordnung ins Spiel: Klinikordnung, Zimmerordnung, Therapie-Stundenplan, und kann mit Auskünften der Therapeuten (»Ja, das kann man schwer allgemein sagen, das hängt völlig vom Einzelfall ab«) nur wenig anfangen. Denn eben: Der Einzelfall läßt sich nur schwer planen, wenn er in allzuvielen Parametern vom Durchschnittsfall abweicht. Diese Ordnung der Verwaltung ist keineswegs patientenfeindlich, sondern eben ein wichtiger anderer Teilaspekt einer Gesamtlösung.

Wechselseitige Stereotypisierungen gibt es in allen Berufen, die miteinander konkurrieren. So wird in einem Ministerium die hauseigene Kindertagesstätte als ›Referat Singen und Tanzen‹ karikiert, die Sozialberatung in einer Computerfirma von der Belegschaft als ›Abteilung Schmusewolle‹ bezeichnet. Die Tagesklinik heißt im Jargon der Mitarbeiter des psychiatrischen Großkrankenhauses abwechselnd ›Villa Kunterbunt‹, ›Urlaubsstation‹ oder ›Abteilung Stadtbummel‹.

Worin hier zwischen den Gruppen die Konkurrenz besteht, ist nicht auf Anhieb auszumachen. Was ihre Aufgaben angeht, so sind sie so unterschiedlich, daß gewiß keine leicht in den Verdacht gerät, der anderen etwas wegzunehmen. Als Motiv kommen vielleicht Neid und Überlegenheitswünsche in Betracht. Die Arbeit in der Tagesklinik mag leichter sein als in den geschlossenen Akut- und Langzeitstationen, oder es wird jedenfalls so gesehen. Die Computerfachleute sind von der Wirksamkeit der Beratung nicht leicht zu überzeugen, zumal dort nichts produziert und nichts verkauft wird, sondern nur (!) Kosten entstehen. Die Ministeriumsreferate neiden der Kindertagesstätte die schönen Räume, die sie erhalten hat, obwohl dort weder Erlasse noch Gesetzesentwürfe produziert werden.

Wie sind solche Divergenzen zu überbrücken? Gibt es für Therapie und Verwaltung und auch für andere Intergruppenkonkurrenzen gemeinsame Nenner? Mir sind bei dieser Frage drei Dinge deutlich geworden:

(1) *›Gegensatz‹ statt ›Widerspruch‹.* Ich habe mir angewöhnt, solche Polaritäten nicht mehr als Widersprüche, sondern als Gegensätze aufzufassen. Die gesellschaftlichen und institutionellen Widersprüche werden im allgemeinen als unauflösbar angesehen; aber eine Gegensatzspannung drängt zur Lösung, und manchmal finden sich Lösungen von hoher Qualität.

(2) *Solidarität.* H. E. Richter hat in seiner Selbstbiographie von 1988 darauf hingewiesen, daß es eine Solidarität der eigenen Bezugsgruppe gegenüber geben kann, die sich nicht primär gegen eine andere Gruppe richtet, sondern für gemeinsame Ziele eintritt. Das ist für alle Intergruppenkonflikte eine bemerkenswerte Perspektive.

(3) *Ort des Problems und Ort der Reparatur.* Nicht jedes Problem kann da gelöst werden, wo es entsteht. Oft muß man ein Problem *an einer Stelle* akzeptieren, kann aber dafür sorgen, daß es *an einer anderen Stelle* oder auf einer anderen Ebene zu einer Entlastung in den Arbeitsabläufen kommt.

In Hauptabschnitt IV werde ich zu den hier aufgekommenen Fragen eine detailliertere Antwort versuchen.

Politische Parteien

Die Zugehörigkeit zu einer politischen Partei ist u. a. deshalb für viele Menschen so unerträglich, weil sie über kurz oder lang unvermeidlich zu dem eben erwähnten Schwarz-Weiß-Denken zwingt: Was die eigene Partei plant, entscheidet und tut, ist gut. Allenfalls noch im vertrauten Kreis übt man Kritik daran. Im übrigen geht die Parteiraison vor. Unvermeidlich lebt man dabei mit einer Zensurschere im Kopf, die zwischen richtig und falsch fein säuberlich und kontrastreich unterscheidet. Wer sich um Differenzierung bemüht, gilt schnell als unzuverlässig und wird geschnitten. Daran tut die Partei sogar gut. Denn oft ist durchaus unklar, ob jemand aus moralischen Gründen zum einsamen Streiter und Helden wird oder weil er bei einer Nominierung übergangen worden ist. Die andere Partei freilich übernimmt den Abweichler nicht mit reiner Freude: Sein Übertritt dokumentiert, daß er ein unsicherer Kantonist ist. Auch der neuen Partei gegenüber könnte er demnächst so verfahren. Und: Er beansprucht ein Parteiamt, auf das bisher ein anderer einen sicheren Anspruch zu haben glaubte.

Die Parteizugehörigkeit verbietet es, sich mit dem politischen Gegner zusammen über etwas zu freuen, was dieser tut. Denn im Vordergrund des Denkens steht nicht die Sache, sondern der Machterhalt. Das führt zu einem eigenartigen Zwiedenken: Gelingt es der eigenen Fraktion, die Verabschiedung eines Gesetzes im Parlament zu erreichen, so wird dies als Erfolg der eigenen Politik gefeiert. Tut die andere Partei das gleiche, so heißt es: ›zu wenig‹, ›zu spät‹, ›ein Schritt in die richtige Richtung, die wir seit Jahren anmahnen‹ usw. Lehnt der Kandidat es ab, eine Koalitionsaussage zu machen, so wird ihm vorgehalten, er lasse ›die Bürger‹ (!) im Unklaren über seine Absichten. Entschließt er sich zu einer Koalitionsaussage, so hat er sich nunmehr endgültig mit seinen geheimen Absichten entlarvt, und es ist gut, daß der Wähler jetzt weiß, woran er ist. Zieht der Kandidat die Koalitionsaussage zurück, so spielt er den Wolf im Schafspelz, aber man wird ihm die Maske vom Gesicht reißen. Es scheint zum politischen Ritual zu gehören, dem politischen Gegner keine guten Taten zuzutrauen oder diese jedenfalls nicht zuzugeben. Es wäre für das eigene Machtkalkül nicht opportun.

Dennoch scheint es einigen Politikern zu gelingen, integer zu bleiben oder jedenfalls diesen Eindruck zu erwecken. Andere treiben Politik als Machtspiel und wirken im Kern unberührt.

Wettkampf und Sport

Der Sport ist ein Lebensbereich, der scheinbar der Freizeit zuzurechnen ist, faktisch aber zumindest da, wo er vor einer größeren Öffentlichkeit stattfindet, streng den Gesetzen des Marktes unterliegt. Im Sport gelingt es scheinbar, die Konkurrenz zu kanalisieren, mit Hilfe von Spielregeln und dem Gebot des Fairplay. Ganz scheint man der sportlichen Gesinnung freilich nicht zu trauen. Anders ist nicht zu erklären, daß man ständig daran erinnern muß, die Teilnahme sei das Entscheidende, die Begegnung, die Bündelung der Kräfte.

Im Sport kommen verschiedene Motive zusammen, die nur schwer miteinander vereinbar sind. In Sonntagsreden zum Sportgeschehen wird meist auf Gesundheit, Wettkampf und Kameradschaft abgestellt; gewiß birgt der Sport diese Möglichkeiten. Sie sind freilich bis zur Unsichtbarkeit überdeckt durch gänzlich andere Motive und institutionelle Einbindungen mit ganz eigener Dynamik: Der Verein ist auf kommunale Zuschüsse angewiesen und bangt um sein Fortbestehen. Er wirbt also mit dem Slogan: ›Im Verein ist Sport am schönsten.‹ Aber das darf, aus etwas Distanz betrachtet, bezweifelt werden. Breitensport mündet rasch in Wettkämpfe einiger Spitzensportler; nur mit ihnen kann der Verein prominent werden – und eventuell wieder einige Breitensportler gewinnen.

Von Gesundheit kann, sobald der Ehrgeiz beim Sport eine Rolle spielt, nicht mehr die Rede sein; vielmehr sind im Wettkampfbereich fast alle Sportarten der Gesundheit höchst abträglich. Der Begegnungscharakter geht verloren, wenn es um das Gewinnenwollen und um Prämien geht – dann ist der andere Sportler ein wirklicher Gegner, und es ist klug, ihn zu hassen und zu bekämpfen.

Im Zusammenhang mit dem Thema Konkurrenz ist der letzte dieser Aspekte von besonderem Interesse: Einzelpersonen und mehr noch Mannschaften treten gegeneinander an, um herauszufinden, wer an diesem Tag der Leistungsstärkste ist. Dabei entsteht ein Druck, gewinnen zu wollen und zu sollen. Die Sportförderung des nächsten Jahres hängt davon ab. Eine bei allem engagierten Einsatz doch gleichsam neutrale distanzierte Neugier der ursprünglichen Frage gegenüber, wer der Bessere sei, wird dabei unmöglich. Die Folgen sind unfaire Praktiken. Es soll also der eigenen Tüchtigkeit ein wenig nachgeholfen werden, indem man den Gegner am Hemd festhält oder zu Fall bringt. Gelingt auf diese Weise ein Punkterfolg, so scheint es seelisch trotz des regelwidrigen Eingriffs, an den der Betreffende sich sehr wohl erinnert, möglich, den Erfolg *allein* dem eigenen Können zuzuschreiben. Oder man beginnt, mit dem Schiedsrichter zu debattieren. Wer seiner eigenen Leistung sicher ist, braucht sich vom Endergebnis nicht beunruhigen zu lassen, und selbst eine Fehlentscheidung des Schiedsrichters läßt ihn unberührt. Aber eben: Es geht nicht mehr um das Messen der Kräfte, sondern um die vielen Dinge, die als Privilegien, Ruf und Ansehen, öffentlicher Auftritt usw. mit dem Sieg verbunden sind und mit der Niederlage verlorengehen. Sportlern wird dabei täglich ein kaum zu leistendes Kunststück abverlangt: ihre Mitbewerber mit aller Konsequenz niederzukämpfen *und* sich in öffentlichen Stellungnahmen davon doch zugleich nichts anmerken zu lassen. Stromlinienförmig, wie sie mittlerweile gestylt sind, sprechen sie also von einem ›großartigen Gegner‹ oder einer ›großartigen Mannschaft‹, wohltönend und unglaubwürdig. Das schlechte Verlierenkönnen, also der Mangel an Respekt vor dem Sieg des anderen, erkennt man bei Meisterschaften in allen Sportarten: Nach der entscheidenden Niederlage reisen die unterlegenen Mannschaften sofort ab – statt den Gewinnern ihre Referenz zu erweisen und ihnen bei ihrem weiteren Weg zum Sieg neidlos zuzuschauen.

Zwei Scherze kennzeichnen das stereotyp gewordene *Konkurrierenmüssen* des Sportlers: Der Spitzensportler fühlt sich nicht wohl, geht zum Arzt und läßt sich die Temperatur messen. »Sie haben 41,8 Grad«, sagt der Arzt besorgt. »Und bei wieviel Grad liegt der derzeitige Weltrekord?« fragt der Sportler.

Oder der:

Der Sprinter erzählt seinem Freund, daß nachts bei ihm eingebrochen worden ist. Aber zum Glück ist er aufgewacht, und der Dieb versuchte, mit der Beute zu fliehen. »Hast Du ihn denn eingeholt?« fragt der Freund. »Eingeholt?« echot der Sprinter, »wer spricht denn von eingeholt?! Überholt habe ich ihn, überholt, und das in einem tollen Finish schon nach knapp 100 Metern!«

Auch das Motto der Olympischen Spiele (citius, altius, fortius – schneller, höher, stärker) erweist sich bei näherem Hinsehen als absurde Aufforderung. Viele neuere Leistungssteigerungen werden nur dank verbesserter Materialtechnik erreicht, nicht auf Grund von höheren Leistungen oder auf Grund besserer Technik. Selbst wenn letzteres den Ausschlag geben würde: Welche Bedeutung ist Steigerungen um Zentimeter und Millimeter, um hundertstel Sekunden und um akrobatische Finessen beizumessen, die nur noch in einem kleinen Feld hochspezialisierter Körperfachleute ausgetragen werden, von denen faktisch jeder Weltmeisterqualitäten hat? Eigenartig muten die Aufgeregtheiten und Schlagzeilen an, wenn der Weltrekord im Hochsprung heute 2,42 m und morgen 2,43 m beträgt. In zehn Jahren wird sich jemand finden, der 2,50 m springt – medienwirksam vermittelte Belanglosigkeit.

Ich betrachte die Parolympics, also die Olympischen Spiele der Behinderten, immer mit etwas gemischten Gefühlen. Einerseits sind sie offenbar ein Forum, das behinderten Menschen Gelegenheit zur Selbstherausforderung bietet und zu einer gewissen öffentlichen Beachtung verhilft, freilich im Windschatten der ›richtigen‹ Olympiade und nicht ohne voyeurhaftes Mitleid der Zuschauer. Andererseits werde ich den Eindruck nicht ganz los, daß hier eine Chance vertan wird, die Praxis des Extremsports und damit zugleich die Ideologie der Extremleistung insgesamt in Frage zu stellen. Analog zum alternativen Nobelpreis wäre es also denkbar, gerade *nicht* der Olympiade nachzueifern, sondern Modelle darüber zu entwickeln,

• wie Spiel und Wettkampf miteinander vereinbar sind,
• wie Behindertensport als Breitensport aussehen kann,
• wie Behinderte und Nichtbehinderte gemeinsam Sport treiben können.

Dies ist freilich weniger spektakulär als Wettkämpfe mit Siegern und Verlierern, Freuden- und Enttäuschungstränen. Aber es würde sich mehr bewegen dabei.

Fassen wir zusammen: Im Sport kommen verschiedene Strebungen elementarer Art zusammen: Funktionslust, Leistungsvergleich *und* Gewinnenwollen. Eine Selbstbeschränkung auf das meisterhafte Tun erscheint da nahezu unmöglich. Zwei Beispiele aus dem Bereich des Zen-Buddhismus machen dennoch die Gegenthese deutlich: Es ist möglich, Prozeß, Gestaltung des Tuns und Gemeinschaftsaspekte in den Mittelpunkt des Wettkampfs zu rücken (Fürstenberg, 1993).

Herriegel (1978) berichtet, wie er bei der Unterweisung in der Kunst des Bogenschießens ein paar Treffer erzielte, aber die ihm von denm-Lehrer auferlegten Übungen dabei unterlief. Als dieser den Betrug bemerkte, wollte er ihn von der weiteren Schulung ausschließen und war nur durch inständige Bitten zu bewegen, mit der Unterweisung fortzufahren. Von den guten Schüssen war er in keiner Weise beeindruckt.

Graf Dürckheim berichtete in einem Vortrag von einem Wettbewerb im Bogenschießen unter Studenten verschiedener asiatischer Universitäten. Als ein Schütze das Ziel drei Mal verfehlt hat, wird er von dem weiteren Kampf ausgeschlossen – nicht etwa wegen seiner schwachen Leistung, sondern weil es ihm offenbar an der geforderten Zentrierung fehlt: Man sieht ihm Ärger und Enttäuschung nur zu deutlich an, und das ist unvereinbar mit dem Bogenschießen im Geiste des Zen.

Auf die zuletzt genannten Gesichtspunkte werden wir in Abschnitt IV noch ausführlich eingehen.

Literatur

Berth, R. (1989): Die zwei feindlichen Brüder. Innovationsfreundliche Firmenkultur und kreativitätsförderndes Betriebsklima. Personal, 41, 374–380.

Blake, R. und Mouton, J. (1964): Das Verhaltensgitter. Econ, Düsseldorf.

Braun, W. (1974): Über Zusammenhänge zwischen Leistungsmotivation und Aggressionsverhalten. Eine experimentelle sozialpsychologische Analyse. Philosophische Fakultät Wien.

Dreyer, E. (1988): Automatisierung, sozialistischer Wettbewerb und Einbeziehung der Werktätigen. Wissenschaftliche Beiträge der Sektion Arbeitswissenschaften der Universität Dresden, Heft Nr. 5.

Dworatschek, S., Hesseler, M. (1996): Personalentwicklung für Lean Management. Personal- und Projektmanagement für ›schlanke‹ Organisationen. In: Geißler, K., v. Landsberg, V., Reinertz, R. (Hg.): Handbuch Personalentwicklung und Training. Ein Leitfaden für die Praxis. 31. Ergänzungslieferung. 3.3.1.4, S. 1–24.

Erd, R. (1987): Kunst als Arbeit. Organisationsprobleme eines Opernorchesters. Soziale Welt, 38, 437-459.

Fengler, J. (1994): Süchtige und Tüchtige. Begegnung und Arbeit mit Abhängigen. Pfeiffer, München.

Fengler, J. (1996 a): Coaching: Konzeption, Arbeitsprinzipien, Zielgruppen. GWG Zeitschrift (im Druck).

Fengler, J. (1996 b): Coaching im Kontext industrieller Produktion. Eine Falldarstellung. GWG Zeitschrift (im Druck).

Flodell, C. (1989): Miteinander oder Gegeneinander. Eine sozialpsychologische Untersuchung über Solidarität und Konkurrenz in der Arbeitswelt. Deutscher Universitätsverlag Wiesbaden.

Fürstenberg, F. (1993): Gruppenorientierung und Selbständigkeit in deutschen und japanischen Betrieben. Personal, 45, 444–449.

Glasel, F. (1980): Konflikt-Management. Diagnose und Behandlung von Konflikten in Organisationen. Haupt, Bern.

Grunwald, W., Lilge, H. G. (1982): Kooperation und Konkurrenz in Unternehmen. Haupt, Bern (Hg.)

Herriegel, G. (1978): Zen in der Kunst des Bogenschießens. Barth, München.

Kohn, A. (1986): Konkurrenz kostet den Erfolg. Psychologie Heute, 13, 25–27.

Ladensack, K. (1993): Werte und Werteumbrüche im Osten Deutschlands. Konsequenzen für das Personalmanagement. Personal, 45, 468-472.

Luhmann, N. (1984): Soziale Systeme. Grundriß einer allgemeinen Theorie. Suhrkamp, Frankfurt.

Pawlowski, P. (1986): Aus Kollegen werden Konkurrenten. Psychologie Heute, 13, 22-24.

Richter, H. E. (1988): Die Chance des Gewissens. Erinnerungen und Assoziationen. Hoffmann und Campe, Hamburg.

Schwalbe, H. (1991): Incentives als Motivationsinstrumente. Personal, 43, 341–345.

Spillmann, K. R. u. Spillmann, K. (1990): Feindbilder: Entstehung, Funktion und Möglichkeiten ihres Abbaus. Internationale Schulbuchforschung 12, 253–284.

Welsch, P. B. (1973): Der Einfluß sozialer und kommunikativer Beziehungen auf Leistung und Leistungsbereitschaft im Betrieb. Universität Erlangen-Nürnberg. Sozialwissenschaftliche Fakultät. Dissertation.

Wittenzellner, C. (1993): Die Meister des Komplotts. Wie Intrigen das Betriebsklima vergiften. Psychologie Heute, 20, 30–35.

10. Frauen in Führungsfunktionen

Frauen müssen, wenn sie Leitungsaufgaben übernehmen, damit rechnen, daß ihnen vielfältige Hindernisse begegnen und ihnen verschiedene Konkurrenzerfahrungen bevorstehen. Sie wie auch andere Gruppen der Gesellschaft werden in Führungsfunktionen besonders kritisch betrachtet und stoßen in der Zusammenarbeit auf spezifische Probleme und Herausforderungen.

Gesellschaftliche Barrieren

Eine der größten Barrieren für die Gleichberechtigung von Frauen ist die Tradition der Barrieren. Die Chancen von Frauen, Führungsfunktionen einzunehmen, sind also u. a. dadurch beeinträchtigt, daß dies bisher selten geschehen ist und geschieht. Es gibt nur wenige einladende Vorbilder auf diesem Gebiet. Vielmehr existieren starke Traditionen darin, Frauen den Aufstieg in Vorgesetztenpositionen zu verweigern. Ein kleiner, aber nicht unwichtiger Schritt, dem zu begegnen, besteht darin, daß in Frauenkalendern aus dem Leben bedeutender erfolgreicher und einflußreicher Frauen berichtet wird.

In Deutschland gibt es laut einer Studie des Bundesministeriums für Familie, Senioren, Frauen und Gesundheit (Sahler 1991) über eine Millionen Alleinerziehende mit minderjährigen Kindern, davon sind weniger als 5% Männer. Jedes zehnte Kind wird von nur einem Elternteil erzogen. Berufliche Benachteiligung und ein Leben in Armut sind hier oft die Folge. 37% der berufstätigen Frauen sind gleichzeitig Mutter. Die Doppelrolle Beruf und Haushalt ist somit unausweichlich, und familiäre Arbeitsteilung scheint nach wie vor rar (Benard und Schlaffer 1991). Bisher fühlen sich hauptsächlich große Firmen dafür verantwortlich, Frauen nach Erziehungsjahren den Wiedereinstieg in den Beruf zu ermöglichen (Sahler 1991). Eine andere frauentypische Falle besteht darin, daß der Beruf nur als Übergangsphase zwischen dem Ende der Schulzeit und der Eheschließung und Familiengründung betrachtet wird.

Die Entlohnung der Frauen ist in den sieben wichtigsten Industrienationen schlechter als die Bezahlung der Männer. Die Bundesrepublik nimmt hier eine Mittelposition ein. Nach einer Studie der Zeitschrift ›American Economic Review‹ verdienten, wenn man für das Gehalt von Männern einen Satz von 100% zugrunde legt, Frauen im Jahr 1967 bei gleicher Arbeit 69% dieses Einkommens, im Jahr 1989 72%, ein minimaler Anstieg in einem Zeitraum von 22 Jahren.

Die Zahl der Student*innen* und die der wissenschaftlichen Mitarbeiter*innen* nimmt seit 1980 zu. Die Zahl der C 4-Professorinnen dagegen bleibt nahezu gleich und die Zahl der C 3-Professorinnen nimmt ab (Schlüchter, 1991). Diese Proportionen haben sich seit 1980 nicht nennenswert verändert (Onnen-Isemann und Nave-Herz, 1996). Welche besonderen Erfahrungen Frauen im Zuge akademischer Karrieren machen, hat Gudula List (1995) beschrieben.

Nur 6 % der Positionen im Management werden von Frauen besetzt (Barber und Watson, 1991). Entsprechend einer Capital-Umfrage von 1991 nimmt die Zahl der Frauen in Führungspositionen zwar zu, ihre Bezahlung bleibt aber hinter der von Männern zurück. Mehr Männer als Frauen gehen mit einem akademischen Zeugnis von der Uni ab. In Führungspositionen sind Frauen nach wie vor schwach vertreten. Nur 2% der Hochschulabgängerinnen bringen es zur Abteilungsleiterin oder Direktorin. Unter den Männern beträgt nach Angaben des Statistischen Jahrbuchs von 1995 der Anteil 9%.

Der Frauenanteil in Parlamenten erreichte in den letzten Jahren weltweit mit 11% den niedrigsten Stand seit 1975. Nach einem Bericht der Interparlamentarischen Union (IPU) ist dies u. a. darauf zurückzuführen, daß nach dem Zusammenbruch der sozialistischen Länder die Quote im Durchschnitt rapide gesunken ist. In diesen Ländern war der Frauenanteil in Parlamenten wesentlich höher als in den westlichen Demokratien. Der Frauenanteil in mehr als 1000 Gremien, auf deren personelle Zusammensetzung die Bundesrepublik Einfluß hat, beträgt nur 7,2% (Sahler 1991).

Man kann also generell annehmen: Es fehlt in fast allen Berufen eine breite Basis an Frauen, aus der sich eine Frauenführungsschicht rekrutieren könnte. Wo eine solche Basis besteht, z. B. beim Beruf der Lehrerin an Grund-, Haupt- und Sonderschulen, werden für RektorInnenstellen bevorzugt Männer eingestellt. Das gleiche gilt in den Kirchen. Frauen werden als Gemeindeassistentinnen der Pfarrer eingestellt; die liturgischen Handlungen bleiben Männern vorbehalten. Auch die Telefonseelsorge, hier hat ein Stellenleiter in der Regel mit 90% ehrenamtlich arbeitenden Frauen und 10% Männern zu tun, bildet keine Ausnahme. Dorst (1994) spricht von einem ›Sanften Paternalismus‹, der hier herrscht, Hengsbach (1995) von einer ›sexistischen Arbeitsteilung‹. Etwas überzogen formuliert könnte man sagen: Frauen haben sich noch nicht ganz von ihren drei Ks Kinder – Küche – Kirche gelöst, und Männer stehen noch treu unter dem Diktat *ihrer* drei Ks Konkurrenz – Karriere – Kollaps.

Frauenbilder in Werbung und in Medien

Vielleicht ist es nicht erforderlich, hier ins Detail zu gehen, da das meiste der aufmerksam die Medien betrachtenden Leserin und dem Leser bekannt sein dürfte. In der Werbung kommt es zu einer Idealisierung der Mann-(Haus-) Frau-2 Kinder-Familie. Die Beziehungen zwischen Männern und Frauen werden in der Werbung verdinglicht. Eine Gesundheitszeitung wirbt mit 12 Frauenkehrseiten. Für Sicherheit am Arbeitsplatz wird mit dem Busen von Madonna geworben.

In Cartoons werden die Sachverhalte manchmal in sarkastischer Weise beschrieben, aber doch so, daß einem das Lachen in der Kehle steckenbleibt. In einer Herrenrunde vor der Kamera äußert der Moderator: »Bevor wir mit unserer Fernsehdiskussion zum Thema Emanzipation der Frau beginnen, meine Herren, würden Sie uns noch etwas Kaffee bringen, Frl. Dr. Müller?«

Noch in Erwähnung besonderer Frauenleistungen steckt in subtiler Weise die Abwertung: so wird von der ›1. Frau auf dem Dach der Welt‹ berichtet; es handelt sich um die erste Frau, die den Mount Everest bestiegen hat. Das ist gewiß eine große Leistung. Aber die verdeckte Botschaft lautet: Man hat es ihr nicht zugetraut, und nun hat sie es doch geschafft. Dabei wird das Signal mittransportiert, daß die Ausnahme die Regel bestätigt: Im allgemeinen ist der Mount Everest eben für so zarte Wesen wie Frauen nichts. Die erste Bewerberin für das Bischofsamt ist der Zeitung eine ganze Schlagzeile wert. Auch hier wird von dem nicht erwarteten Ereignis berichtet. Andererseits ist von absurden Rekorden die Rede. So schafft ein Mann den Sprung ins Guinnessbuch der Rekorde, der in acht Stunden 8001 Frauen geküßt hat.

Auf diese Weise wird jeden Tag in den Medien ein Bild von Frauen geschaffen, die dumm, verfügbar, niedlich, liebevoll, durch den Mann definiert sind und ganz gewiß nicht für Führungspositionen geeignet.

Tatsächlich nehmen die Chancen von Frauen, in Führungspositionen aufzusteigen, zu in Abhängigkeit

- vom Grad ihrer nachgewiesenen beruflichen Kompetenz,
- von ihrer Schulbildung,
- von ihrer Präsenz in der Politik, wo sie u. U. eine Vorreiterrolle übernehmen,
- von der Firmengröße,
- von ihrer Kompetenz in neuen Industriezweigen.

Denkmuster

Wie unser Denken geschlechtsspezifisch eingerastet und eingerostet ist, läßt sich an einer kleinen Geschichte aufzeigen:

> A man and his son are driving in a car. They have an accident. The father is killed, and the son is brought to a hospital. The doctor comes, looks at the boy and says: »Oh, he is my son!« And the doctor is right. How can that be?

Ich habe diese kleine Geschichte in verschiedenen Situationen vorgetragen und den Zuhörer gedrängt, das Rätsel zu lösen. Meist war Ratlosigkeit die Folge. Einige Gesprächspartner mutmaßten, der Arzt in der Klinik sei der leibliche Vater des Knaben, und der gestorbene Mann habe von dem Fehltritt seiner Frau nichts gewußt. Andere vermuteten, der Klinikarzt habe, phonetisch nicht zu unterscheiden, ausgerufen: ›Oh, he, he is my sun!‹, wußten allerdings den Hintergrund eines solchen Freudenrufs nicht plausibel zu machen. Auch 800 Zuhörer bei einem Ärztekongreß kamen nicht auf die richtige Lösung: ›The doctor‹ ist eine Frau; in der Klinik tut eine *Ärztin* Dienst; sie ist die Mutter des Jungen und sagt zu recht: ›Oh, he is my son!‹, denn es ist ihr Sohn.

Offenbar fällt es Männern, aber auch Frauen oft noch schwer, Frauen als mögliche Trägerinnen von Führungsfunktionen und in verantwortungsvollen Positionen wahrzunehmen. Es ist ihnen undenkbar, im wörtlichen Sinne des Wortes. Trömel-Plötz (1984) hat zahlreiche Belege für diesen Sachverhalt gesammelt. Sprache und Interaktion enthalten eine Fülle von frauenbehindernden Mustern. Auf dem Schild an der Haustür heißt es ›Familie Heinz Holtmann‹. Im Englischen wird die Ehefrau als ›Mrs. Robert Miller‹ bezeichnet. Auf der Party stellt sich der Mann vor: »Ich bin Heinz Holtmann, ich arbeite als Architekt.« Die Frau hingegen sagt: »Ich bin Lisa Holtmann. Mein Mann arbeitet als Architekt.«

Daß Frauen selten Spitzenpositionen erreichen, beruht einerseits auf tatsächlich fehlenden Voraussetzungen:

• Frauen bewerben sich generell selten für Trainee-Programme.
• Frauen bekunden weniger Interesse an Positionen, die hohe Mobilität erfordern.
• Es gibt Kulturbarrieren, die den Einsatz von Frauen im Ausland nicht ohne weiteres angeraten erscheinen lassen.

Aber diese und viele andere sog. Tatsachen sind nicht naturgegeben, sondern entstehen in einem gesellschaftlichen Klima, in dem Frauen generell nicht die gleiche Leistungsfähigkeit zugetraut wird wie Männern. Sie stehen auch in Wechselwirkung mit Vorurteilen, die sich gegen Frauen in Führungspositionen richten:

• Management ist Männersache
• Management ist ein Ganztagsjob
• Frauen haben weniger Ehrgeiz und kein Interesse an Führungspositionen
• Frauen sind emotional usw.

Diese Meinungen werden übrigens nicht nur von einem Teil der Männer, sondern auch von einem Teil der Frauen vertreten. Manche von ihnen entwerten also sich selbst und ihr Geschlecht in ganz ähnlicher Weise, wie sie dies von Männern erfahren.

Eine solche Beobachtung machte ich einmal in einem Seminar mit Referentinnen und Referenten, die in deutschen Auslandsbotschaften in den Rechts- und Konsularabteilungen arbeiteten. Viele der Teilnehmerinnen klagten darüber, daß sie bei der Arbeit am Schalter von den Antragstellern nicht ernst genommen wurden, zumal in arabischen Ländern. Andererseits versetzt das Auswärtige Amt z. T. ganz

geziel Diplomatinnen in diese Regionen, um ein Signal von Gleichberechtigung und politischem Einsatz für Chancengleichheit zu setzen. Einige Teilnehmerinnen berichteten davon, daß im Falle abschlä-
giger Bescheide Botschaftsbesucher lautstark die Möglichkeit forder-
ten, das Gespräch mit einem männlichen Diplomaten fortzusetzen.
Nun wußte ich von dieser Problematik aus früheren Seminaren und
hatte deshalb zu diesem Seminar eine Liste von Frauennamen mitgebracht, die in höchste Staatsämter aufgestiegen sind (Tab. 2).

Mein Anliegen war, ihnen zu demonstrieren, daß sich Frauen in aller
Welt durchsetzen können, auch und nicht zuletzt im islamischen
Raum. Ich dachte daran, daß ihnen dies in kritischen Momenten des
Gesprächs eine Hilfe sein könne, die Situation in gutem Selbstbe-
wußtsein zu gestalten. Aber dieser Versuch schlug vollständig fehl.
Die Teilnehmerinnen begannen nämlich sofort, an den aufgeführten
Kandidatinnen herumzumäkeln: Frau Bandaranaike sei nur durch
ihren Familienclan an die Macht gekommen; Benazir Bhutto sei nur
schön und sonst gar nichts; Corazon Aquino sei eine Mutti, unge-
schickt und hilflos, und regiere nur von Gnaden des Militärs usw.
Keine der Frauen fand Gnade vor den Diplomatinnen, und zwar mit
Begründungen, die mir eher aus einer etwas borniertern Männerrunde
geläufig waren, als daß ich sie von Frauen erwartet hätte, die sich um
ihre berufliche Gleichstellung bemühten. Schließlich bemerkte ein
Teilnehmer der Runde in ironisch übertriebener Einfühlung: »Vielleicht könnt Ihr Euch ja Margaret Thatcher als Vorbild von Charme
und Weiblichkeit am Arbeitsplatz wählen!« Dem folgte ein sarka-
stisch-hämisches Gelächter *aller* Anwesenden. Das Thema blieb un-
geklärt; mir schien, auch die Diplomatinnen waren irgendwie erleichtert darüber, daß sie ihre Lage weiterhin als desolat und unbeeinfluß-
bar definieren konnten.

Diese Barrieren, denen Frauen im Außenbereich begegnen, korrespondieren mit Ängsten, die Frauen mit sich herumtragen. Einige
davon fußen durchaus auf handgreiflichen Erfahrungen.

Sexuelle Übergriffe

Offenbar ist die Zahl der Frauen, die Erfahrungen mit sexuellen
Übergriffen oder Angriffen haben, größer, als man früher angenommen hat. Nach einer Studie des Bundesministeriums für Familie, Senioren, Frauen und Gesundheit kannten 93% der befragten Frauen das Problem sexuelle Belästigung am Arbeitsplatz.

Tab. 2: Frauen als Präsidentinnen oder Premierministerinnen (1994)

Präsidentinnen		
Argentinien	Isabel Martinez de Peron	1974–1976
Bolivien	Lidia Gueiler	1979–1980
Haiti	Ertha Pascal-Trouillot	1991
Island	Vigdis Finnbogadottir	1980–
Irland	Mary Robinson	1990–
Nicaragua	Violeta Chamorro	1990–
Philippinen	Corazon Aquino	1986–1992
Sri Lanka	Chandrika Kumaratunga	1994–
Jugoslawien	Milka Planinc	1982–1986

Premierministerinnen		
Bangladesch	Khaleda Zia Rahman	1991–
Burundi	Sylvie Kinigi	1993
Kanada	Kim Campbell	1993
Dominica	Eugenia Charles	1980–
Frankreich	Edith Cresson	1991–1992
Indien	Indira Ghandi	1966–1977
Israel	Golda Meir	1969–1974
Norwegen	Gro Harlem Brundtland	1981, 1986–89, 1990
Pakistan	Benazir Bhutto	1988–1990, 1993–
Polen	Hanna Suchocka	1992–1993
Portugal	Maria de Lourdes Pintasilgo	1981–1985
Ruanda	Agathe Uwillngyimana	1993–1994
Sri Lanka	Siramovo Bandaranaike	1970–1977, 1994–
Türkei	Tansu Ciller	1993–
Großbritannien	Margaret Thatcher	1979–1988

72% gaben an, schon einmal selbst belästigt worden zu sein, 56 % berichteten von anzüglichen Bemerkungen. Tab. 3 zeigt, was unter sexueller Belästigung heute zu verstehen ist.

Es gibt also Ängste vor sexuellen Übergriffen generell und vor beruflicher Förderung und Unterstützung, die von sexuellen Gegenleistungen abhängig gemacht bzw. einer ›frigiden Zicke‹ verweigert werden, bis hin zu Drohungen dezenter oder massiver Art. Vor einigen Jahren hat einmal die Zeitschrift Cosmopolitan eine

Tab. 3: Verbotene Verhaltensweisen in der Betriebsvereinbarung des Ministeriums für Familie, Senioren, Frauen und Gesundheit.

Sexuelle Belästigung ist jedes sexuell gefärbte verbale und nichtverbale Verhalten, das Frauen als unerwünscht empfinden oder das ein nicht unerheblicher Prozentsatz von Frauen als unerwünscht einstuft oder das als unerwünscht unterstellt werden kann, z. B.:

- unerwünschte körperliche Übergriffe und Berührungen
- unerwünschte Einladungen und Aufforderungen zu sexuellem Verhalten
- entwürdigende und beleidigende Witze und Bemerkungen über Frauen,
- auf Einzelpersonen bezogene Bemerkungen über sexuelle Aktivitäten und das Intimleben, über körperliche Vorzüge und Schwächen,
- sexuell gefärbte Gesten und Verhaltensweisen (Anstarren, Hinterherpfeifen),
- das Mitbringen und Zeigen pornographischer Hefte und Bilder,
- das Zeigen und Anbringen frauenfeindlicher Aufkleber und Bilder,
- die Belästigung von Frauen durch Verfolgungen inner- und außerhalb des Betriebes.

Als unerwünscht sind insbesondere auch alle Verhaltensweisen anzusehen, über die sich entweder eine einzelne Frau oder mehrere Frauen (auch anonym) beschweren oder die Frauen belasten.

Umfrage bei Politikerinnen durchgeführt zu dem Thema »Empfehlen Sie Politikerinnen, auf dem Weg zur Macht den Weg durchs Bett der Kollegen zu wählen, und haben Sie es selbst so gemacht?« Natürlich wurde diese Frage von allen Befragten verneint. Aber es ist keineswegs ausgeschlossen, daß einigen von ihnen solche Tauschgeschäfte unterbreitet worden sind.

Grundlage dieser heute noch verbreiteten Haltung ist die Auffassung von der Verfügbarkeit der Frau als Objekt der Männerlust. »Wer, wie der Ehemann, auf den Beischlaf ein vollkommenes Recht hat, macht sich durch Erzwingungen desselben keiner Notzucht schuldig« heißt es in einem Text des Rechtsgelehrten Feuerbach von 1800. Wer also so als verfügbar betrachtet wird, kann kaum gleichzeitig als gleichrangige Kollegin oder gar als Vorgesetzte betrachtet werden. Spuren eines solchen Denkens finden sich noch in dem jahrelangen parlamentarischen Tauziehen um die Strafbarkeit der Vergewaltigung in der Ehe, das erst 1996 mit der Vorlage eines Gesetzesentwurfs zu Ende gegangen ist.

Angst vor beruflichem Erfolg

Manche Frauen haben, wenn sie beruflich tüchtig sind, die Sorge, als Frauen an Attraktivität zu verlieren. Dafür, daß dies eine Realität der Gegenwartsgesellschaft ist, gibt es viele Belege.

Eine Fernsehsendung mit Birgit Breuel, der ehemaligen Leiterin der mittlerweile aufgelösten Treuhandgesellschaft, hat den Tenor: eine immens tüchtige, pflichtbewußte, klare Frau. So weit, so gut. Aber die Reporter lassen nicht locker, ob sie nicht doch ein bißchen Weichheit, Mütterlichkeit, Unsicherheit, Schwäche (eben typisch ›weibliche‹ Eigenschaften) aus ihr herauslocken können, und sind am Ende enttäuscht über das hohe Maß an Selbstkontrolle, das diese Frau ausstrahlt.

Möglicherweise nimmt die Attraktivität, auch die sexuelle Attraktivität von Männern zu, wenn sie über Macht verfügen, die von Frauen aber nicht – oder sie nimmt ab.

Ein Kollege hat dies einmal etwas drastisch ausgedrückt. Wir sprachen über ein prominentes Psychotherapeutenpaar. Beide Partner waren Exponenten der politischen Psychoanalyse, beide Institutsleiter/-innen, beide engagierte Fachvertreter. Die Frau war zusätzlich Leiterin verschiedener Berufskommissionen, in denen sie mit Verve ihre Standpunkte vertrat. Als der Mann sich eines Tages von ihr trennte und zu einer Kollegin zog, die jünger, zarter und weiblicher wirkte, kommentierte der Kollege beim gemeinsamen Kongreßtratsch diesen Schritt mit den Worten: »Kein Wunder bei dem Drachen, den er da im Haus hatte! Wer schläft schon gern abends ein, ohne zu wissen, ob er beim Aufwachen noch seinen Schwanz haben wird!« Für ihn war Frauenmacht offenbar ein Synonym für Männerentmachtung und Kastration.

Umgekehrt ist dies in der Regel nicht der Fall. Ich erinnere mich an zahlreiche Situationen aus Gruppenpsychotherapie und Gruppendynamik, die ein Licht auf diesen Sachverhalt werfen. Gruppenleiter wurden von Teilnehmerinnen oft als attraktiv empfunden und genossen dieses Begehrtwerden in subtiler oder handgreiflicher Weise. Gruppenleiter*innen* dagegen beklagten sich oft im Kollegenkreis, daß unter den Teilnehmern kein einziger ›wirklicher Mann‹ sei.

Bei Hausmännern, also einer Bevölkerungsgruppe, die eine solche Umkehrung der Verhältnisse bewußt in Kauf nimmt, beträgt die Scheidungsrate 90% (Strümpel et al. 1988). Die Kombination der Merkmale ›Frau und unterlegen‹ mit ›Mann und stark‹ scheint also dem Beginn einer Liebesbeziehung nicht im Wege zu stehen, die Merkmalskombination starke Frau und schwacher Mann eine solche dagegen fast stets auszuschließen – oder der Kommentar ist Mitleid. Wohlgemerkt: Stark und schwach sind hier in einer eher oberflächlichen Bedeutung zu verstehen. Denn die Tiefenstruktur der Beziehung kennen wir natürlich nicht; viel Stärke ist Rollenstärke, und viel Schwäche ist Rollenschwäche, so daß wir es hier u. U. mit sehr passageren Phänomenen zu tun haben.

Vorstellbar ist jedenfalls, daß Frauen, die diese Zusammenhänge ahnen, sich sagen: Ich lasse lieber die Finger von einem Aufstieg, als daß ich Partnerschaft und Attraktivität einbüße (vgl. dazu den Fall der Kollegin, die es ablehnte, sich in das Herausgebergremium einer wissenschaftlichen Buchreihe wählen zu lassen, aus Kap. 8).

Ängste der Männer

Auch Männer sind in der Beziehung zu Frauen von Sorgen geplagt, u. a.
* vor der Konkurrenz erfolgreicher Frauen,
* vor einem notwendigen Rollenwandel innerhalb der eigenen Partnerschaft,
* vor sexuellem Ungenügen bei einer Partnerin, die in dieser Hinsicht über Selbstbewußtsein und Selbstbestimmung verfügt,
* vor den eigenen weiblichen Anteilen oder auch
* davor, daß Frauen sich zusammenschließen.

Wenn Frauen von Frauentreffen, Fraueninteressen, Frauenforderungen und Frauenstandpunkten sprechen, reagieren Männer darauf oft mit Ressentiment, aggressiver Witzelei, Verleugnung und Verleumdung oder Stammtischrhetorik.

Diesen teilweise durchaus deprimierend wirkenden Gegebenheiten stehen nun freilich auch einige Lichtblicke gegenüber. Generell gibt es heute mehr Frauen als noch vor 20 Jahren, die die von Männern und manchmal auch von Frauen behaupteten Geschlechtsunterschiede nicht mehr einfach glauben, sondern an Hand der eigenen Erfahrung kritisch überprüfen. Das kleine Wortspiel ›Frau ist heute der Meinung, …‹ – statt: ›man ist heute der Meinung, …‹, Schreibweisen wie ›ReferentInnen‹ und Wortspiele wie ›her story‹ statt ›history‹ usw. haben durchaus etwas dazu beigetragen, daß Menschen heute vereinnahmende Geschlechtsbezeichnungen nicht mehr mit der gleichen Nachlässigkeit benutzen wie früher. Ridlhammer (1996) hat hilfreiche Hinweise formuliert, die eigene Sprachpraxis auf diesem Gebiet einer Erneuerung zu unterziehen.

Das Etikett ›weiblich‹

Frauen schütteln immer mehr das Etikett ›weiblich‹ ab, soweit es konnotativ mit Bedeutungen wie niedlich, Dummchen, unlogisch gefühlsbetont, unfähig, spontan, nur für das Schöne zuständig usw. verbunden wird. Sie füllen den Begriff mit neuen Bedeutungen, die nicht auf einen einzigen Nenner zu bringen sind, nicht aus der Verwandlung des Negativen in Positives bestehen und sich auch nicht aus dem Wunsch speisen, so werden zu wollen wie ›Die Männer‹. Vielmehr weist dieses neue weibliche Selbstverständnis viele Facetten auf, die nicht frei von Widersprüchen sind. Aber vielleicht ist die Forderung nach Widerspruchsfreiheit selbst wieder ein Artefakt des bisherigen Denkens. Im Denken können wir Widersprüche und Paradoxien erzeugen und dann als solche identifizieren. Im organismischen Leben herrschen keine Widersprüche, sondern allenfalls Gegensätze, im wesentlichen aber Und-Beziehungen (Fengler, 1996).
Der Angelpunkt dieses neuen Selbstverständnisses ist eine ganzheitliche Vernunft, die nicht in erster Linie den eigenen Vorteil und ein isoliertes punktuelles Ziel verfolgt, sondern in größeren Zusammenhängen sozialer und sinnbezogener Art denkt, plant und handelt.

Frauengruppen

Es gibt heute zahlreiche Anlässe und Ziele, zu deren Verfolgung Frauen spontan und institutionalisiert zusammenrücken: Selbsthilfegruppen und Selbsterfahrungsgruppen, feministische Psychotherapiegruppen, Projektgruppen, Aktionsgruppen, Frauenhäuser, Frauenbuchläden, Frauenkneipen, Frauencafés, Frauenmuseen, Frauenreisen, Frauenhotels, Verband der Unternehmerinnen usw. In einer Kleinstadt mit etwa 30000 Einwohnern fanden sich in einem speziellen Verzeichnis über 50 derartige Zusammenschlüsse von Frauen. Diese homogenen Gruppen machen u. a. deshalb Sinn, weil hier die Verständigung in anderen Qualitäten erfolgt als in heterogenen Gruppen.

»Konventionelle Rollenvorgaben beeinflussen das Geschehen in gemischten Gruppen in besonderem Maße. In gemischten Gruppen sind Männer als Sender und auch als Empfänger von Botschaften mehr im Mittelpunkt, d. h. Frauen tendieren unbewußt dazu, sich auf die Männer hin zu orientieren. Sie tragen und stützen mit ihren Gesprächsbeiträgen häufig die männliche Dominanz. Männer erhalten hochsignifikant mehr Unterstützung als Frauen, sowohl voneinander als auch von Frauen, ein Vorgang, der sich auch in vielen Fernsehdiskussionen beobachten läßt. Je nach Gruppenzusammensetzung zeigen Frauen und Männer ein anderes Gesprächsverhalten, so daß man sagen kann, im allgemeinen profitieren Männer eher von gemischten Gruppen, in denen Frauen häufiger eingeschränkt sind, wogegen sie in Frauengruppen dann manchmal geradezu aufblühen und sich selbst in ihren kommunikativen Fähigkeiten neu entdecken« (Dorst, 1990, S. 262). Frauengruppen weisen eine Reihe von Besonderheiten auf:

(1) Weiblicher Kommunikationsstil: In solchen Gruppen wird persönlich, akzeptierend, bezogen gesprochen statt rivalisierend, selbstdarstellend, Zustimmung fordernd, ›effizient‹.

(2) Unterschiede in den Themen: Es geht in Frauengruppen mehr um Lebensgang, Erfahrung und Körper als um Trennung, Abgrenzung, Hierarchisierung und intellektuelle Begrifflichkeit.

(3) Gruppendynamik: Frauen entdecken ihre Stärken und entfalten ihre Möglichkeiten.

Dorst weist auch auf die Schattenseite von Frauengruppen hin: »Auffällig in manchen Frauengruppen ist aus meiner Sicht auch

der hohe Anteil an Negatividentifikation, der gefordert wird: gemeinsame Schwäche, gemeinsame Ängste, gemeinsames Kaputtsein, gemeinsame Unterdrückung, gemeinsame Feindbilder. Unterdrückung, Benachteiligung und ohnmächtige Wut werden häufig depressiv oder masochistisch verarbeitet. Mir scheint, manche Frauengruppen leiden zuweilen lustvoll und kollektiv am Cinderella-Komplex, der weiblichen Variante narzißtischer Störungen, dem Gegenstück zum eher männlichen ›Gotteskomplex‹ (Richter, 1979). Die Identifikation über das Bewußtsein von Stärken, Erfolg und gemeinsamer Lust an etwas ist ungleich geringer, trotz des Slogans ›Frauen gemeinsam sind stark‹. … Frauengruppen sind … Spielräume, in denen Frauen ihr Subjektsein besser bemerken, besser erkennen und weiterentwickeln können als in geschlechtsgemischten Gruppen« (Dorst, 1990, S. 260 ff.).
Hier finden Frauen u. U. auch Rückhalt für Übernahme und Praxis von Führungsverantwortung.

Frauenspezifisches Handeln

Frauen tun Dinge gemeinsam und für andere Frauen (und auch für Männer) – offenbar in besonderer eigener Weise. Dazu ein paar Beispiele:
Die Koedukation wird mittlerweile weitgehend bejaht. Aber Frauenforscherinnen haben beobachtet, daß in geschlechtsgemischten Klassenzimmern oft eine Unterrichtsatmosphäre herrscht, die Jungen die Aneignung des Stoffes erleichtert und sie Mädchen erschwert. So taucht von Frauenseite die Forderung auf, Jungen und Mädchen in einigen Fächern wieder getrennt zu unterrichten, um Mädchen ihre eigene Lernchance einzuräumen. Es zeigt sich dabei zur Überraschung aller Beteiligten, daß sich bei der Verfolgung dieser Ziele Gruppen zusammenfinden, die sich im Spektrum der politischen Parteien an ganz entgegengesetzten Enden zuordnen: ökologisch orientierte linke Frauen und christlichsoziale Bildungspolitiker, denen die Koedukation schon immer als Gefährdung der Moral erschienen ist. Aber so ist es eben: Die Extreme berühren sich. Gewiß müssen gesellschaftskritische Frauen von der Forderung nach partiell geschlechtsspezifischem Schulunterricht nicht deshalb abrücken, weil – mit ganz anderen Argumenten – sie auch der politische Gegner erhebt.

Frauenforschung ist Forschung, die von Frauen durchgeführt wird und deren Erkenntnisse für Frauen und Männer nutzbar gemacht werden. Es macht in einem Projekt zur Untersuchung des Verhaltens im Straßenverkehr offenbar einen Unterschied, ob zu Fragen des Straßenverkehrs Männer oder Frauen die Fragen formulieren, Männer oder Frauen die Interviews durchführen, Männer oder Frauen befragt werden und Männer oder Frauen die Auswertung und Interpretation der Ergebnisse vornehmen.

Projekte wie ›Frauen in Männerberufen‹ oder die ›Förderung von Wissenschaftlerinnen nach einer Familienpause‹ sind wichtige Schritte auf dem Weg zur Differenzierung des Weiblichkeitsbegriffs in der Gesellschaft.

Perspektive

Es könnte sein, daß die Chancengleichheit von Frauen in Führungspositionen doch in kleinen Schritten zunimmt. Dafür gibt es mehrere Gründe:

* Entsprechende gesellschaftliche und gesetzliche Forderungen beginnen in einigen Bereichen zu wirken.
* Frauen gewöhnen sich daran, Führungsfunktionen zu übernehmen, und finden dies zunehmend selbstverständlich.
* Die Forderung nach Flexibilisierung der Arbeitszeiten ist mittlerweile ins Bewußtsein gedrungen und wird von einem Teil der Bevölkerung akzeptiert.
* Manche Berufstätige machen gute Erfahrungen mit weiblicher Führung und ergreifen für sie Partei.

Ausschlaggebend bleibt, daß Frauen sich selbst qualifizieren, Führungsfunktionen anstreben, sich zusammenschließen und ihre Interessen streitbar, elastisch und solidarisch vertreten.

Literatur

Barber, J., Watson, R. (1991): Frau gegen Frau – Rivalinnen im Beruf. Rowohlt, Reinbek.

Benard, Ch., Schlaffer, E. (1991): Sagt uns, wo die Väter sind. Rowohlt, Reinbek.

Dorst, B. (1990): Frauen und Widerstand. Gruppendynamik 21, 255–276.

Dorst, B. (1994): Der sanfte Paternalismus. Frauen und Männer in der Telefonseelsorge im Umgang mit Macht. Auf Draht 26, 10-15.

Erler, G., Jaeckel, M., Oettinger, R., Saß, J. (1988): Kind? Beruf? Oder beides? Eine repräsentative Studie über die Lebenssituation und Lebensplanung junger Paare zwischen 18 und 33 in der BRD (Brigitte-Untersuchung ›88). München.

Fengler, J. (1996): Belastende Faktoren psychotherapeutischer Arbeit mit geistig behinderten Menschen. Zur Psychohygiene der Therapeutenperson. In: Lotz, W., Irblich, D., Koch, U., Stahl, B. (Hg.): Psychotherapie mit geistig behinderten Menschen: Möglichkeiten und Grenzen. Huber, Bern (im Druck).

Hengsbach, F. (1995): Abschied von der Konkurrenzgesellschaft. Für eine neue Ethik in Politik, Wirtschaft und Gesellschaft. Knaur, München.

List, G. (1995): Beruf Professorin. In: Frauenbeauftragte der Universität zu Köln (Hg.). Genia. Nur für Frauen. Lese- und Handbuch für Studentinnen. m & t Verlag Köln.

Onnen-Isemann, T., Nave-Herz, R. (1996): Hindernisse beim Aufstieg. Uni-Nachrichten 2, 32–37.

Richter, H. E. (1979): Der Gotteskomplex. Rowohlt, Reinbek.

Ridlhammer, P. (1996): Männer und Frauen sind gleichberechtigt – auch in der Sprache? Fraueninfo. Universität zu Köln – die Frauenbeauftragte. Februar 1996, 1–11.

Sahler, G. (1991): Betriebliche Maßnahmen zur Vereinbarkeit von Familie und Beruf sowie zur Förderung der Berufsrückkehr nach Zeiten ausschließlicher Familientätigkeit. Bundesministerium für Familie, Senioren, Frauen und Gesundheit. Materialien zur Frauenpolitik 5. 10/91.

Schlüchter, E. (1991): Die Frau als Universitätslehrerin. Mitteilungen des Hochschulverbandes 2/91, 87–90.

Strümpel, W., Prenzel, W., Scholz, J., Hoff, A. (1988): Teilzeitarbeitende Männer und Hausmänner. Motive und Konsequenzen einer eingeschränkten Erwerbstätigkeit von Männern. Beiträge zur Sozialökonomik der Arbeit, Bd. 16. Berlin.

Trömel-Plötz, S. (1984) (Hg.): Gewalt durch Sprache. Fischer, Frankfurt.

Zentralstelle für psychologische Information und Dokumentation (1989): Frauen im Arbeitsleben. Sozialbiographie deutschsprachiger psychologischer Literatur.

11. Therapie und Selbsterfahrung

Die Gruppe ist neben Paar, Familie und Team einer der wichtigsten Orte von Konkurrenz und Kooperation. Jedes ihrer Mitglieder hat Gelegenheit, sich mit jedem anderen zu vergleichen. Knappe Güter wie Redezeit, Kontakt oder Anziehungskraft stehen zur Verteilung an. Mit Geschick und Einsatz mag es gelingen, etwas mehr davon zu ergattern als die anderen. Andererseits suchen die meisten Menschen die Gruppe nicht ausschließlich mit dem Ziel auf, den anderen zu übervorteilen. Kommunikation, wechselseitige Bestätigung, gemeinsame Ziele sind nicht weniger wichtige Zwecke des Zusammenschlusses. Die Übertreibung gibt es stets in beide Richtungen. Wer nur an die anderen denkt, kommt mit einem Teil seiner Bedürfnisse zu kurz, wenn er vielleicht auch sehr beliebt ist. Wer nur an sich selbst denkt und aus der Gruppe alles herauszuholen versucht, was eben geht, isoliert sich selbst und wird am Ende isoliert; auf die Dauer läßt es sich keine Gruppe gefallen, ausgebeutet zu werden. Zwischen diesen beiden Extremen besteht ein breites Spektrum gesunder konstruktiver und tolerabler Formen von Konkurrenz und Kooperation. Dies alles gilt auch für Therapie- und Selbsterfahrungsgruppen.

Viele Menschen spüren, daß sie vor weitreichenden Entscheidungen stehen, suchen eine neue Orientierung oder leiden an ihrem Leben. In solchen Fällen sind Therapie oder andere Formen der Selbsterfahrung in der Gruppe oft hilfreich. Hier geschehen alle die Dinge, die auch in anderen Gruppen, Teams und Kollegien vorkommen. Aber mindestens unter zwei Gesichtspunkten bestehen folgenreiche Unterschiede:

(1) Diese Gruppen stellen kein Produkt im engeren Sinne her, also weder unmittelbar verwertbare Gegenstände noch einen leicht nachweisbaren Lernerfolg. Ob ihre Arbeit von guter Qualität ist, unterliegt in erster Linie ihrem eigenen Urteil. Der Grad der unmittelbaren Außenkontrolle ist gering – der Lernprozeß selbst ist der entscheidende Wert.

(2) Leiterin und Leiter solcher Gruppen nehmen eine besondere Rolle ein. Sie sind nicht Vorgesetzte, verfügen aber über Gratifikations- und Sanktionsmacht. Sie können keine Entscheidungen fällen, die weitreichende Folgen für die Mitglieder hät-

ten, übernehmen aber wichtige Funktionen für diese. Niemand kann zur Teilnahme gezwungen werden, und manche Gesprächssequenzen sind für die Beteiligten schwer und schmerzhaft; aber das Zugehörigkeitsgefühl ist oft stark und beständig.

Auch ganz neu sich konstituierende Gruppen, in denen wir noch keinerlei Struktur vermuten, weisen schon ein unsichtbares Netz von Beziehungen und Differenzierungen aus. Insofern ist die Bezeichnung ›unstrukturiert‹, mit der manche Therapiegruppen bezeichnet werden, prinzipiell unzutreffend.

Ich mache dies manchmal in der ersten Sitzung in Form einer kleinen Übung deutlich. Ich formuliere also einige Fragen, die mit ja oder nein beantwortbar sind, z. B.

- »Ich betrachte mich als Anfänger – als erfahren auf dem Gebiet, das wir hier behandeln.«
- »Ich habe mehr Interesse an der persönlichen Selbsterfahrung – an der professionellen Nutzung unserer Einsichten.«
- »Ich habe eine eher vorsichtige – eine eher offensive Art, mich in Gruppen zu äußern« o. ä.

Zu jeder der Fragen bitte ich die Teilnehmerinnen und Teilnehmer, diesseits oder jenseits einer Mittellinie im Raum Stellung zu beziehen und sich ein paar Minuten lang mit denen zu unterhalten, die sich in der gleichen Hälfte des Raumes eingefunden haben. Dabei zeigt sich sehr schön, wie viele mitgebrachte Gruppenbezüge die Teilnehmer in diese scheinbar unstrukturierte neue Situation hineintragen, und auch, daß die Qualität der Selbstzuordnung auf der Stelle die Art des Agierens in der Teilgruppe zu prägen beginnt.

Für die Untersuchung von Konkurrenz und Kooperation hat diese Tatsache insofern Bedeutung, als wir auf diesem Wege sichtbar machen können, mit wie vielen Bestimmungsstücken der Selbstdefinition jeder Teilnehmer zum Gruppentreffen antritt. Jedes dieser Merkmale macht ihn in gewisser Weise aus, und mit jedem davon kann er in der Gruppe reüssieren oder Schiffbruch erleiden, sobald es sichtbar wird.

Das Thema Konkurrenz und Kooperation erscheint unter Teilnehmerinnen und Teilnehmern solcher Gruppen manchmal wie tabuiert (Bobzien, 1994), als gehörten sich so ›häßliche Gefühle‹ nicht. Als vor einigen Jahren in der Zeitschrift *Gruppenpsycho-*

therapie und Gruppendynamik ein Themenheft aus diesem Bereich erschien und ich gebeten wurde, einen Beitrag dazu beizusteuern (Fengler 1994), lautete die Perspektive ausdrücklich: Es sollen einmal die ›weniger schönen Gefühle in Gruppen‹ behandelt werden. Wer beim Konkurrieren ertappt wird, erfährt in Helferkreisen rasch Gruppentadel. Unter solchen Bedingungen fällt es schwer, sich mit diesen Impulsen, die man doch lebendig an sich erlebt, zu exponieren und auseinanderzusetzen. Dagegen wird gern und oft allseitige Kooperationswilligkeit beteuert und beschworen: ›Wir hier in der Gruppe sind alle einfühlsam und guten Willens.‹ Das macht manche Gruppen konfliktscheu und zäh. In solchen Gruppen kommt es zu Konkurrenz- und Kooperationsprozessen eigener Art. Es bieten sich im günstigsten Fall zahlreiche Gelegenheiten, über die eigenen Empfindlichkeiten und Möglichkeiten auf diesem Gebiet etwas zu lernen.

Formen der Einflußnahme

In allen Gruppen, hatte ich gesagt, geht es unweigerlich um Redezeit, Aufmerksamkeit, Attraktivität, Einfluß, also um die Stellung, die jeder Teilnehmer gewinnt. Dieser Frage kann sich niemand entziehen. Auch wer versucht, der Konkurrenz fernzubleiben, bezieht damit Position: Er fällt durch seine Zurückhaltung auf. Wer andererseits aktiv die Situation zu gestalten versucht, erlebt ebenfalls Reaktionen, die ihm helfen, adäquates Vorgehen sowie Einseitigkeit und Blinden Fleck zu erkennen.

Teilnehmerinnen und Teilnehmer versuchen also, wenn sie das relative anfängliche Führungsvakuum als Tatsache akzeptiert haben, fast ausnahmslos, herauszufinden, wieviel Einfluß sie selbst auf die Gestaltung der Situation, auf die Meinungsbildung der Gruppe sowie auf das gemeinsame Planen, Entscheiden und Handeln gewinnen können. Dabei bedient sich jeder der Strategien und Taktiken, mit denen er bisher im Leben Erfolg gehabt hat, oft in recht stereotyper Weise: durch schnelles Beginnen, Vielreden, wütendes Dazwischenfahren oder Beleidigtsein, Schmollen, Werben, Pflicht–appelle usw. Schnell kommt bei so reichhaltiger Materiallieferung der Feedback-Prozeß in Gang. Unerfahrene Trainer machen hier manchmal einen Fehler, indem sie diese Versuche der

Selbstdarstellung als ›bloßes‹ Konkurrenzverhalten deuten und damit entwerten. Aber mit einer solchen Reduktion ist nichts gewonnen als dies, daß die Teilnehmer sich bei etwas Verbotenem ertappt fühlen und insgeheim beschließen, ihr Tun in Zukunft besser zu tarnen. Aber Konkurrenz um Einfluß ist etwas ganz Natürliches und Notwendiges in neuen Gruppen. In Therapie und Selbsterfahrung kann man etwas darüber lernen, wie sie gemeinschaftsverträglich gestaltet werden kann.

Wie Gruppenleiterinnen und Gruppenleiter die Auseinandersetzung um die Macht in der Gruppe betrachten, erfährt man in der abendlichen Staff-Sitzung. Dabei herrschen manchmal Bewertungen vor, die Alltagsurteilen über Konkurrenzverhalten von Mitmenschen recht ähnlich sind. Geringer Wertschätzung erfreuen sich meist diejenigen Teilnehmer, die mit einem fulminanten Start loslegen und später einknicken, ebenso solche, die es mit der Mitleidsmasche versuchen, ferner Destruktive, Zyniker, Intrigante sowie Passiv-Aggressive, die versuchen, andere für sich arbeiten zu lassen. Beliebt dagegen sind Teilnehmerinnen und Teilnehmer, die durch stetige solide Mitarbeit auffallen, aber auch moderate Chaoten mit originellen Zügen sowie solche Gruppenmitglieder, die nach anfänglicher Zurückhaltung später eine starke Stellung in der Gruppe gewinnen.

Beginnen wir mit einem Beispiel, in dem jemand sich zu Recht als Randfigur erlebt und im Feedback Gelegenheit findet, etwas über sich zu erfahren.

In einem Gruppendynamischen Laboratorium, das ich einmal leitete, war ein junger Teilnehmer, der sehr mit seiner Geltung in der Gruppe zu kämpfen hatte. Er gab sich viel Mühe, auf alle anderen Teilnehmer einzugehen, war stets zuvorkommend und aufmerksam und recht gut gelitten. Aber zugleich blieb er dabei eigenartig unscheinbar und mausgrau. Dies stand in krassem Gegensatz zu seinem Ehrgeiz, ein bedeutendes Gruppenmitglied zu sein. So plagte er sich recht und schlecht mehrere Tage lang, eine Stellung in der Gruppe zu finden. Dann kam eine Sitzung, in der die Instruktion ›Teilgruppen malen die ganze Gruppe‹ ausgegeben wurde. Die Teilgruppe, in der er selbst mitarbeitete, wählte als Motiv ›Schiffe‹ und malte die verschiedenen Gruppenmitglieder als stolze Fregatten, als Segelboote, als Kriegsschiffe usw. Schließlich sagte jemand, zu ihm gewendet: »Und Dich malen wir als kleines Paddelboot!« Er war darüber gekränkt und schlug vor, ihn doch als Seeräuberschiff mit Totenkopfflagge zu zeichnen. Aber dazu fehlten ihm nun wirklich alle seelischen Voraussetzungen, und sein Protest ging im Jubel der anderen Teilnehmer unter, die die Idee mit dem Paddelboot wunderbar fanden. Er fand sich schließlich im Verband mit den stattlichen Schiffen als zerbrechliche kleine Nußschale gemalt. Anfänglich tröstete er sich noch mit der Hoffnung, daß die andere Teilgruppe vielleicht seine wahren Qualitäten besser erkennen würde. Als die beiden Zeichnungen aber in der Gesamtgruppe nebeneinandergelegt und vorgestellt wurden, erfuhr er in dieser Hinsicht eine herbe Enttäuschung. Die andere Teilgruppe hatte einen Garten gemalt mit stattlichen Bäumen, blühenden Büschen, einer Quelle und einem Teich, und ihn hatten sie gemalt als ›… sehr, sehr blaues Veilchen‹, irgendwo unten in der Ecke. Diese doppelte Erfahrung war für den Teilnehmer ein Moment des Erwachens. Er konnte nach Überwindung der ersten Frustration über seine Enttäuschung sprechen, Hinweise auf seine überhöhten Erwartungen und seine in der übermäßigen Anpassung eben gerade nicht prägnant in Erscheinung tretende Persönlichkeit aufnehmen und in der Folgezeit gut verarbeiten.

Wir gehen in der Arbeit mit Klienten stets davon aus, daß der Körperausdruck Repräsentant seelischer Mitteilungen ist und daß wir, wenn wir ihn aufgreifen können, den Klienten besser verstehen. Die gestalttherapeutische Arbeit mit kleinen und kleinsten körpersprachlichen Signalen, die ganz zufällig erscheinen, ist hier vorbildlich.

In einer studentischen Selbsterfahrungsgruppe, die ich einmal leitete, saß ein Kommilitone, dessen Gesicht gleich in der ersten Sitzung vor Schweiß glänzte. Er fuhr sich immer wieder mit einem Taschentuch über die Stirn, aber nach wenigen Minuten war sie wieder mit einem Schweißfilm überzogen. Für die anderen Studenten war dieses Signal sehr beunruhigend. Sie spürten Angst und Anspannung darunter, hörten das Zittern in seiner Stimme und stellten sich darauf ein, indem sie in einer ganz eigenartig betulichen und beschwichtigenden Weise mit ihm sprachen. Dies stand in seltsamem Kontrast zu dem freien, vergnügten und manchmal scherzhaft-ruppigen Umgangston, den sie sonst miteinander pflegten. Einige formulierten vorsichtige Anfragen nach seiner aktuellen Befindlichkeit. Darauf antwortete er mit schroffer Zurückweisung. Ich selbst war auch beunruhigt über den Grad der Belastung, den ich an ihm spürte, und sprach seine Stimmung verschiedentlich vorsichtig an, erhielt aber immer abweisende Antworten. Irgendwann wurde es mir zuviel damit, zumal sich bei mir der Eindruck verdichtete, daß er mit diesem Symptom die Gruppe recht gut in Schach hielt. Ich sagte daher zu Beginn der nächsten Sitzung: »Mir fällt auf, daß Sie sehr stark schwitzen.« Da hellten sich seine angespannten Züge auf. Er sah mich dankbar an, atmete tief auf und entspannte sich. Das Schwitzen und sein fahriges Abwischen hörten während der nächsten fünf Minuten auf. Nun faßten einzelne Gruppenmitglieder ebenfalls Mut, ihm ihre bisher zurückgehaltenen Eindrücke mitzuteilen. Er antwortete darauf erleichtert und fast wie aus einem selbstgeschaffenen Gefängnis befreit. Das Schwitzen als Zeichen seiner Angst *und* seiner Macht hatte anscheinend seinen Dienst getan und war nun nicht mehr erforderlich (vgl. dazu auch ›Konkurrenz der Symptome‹ in Kap. 8).

Gefühlstiefe und Bindung

Auch um Attraktivität, Nähe und Gefühlstiefe wird konkurriert. Die Tragfähigkeit der Gruppe auszuloten, verbunden mit der Frage, auf wieviel Nähe man sich einlassen möchte, beschäftigt die Gruppe dauerhaft und ambivalent. Man nimmt an der Gruppe u. a. teil, um solche Erfahrungen zu machen; andererseits kann eine Beziehung doch zu nah, zu konfrontativ, zu intim werden. Selbstverständlich möchte jeder Teilnehmer die anderen gern mit Prestigestrategien, Wortwitz, Geistesgaben, Einfühlung, Gefühlstiefe und Argumenten beeindrucken und sich andererseits eben doch nicht unbegrenzt einlassen. Das führt manchmal zu kuriosen Lösungsversuchen.

Ich nahm einmal an einer Gruppe teil, in der wir uns vorsichtig einander annäherten, nach einigen Sitzungen aber doch eine angenehme dichte, bezogene Arbeitsweise zustande brachten. Nur eine Teilnehmerin hielt sich auffallend zurück. Nur ab und zu meldete sie sich mit einer scharfsinnigen Deutung zu Wort. Dann verfiel sie wieder ins schweigende Beobachten. Schließlich verlor jemand die Geduld und fragte sie auf den Kopf zu: »Sag mal, fühlst Du auch selbst etwas oder fühlst Du immer nur Deutungen?!« Da räusperte sie sich, setzte sich zurecht und sagte: »Doch, doch, ich fühle sehr vielfältige Gefühle. Ich fühle z. B. die Gefühle einer Psychotherapeutin und die einer Gruppenmutter. Wenn Du mich zwingst, so direkt zu antworten, fühle ich auch die Gefühle einer Exhibitionistin und Prostituierten. Wenn ich die Männer in der Gruppe ansehe, habe ich Gefühle, wie eine Frau sie hat. Wenn Teilnehmer*innen* etwas sagen, dem ich zustimmen kann, habe ich lesbische Gefühle. Manchmal, wenn der Gruppenleiter Fehler macht, fühle ich auch gewisse phallische Gefühle. Meistens fühle ich aber etwas Neutrales, Sachliches.« Danach schwieg sie und sah sich zufrieden in der Runde um, wie ein Schulkind, das sein Gedicht fehlerfrei aufgesagt hat. Die Gruppe hatte ihr zunächst neugierig, dann mit zunehmendem Befremden zugehört. Zuletzt brach brüllendes Gelächter über dieses Referat der Gefühlsfülle aus, und die Gruppe konnte sich nur schwer wieder beruhigen. Die Kränkung, die sich in der Kollegin in diesem Moment regte und über die sie später auch sprechen konnte, war vermutlich das erste Gefühl, das sie in der Gruppe wirklich *fühlte*. Zuvor hatte sie wohl eher *gedacht*, welche Gefühle sie gerade habe.

Mit den Ritualen des Imponierens auf vielen Ebenen kann eine Gruppe mehrere Sitzungen verbringen, ohne des Spiels müde zu werden. Ein Gruppenmitglied, dem das am Ende zuviel wurde, sagte mitten in diese Kunst der Selbstdarstellung hinein: »Wir sitzen hier, jeder auf der eigenen Burg, und verteilen Prospekte von uns selbst!« Damit war die geheime Tagesordnung der subtilen Selbstanpreisung gebrochen, und wir konnten zu anderen Themen übergehen.

Teilgruppen

Im Gruppenprozeß führt Konkurrenz zur Bildung und Polarisierung von Teilgruppen. Wer konkurriert, stellt bald fest, daß er mit seinen Wünschen nicht ganz allein dasteht, sondern sich mit anderen Personen verbünden kann. Interessengleichheit oder -ähnlichkeit führt nicht automatisch zur Konkurrenz, sondern auch zur Verbrüderung und Verschwisterung mit solchen Personen, die ähnliche Positionen wie man selbst *gegen* andere durchsetzen wollen. Das Gruppenmodell von Bennis und Shephardt (1956; Däumling et al., 1974) ist bei der Veranschaulichung des Vorgangs eine Hilfe: Die Abhängigen schließen sich zusammen, ebenso die Gegenabhängigen. Die Auseinandersetzung der Teilgruppen, in die der Gruppenleiter am besten *nicht* durch eigene Parteinahme eingreift, führt dazu, daß jedes Gruppenmitglied den ihm gemäßen Platz findet. Die Zahl der Gesichtspunkte, die das einigende Band einer Subgruppe bilden können, ist unendlich groß. Oft ist es eine Gegensatzspannung, z. B. die der Männer und Frauen, Redner und Schweiger, Erfahrenen und Unerfahrenen, Helfer und anderen Berufe usw. In jedem Fall scheint es sich um ein gemeinsames Merkmal zu handeln, dem so viel Gewicht beigemessen wird, daß andere fortbestehende Gemeinsamkeiten und auch anderweitige Unterschiede diesem einen Aspekt gegenüber fast vollständig in den Hintergrund treten. In Schulkollegien kommt es oft zu einer chronischen Konkurrenz zwischen Mitgliedern verschiedener Gewerkschaften bzw. Berufsverbände. Dies führt gelegentlich zu einem solchen Grad der Verhärtung, daß Vorschläge vor aller Prüfung ihrer Qualität von einem Teil der Lehrerinnen und Lehrer schon deshalb nicht angenommen werden können, weil der Kollege, der sie gemacht hat, Mitglied des Konkurrenzverbandes ist. Ich habe entsprechend SchulpsychologInnen verschiedentlich geraten, auf die Mitgliedschaft in einem der Verbände zu verzichten, damit sie integrationsfähige Ansprechpartner für *alle* KollegInnen bleiben können. Andernfalls macht jemand als Schulpsychologe leicht die Erfahrung, daß ihm von den Lehrern Respekt gezollt wird, weil er ›ganz vernünftig wirkt, *obwohl* er von dem anderen Verband ist‹.

Das Zusammenrücken in der Teilgruppe schützt andererseits nicht vor der Binnenkonkurrenz, die übrigens bald recht ähnlich verläuft wie die in der Gesamtgruppe. Es ist auch nicht wünschenswert, daß die Konkurrenz hier zum Erliegen kommt. Denn jede Teilgruppe weist ihrerseits viele Ressourcen, Schattierungen und Differenzierungen auf, die nur im Kräftespiel der konkurrierenden Impulse gut zur Geltung kommen. Die Unterbindung der Konkurrenz im Binnenverhältnis dagegen führt zu Konformität, Einfallslosigkeit und Entdifferenzierung. Den Kontakt zu der anderen Teilgruppe vermögen später oft solche Gruppenmitglieder wieder anzuknüpfen, die sich auch in Zeiten der Polarisierung eine relativ eigenständige Position bewahrt haben.

Konkurrenz um Gruppenleiter

Gruppenleiter sind mit vielfältigen Möglichkeiten ausgestattet, Gratifikationen zu verteilen oder zu verweigern. Für viele Teilnehmerinnen und Teilnehmer ist es besonders wichtig, deren Zuneigung zu erfahren. Hofstätter (1957) erklärt dies über das Wirksamwerden der einander ergänzenden Abwehrmechanismen Identifikation und Projektion. Darüber kann es in der Gruppe zu Hakeleien mit ungewissem Ausgang kommen. Denn welche Form

161

der Annäherung der Gruppenleiter akzeptiert, ist ungewiß. Manche Teilnehmer reden dem Gruppenleiter also nach dem Mund und verteidigen ihn gegen Angriffe – das kann ihnen den Vorwurf der Abhängigkeit einbringen. Andere opponieren gegen seine Stellung und seine normgebende Funktion – dahinter wird von anderen Gruppenmitgliedern, oft zu Recht, ein eigener Führungsanspruch vermutet. Der Trainer selbst kauft dem Betreffenden oft allen Schneid ab, indem er ihn einmal beiläufig als ›Herr Obertrainer‹ anspricht. Einige forcieren die Anrede mit ›Du‹ und dem Vornamen; andere verlieben sich in den Gruppenleiter und streben ein Pairing mit ihm *außerhalb* der Gruppe an – gewiß manchmal ein Versuch, der Anonymität und Selbstverantwortung *innerhalb* der Gruppe zu entgehen.

In einer Gruppe, an der ich teilnahm, erlebte ich einmal die Gestaltarbeit mit einer Psychotherapeutin mit. Sie hatte sich bei dem Gruppenleiter beschwert, daß er sie kaum beachte, obwohl sie das Seminar für ihn organisiert, die Gruppe zusammengestellt und ihn schließlich auch vom Flughafen abgeholt habe. Er ließ sie eine Weile sprechen; dann gab er ihr einen ruhigen Hinweis auf ihre gequetschte Stimmführung, die ihre Stimme etwas babyhaft-quengelig klingen ließ. Damit hatte er offenbar genau den wichtigen Punkt getroffen. Im nächsten Moment spritzten, im wörtlichen Sinne: spritzten aus ihren beiden Augen ein paar Tränen hervor, richtig in einem Bogen, wie ich es noch nie gesehen hatte, und die Kollegin verfiel in heftiges Weinen. Der Vorgang wirkte aber recht künstlich, demonstrativ und überzogen, und in der Gruppe machte sich ein gewisser Unmut darüber breit, daß sie auf diese Weise den Gruppenleiter vorwurfsvoll unter Druck zu setzen versuchte, ein Unmut, der mit der unausgesprochenen Aufforderung verbunden war, er solle ihrem Theater ein Ende bereiten. Der Gruppenleiter hielt aber dem Druck von beiden Seiten ruhig stand und sagte: »Natürlich hat dieses Weinen etwas Hysterisches. Ihr habt ja gesehen, wie die Tränen wie Fontänen herausspritzten. Aber zugleich ist es auch ein echtes Weinen und ein echtes Trauern in der Erinnerung an das kleine Kind, das nie mit dem Quengeln hat aufhören können.« Das war für uns alle eine Lehre, mit schnellen Verurteilungen vorsichtig zu sein. Die Teilnehmerin wieder konnte erkennen, wie ihre Dramatisierungen Menschen eher gegen sie als für sie einnahmen, und daß sie, auch ohne sich besonders in Szene zu setzen, Aufmerksamkeit finden konnte.

Manchmal werden Gruppenleiter als Entscheidungsträger umworben – denn u. U. liegt die Entscheidung über weitreichende berufliche Weichenstellungen von Gruppenmitgliedern in ihren Händen.

In einem Workshop zur Vorauswahl möglicher Teilnehmer für eine Gestalttherapie-Ausbildung ging es darum festzustellen, welche Teilnehmerinnen und Teilnehmer zu einer ernsthaften therapeutischen Arbeit an sich selbst bereit und befähigt seien. Unter den Teilnehmern herrschte eine etwas angespannte Rivalität, die mit der Notwendigkeit, sich auf innerseelische Prozesse einzulassen, in eigenartiger Weise kontrastierte. In das Schweigen und die Befangenheit der ersten Stunde hinein sagte plötzlich ein Teilnehmer halblaut: »Ich bin blaß«, und brach in ein heftiges Weinen aus. Nachdem er sich wieder beruhigt hatte, wiederholte er den Satz noch einmal: »Ich bin blaß.« Er äußerte dann zu dem Einfall, der ihn selbst überrascht hatte, er habe oft das Gefühl, daß er nur durch seine Funktionen recht und schlecht erkennbar sei, während er als Person gleichsam unsichtbar bleibe. Nun konnte dies von den anderen, die ihn aus verschiedenen beruflichen und privaten Zusammenhängen kannten, keineswegs bestätigt werden. Es handelte sich um einen tüchtigen, lebendigen, fröhlichen, hilfsbereiten Mann, der im Bekanntenkreis beliebt war und geschätzt wurde. Der Gruppenleiter fand am Ende des Rätsels Lösung: Tatsächlich erlebte dieser Mann sich häufig als etwas überangepaßt und konfliktvermeidend, so daß er sich durchaus als blaß erleben konnte. Zugleich war aber das Verbot, blaß zu sein, unausgesprochen das Thema der Gruppe: Es sollten ja profilierte angehende Therapeuten gesondert werden von blassen, unscheinbaren und arbeitsunwilligen Mitläufern. Intuitiv hatte sich dieser Teilnehmer mit dem Satz »Ich bin blaß« auf paradoxe Weise auf die Seite der Aktiven, zur Ausbildung geeigneten Kandidaten herüberkatapultiert, die sich dem Gruppenleiter zur Aufnahme in das Curriculum empfahlen (vgl. den Fall der von Institutsseite geschürten Konkurrenz bei der Kandidatenauslese für die Psychotherapie-Fortbildung).

Es ist gut, wenn der Gruppenleiter alle diese unterschiedlichen Versuche, seine Zuneigung zu gewinnen, wahrnimmt, im Feedback beantwortet, ohne die Abstinenz zu verlassen, und dabei Hilfestellung zur Selbsterfahrung gibt; und es ist angemessen, daß er die Teilnehmer einlädt herauszufinden, was davon eine habituelle, vielleicht sogar festgefahrene Verhaltensweise ist. Es geht ja in diesen Gruppen u. a. um die Auflockerung solcher stereotyper Reaktionsmuster.

Konkurrenz *mit* dem Gruppenleiter

Für manche Gruppenmitglieder ist es weniger wichtig, die Zuneigung der Gruppenleiterin oder des Gruppenleiters zu spüren. Vielmehr wollen sie sich an ihnen reiben, sie austesten oder auch an ihre Stelle treten. Generell beobachte ich es in Gruppen, die ich leite, oft, daß eine Teilnehmerin oder ein Teilnehmer mit der Festlegung einer Beziehungsdefinition mir gegenüber mehrere Sitzungen lang wartet und sich erst dann entscheidet. Dabei spielt die Frage des Konkurrierens oft eine Rolle.

So kam einmal zu einer studentischen Supervisionsgruppe mit einigen Wochen Verspätung eine Doktorandin hinzu, die selbst ausgebildete Supervisorin war. Sie beobachtete mich mehrere Sitzungen lang von Ferne, brachte keinen Fall ein, gab aber manchmal nach meinem Votum eine kurze, gleichsam metasupervisorische Stellungnahme ab, indem sie den Fall und meine Arbeitsweise kommentierte. Nachdem ich dies eine Weile lang akzeptiert hatte, entschloß sie sich unter den mindestens vier Rollen, die ihr zur Verfügung standen, eben Stellvertreterin, Co-Supervisorin, Ober-Supervisorin oder Supervisandin, doch für die letzte. Später sprach sie erleichtert darüber, daß ich ihrer anfänglichen Unschlüssigkeit und ihrem Erproben mit so viel Langmut Raum gegeben hatte. Wer als Supervisor in einem solchen Moment schnell zu Aufdeckung drängt, handelt sich u. U. gerade das ein, was er zu erklären, zu entschärfen und zu seinen Gunsten zu entscheiden versucht: einen langwierigen langweiligen Konkurrenzkonflikt, weil der Ertappte dann seine geheime Intention öffentlich leugnet und heimlich weiterverfolgt.

Manchen Menschen dient die erste Begegnung, die sie mit anderen Menschen haben, ausschließlich dazu, herauszufinden, ob diese ihnen an Kraft, Klugheit, Kenntnissen und Argumenten gewachsen sind oder nicht. Längerdauernde Kontakte mit solchen Menschen sind sehr anstrengend, wenn es nicht gelingt, außer dem Konkurrieren noch andere Beziehungsformen zu finden. Das Rivalisieren erscheint hier stereotyp und starr.

So kam einmal zu einer studentischen Supervisionsgruppe mit einigen Wochen Verspätung eine Doktorandin hinzu, die selbst ausgebildete Supervisorin war. Sie beobachtete mich mehrere Sitzungen lang von Ferne, brachte keinen Fall ein, gab aber manchmal nach meinem Votum eine kurze, gleichsam metasupervisorische Stellungnahme ab, indem sie den Fall und meine Arbeitsweise kommentierte. Nachdem ich dies eine Weile lang akzeptiert hatte, entschloß sie sich unter den mindestens vier Rollen, die ihr zur Verfügung standen, eben Stellvertreterin, Co-Supervisorin, Ober-Supervisorin oder Supervisandin, doch für die letzte. Später sprach sie erleichtert darüber, daß ich ihrer anfänglichen Unschlüssigkeit und ihrem Erproben mit so viel Langmut Raum gegeben hatte. Wer als Supervisor in einem solchen Moment schnell zu Aufdeckung drängt, handelt sich u. U. gerade das ein, was er zu erklären, zu entschärfen und zu seinen Gunsten zu entscheiden versucht: einen langwierigen langweiligen Konkurrenzkonflikt, weil der Ertappte dann seine geheime Intention öffentlich leugnet und heimlich weiterverfolgt.

Eine Trainingsteilnehmerin in der Gruppendynamik blieb mir gegenüber mehrere Tage lang in einer Haltung des Stichelns und Prüfens, stellte mir Testfragen, kam zu mehreren Sitzungen mit einigen Minuten Verspätung und tat alles, um mir die Lust an der Arbeit mit ihr zu nehmen. Ich sagte eines Tages:»Ich habe den Eindruck, ich gebe kontinuierlich Energie in die Arbeit mit Ihnen hinein, und Ihnen macht es ein Vergnügen, sie zunichte zu machen.« Da antwortete sie: »Ja, das stimmt. Ich bin selbst eine erfahrene Gruppenleiterin, und ich muß erst herausfinden, ob Sie so viel besser sind als ich, daß ich von Ihnen etwas lernen will.« Die Sache hatte aber noch eine andere Ebene. Diese Teilnehmerin lag mit ihrem ganzen Leben im Kampf: mit der Zeit, dem Geld, der Berufsausübung, dem Hausbau, ihrer Mutter, den Äußerungen anderer Gruppenmitglieder, ihren Ansprüchen an sich selbst, ganz aktuell auch mit dem Zeitpunkt der bevorstehenden Niederkunft. Sie war im siebten Monat schwanger und sagte: »Es ist immer der falsche Zeitpunkt dafür!« So merkte ich schließlich, daß sie zwar *auch mit mir* als Person konkurrierte, ich aber zugleich nur eine kurze Etappe in ihrem von Konkurrenz geprägten und geplagten Leben war.

Unsichere Gruppenleiter, die ihren Status noch nicht recht einzuschätzen wissen, spielen sich selbst manchmal einen Streich, indem sie den Spieß umdrehen. Sie konkurrieren also ihrerseits mit starken Teilnehmern, von denen sie sich bedroht fühlen, und halten diese projektiv für machtlüstern.

Während meiner Gruppendynamik-Ausbildung nahm an meiner Gruppe einmal ein Kollege teil, vor dem ich ziemliche Angst hatte. Er fixierte mich oft mit, wie mir schien, stechenden Augen und machte verschiedentlich spöttische Bemerkungen über meine Interventionen. Einmal verhakten sich unsere Blicke ineinander und konnten sich nicht mehr lösen. Nach einer Weile schaute ich beiseite, und dies kam mir wie eine schwere Niederlage vor. Dann fragte er mich eines Tages mitten in der Sitzung nach meinem Beruf, und ich erwiderte, wiewohl ich diesbezüglich nichts zu verbergen hatte: »Warum wollen Sie das wissen, und was vermuten Sie selbst?« Nun mochte ja seine Frage durchaus ein Versuch der Provokation sein oder auch eine Kontaktaufnahme, eine Sachfrage oder von dem allem etwas. Aber jedenfalls war es eine ernsthafte Erkundigung, und als solche verdiente sie eine sachliche Antwort. Auf meine Verweigerung reagierte der Teilnehmer mit mürrischem Achselzucken und schwieg. Heute kann ich den Grund verstehen: Warum sollte er mir bei viel persönlicheren Themen Vertrauen schenken, wenn ich ihm bei dieser einfachen Frage Hintergedanken unterstellte und ihn mit der Gegenfrage *meine* Macht (!) spüren ließ?

Ein übertrieben strenges Verständnis des Abstinenzgebots erweist sich hier manchmal als hinderlich. Der Helfer soll demzufolge zumindest in der Therapie möglichst wenig von sich selbst zu erkennen geben, damit der Klient um so mehr seine Assoziationen und

Projektionen entfalten kann, die dann der Deutung zugänglich werden. Aber bei dieser Auffassung wird unterstellt, daß sie sich nur in die Gegenwart eines einer weißen leeren Projektionsfläche gleichenden Therapeuten zu entfalten vermögen und daß er nur in seinem Schweigen diese Funktion erfüllen kann. Dies ist aber keineswegs generell der Fall. Ein Teil der projektiven seelischen Produktionen grenzt an Phantasien und Vorstellungen an, die dem Bewußtsein sehr wohl nah und zugänglich sind. Gibt der Helfer also auf eine einfache Frage eine einfache Antwort, so besteht auch danach noch die Möglichkeit, nach den Phantasien des Klienten zu fragen. Dieser wird, vielleicht sogar mit einem gewissen, die spätere Deutungsarbeit erleichterndem Amüsement und mit größerer selbstreflexiver Durchlässigkeit von seinen Phantasien berichten und sie mit denen der Mitklienten sowie Gegebenheiten aus der äußeren Realität vergleichen können. Dies ist weder mit einem Verlust an Einsichtstiefe noch einem solchen an gefühlsmäßiger Beteiligung verbunden.

Gruppen und Außengruppen

Jede Gruppe vergleicht sich mit anderen Gruppen. Man kann mit Homans (1978) sogar sagen, daß Gruppenkohäsion, also Treue und Zugehörigkeitsgefühl der eigenen Gruppe gegenüber, darauf beruht, daß die Gruppenmitglieder Anlaß zu der Vermutung haben, in ihrer Gruppe sei die Belohnungs-Kosten-Relation günstiger als in vergleichbaren und u. U. ebenfalls zugänglichen Gruppen (vgl. dazu Fengler, 1979). Existiert zwischen den Gruppen ein Informationsfluß, so gibt es oft Gerüchte, daß es dort intensiver zugehe als in der eigenen Gruppe oder daß die anderen die gleichen Schwierigkeiten hätten wie man selbst. Oder ein Mitglied aus der anderen Gruppe hat sein Bedauern ausgedrückt, nicht dieser Gruppe anzugehören; das hebt ungemein. Manchmal wird eine Gruppe aufgesucht, weil man in einer früheren Gruppe etwas sehr Schönes erlebt hat und dies nun gern wiederholen möchte. Das ist ein schwerer Ballast. Denn so ähnlich wie jene Gruppe kann diese Gruppe naturgemäß nie sein. Oder die neue Gruppe soll vergessen machen, was dem Gruppenmitglied in einer früheren Gruppe angetan worden ist. Auch das ist nicht leistbar.

Mancher Teilnehmer hat aus Medien oder Freundesberichten eine ganz feste Vorstellung davon gewonnen, wie die Gruppe zu verlaufen habe, und beobachtet jetzt jeden Schritt des Gruppenleiters wie ein Inspektor für Gruppentherapeutische Qualitätskontrolle.

Ein solches Gruppenmitglied sagte einmal entrüstet zu mir: »Herr Fengler, was Sie da jetzt eben zu mir gesagt haben, entspricht aber nicht den Feedback-Regeln von Antons!« Das mußte ich zugeben. Ich gestand es zum Vergnügen der Gruppe mit schlecht gespielter Zerknirschung und gelobte Besserung. Das half ihm, aus dieser rigiden Aufpasserpose herauszukommen. – Ein anderer Teilnehmer sagte einmal vorwurfsvoll: »Milton Erickson hat Angstneurosen in einer einzigen Sitzung geheilt!« Ich antwortete mürrisch: »Milton Erickson mußte auch nicht für eine solche Firma arbeiten!« und ließ dabei offen, welche Eigenschaften, die diese Firma in besonderer Weise disqualifizierten, ich dabei meinte. Danach löste sich die Spannung in gemeinsamem Lachen.

Gruppenleiter und Ausbildungskandidaten

Teilnehmerinnen und Teilnehmer, die eine Ausbildung anstreben, sowie Co-Trainer, Co-Therapeuten und Supervisanden stellen einen besonderen Prüfstein für die Konkurrenzreflexion des Gruppenleiters dar. Wer in einer dieser Rollen antritt, begibt sich auf eine Gratwanderung, auf der alles, was er tut, richtig sein oder in Hinblick auf das angestrebte Ziel den Absturz darstellen kann. Versucht er also, dem Trainer nachzueifern, so kann dies als gutes Bemühen oder als unreife Abhängigkeit empfunden werden. Strebt er eine eigenständige Position an, so mag dies als Trotz oder als Wunsch nach Autonomie interpretiert werden. Nimmt er Feedback dankbar an, so sind daran mangelndes Urteilsvermögen oder auch mutige Lernbereitschaft zu erkennen. Nimmt er Feedback *nicht* an, so ist er uneinsichtig oder selbstsicher usw. Oft weiß der Kandidat es vermutlich selbst nicht genau, oder es ist einmal das eine zutreffend und dann wieder das andere. Für Gruppenleiterinnen und Gruppenleiter, die zur Qualifikation der Kandidaten beitragen, empfiehlt sich hier wie beim Umgang mit anderen Teilnehmern eine gleichmäßig engagierte, wohlwollende und zugleich zurückhaltende Einstellung und die Bereitschaft zum lebendigen Dialog.

Wenn es zwischen Trainer und Co-Trainer oder zwischen Therapeut und Co-Therapeut zu einer ungelösten Konkurrenzkonstellation kommt, so stellt dies für die Gruppe in der Regel eine Überforderung dar. Wenn das Leiterpaar also nicht miteinander harmoniert, sind meist die Teilnehmer die Leidtragenden. Für sie ist die Situation fast immer unauflösbar.

Ich arbeitete vor vielen Jahren einmal als Co-Trainer eines Kollegen und wollte dieses Laboratorium unter Supervision absolvieren, d. h. also einen wichtigen Schritt innerhalb der Gruppendynamik-Ausbildung tun. In einem früheren Telefonat mit dem Kollegen hatte ich, wie ich meinte, alles rechtzeitig und eindeutig besprochen. Aber als wir nun zu viert zum Laboratorium zusammenkamen mit einem weiteren Trainer-Co-Trainer-Paar, zeigte sich, daß wir mit dem Verhandeln ganz neu beginnen mußten. Der angesprochene Kollege erinnerte sich nicht daran, mir eine derartige Zusage gegeben zu haben, sondern nur daran, einen entsprechenden Wunsch von mir zur Kenntnis genommen zu haben. Er erklärte, er halte meine Interventionskompetenz keineswegs für bereits hinreichend entwickelt, daß er mich in die Supervision nehmen würde. Ich erinnerte ihn an Äußerungen, die er am Telefon wörtlich – oder vielleicht auch nicht? – getan habe und die mir nun gleichsam ein Recht gäben, von ihm supervidiert zu werden. Die beiden anderen Kollegen verstanden sich gut miteinander, fanden unseren Disput lästig und hatten keine Lust, als Außenstehende in den Konflikt hineingezogen zu werden. Sie wollten jedenfalls zusammen in einer Gruppe arbeiten. Dies versperrte uns den Weg zu der Lösung, die Paare neu zusammenzusetzen. Darüber verging die Zeit. Der Not gehorchend, schusterten wir am Ende noch schnell so etwas Ähnliches wie eine gemeinsame Konzeption zusammen, und mein Kollege und ich traten als Trainerpaar vor die Gruppe – aber mit was für einer Motivation! Der Kollege hatte nach unserer vorausgegangenen Auseinandersetzung ein Interesse daran, den Kompetenzabstand zwischen sich und mir gut sichtbar herauszustellen. Ich dagegen entwickelte den Ehrgeiz, mindestens so gut wie er zu intervenieren. Das führte dazu, daß wir oft unmittelbar nacheinander sprachen und mit der eigenen Intervention das wieder zunichte machten, was der andere gerade aufzubauen begann. Jeder von uns wechselte willkürlich den Fokus. Die Nachbesprechungen zum Gruppenprozeß gerieten auf diesem Hintergrund zur Farce. Wir verteidigten mit Vehemenz die eigenen Interventionen, und natürlich gab es für alles, was wir taten und unterließen, immer eine Indikation aus dem Gruppenprozeß. Die Gruppe reagierte ein wenig so wie Kinder, die das Streiten der Eltern miterleben müssen. Einige betonten die Konzeptionstreue des Kollegen, andere meine emotionale Integrationskraft. Weitere versuchten, ihre Haut zu retten, indem sie die Strenge des Kollegen oder meine Nachsicht angriffen. Eine Subgruppe versuchte, uns zu versöhnen, indem sie betonte, jeder der beiden Interventionsstile sei in seiner Art *sehr* interessant und sie könnten *ausgerechnet von uns beiden* sehr, sehr viel lernen. Gerade in der angestrengten Übertreibung dieses Schlichtungsbemühens konnte man freilich seine Wahrheitswidrigkeit und Aussichtslosigkeit absehen. Es kam nicht zu einer Klärung. Wir blieben einander spinnefeind. Am Ende des Laboratoriums verweigerte mir der Kollege sogar eine Empfehlung in der Co-Trainer-Rolle, einer Tätigkeit, die als relativ leichtere Eingangsschwelle für Anfänger in der Gruppendynamik gilt.

Statusvergleich der Gruppenleiter

Gruppenleiterinnen und Gruppenleiter konkurrieren u. a. um Daseinsberechtigung, Attraktivität und Einfluß in der Gruppe. Bei allem, was Gruppenleiter im Gruppenprozeß beobachten und in Interventionen umsetzen, geht es doch auch um ihre eigene Stellung. Jede Traineräußerung ist außer einer treffenden Intervention auch stets ein Versuch, die eigene Kompetenz zu überprüfen und vor der Gruppe zu bestehen. Man könnte einwenden, daß manche Gruppenleiter sehr konfrontativ oder verweigernd arbeiten und manche es regelmäßig riskieren, sich bei der Gruppe sehr unbeliebt zu machen. Aber das steht der These nicht entgegen. Der Gewinn dieser Kollegen liegt darin, daß sie darauf aus sind, als sehr streng und unbestechlich zu gelten. Auch unter Gruppenleitern wie unter allen Menschen existieren ja sehr unterschiedliche Hierarchien von Werten, an denen sie sich orientieren, und infolgedessen auch sehr unterschiedliche Strategien, diesbezüglich für sich selbst zu sorgen. Gruppenleiter stehen in Konkurrenz zu dem Image, das der Kollegenkreis sich von ihnen macht, und mit dem Ruf, den sie in diesem Kreis über sich vermuten. Sie konkurrieren mit den *tatsächlichen* Kollegen, die die gleiche Zielgruppe bedienen wie sie selbst. In einem Burnout-Seminar, das ich einmal für Helferinnen und Helfer durchführte, berichteten diese u. a. über den besonderen Druck, der von solchen Patienten ausgeht, die von Kolleginnen und Kollegen überwiesen werden. Es ist gut, wenn

Gruppenleiter diese multiple eigene Konkurrenzeinbindung einigermaßen gelassen wahrnehmen und mit ruhiger Fachlichkeit beantworten können, ohne Existenzangst und ohne so bedürftig, schwach oder rücksichtslos zu sein, daß sie es nötig hätten, die Gruppenteilnehmer zu manipulieren oder auszubeuten.

Es gilt hier zunächst, strukturelle Bedingungen zu sichten, die den Gruppenleitern einen unterschiedlichen Anteil an Einfluß und Gestaltungsfreiraum, Position und Attraktivität ermöglichen, und die Gefühle zu betrachten, die dabei entstehen können. In Gruppendynamischen Laboratorien sind innerhalb der Kollegengruppe u. a. Einladende und Gäste, Trainer und Co-Trainer, Erfahrene und Neulinge, Ältere und Jüngere, Frauen und Männer, Bekannte und Neue, Prominente und Unbekannte, Konzeptionsversierte und Anfänger zu unterscheiden. Ob daraus Konkurrenzkonflikte werden, hängt davon ab, wie zufrieden die einzelnen mit ihren Eigenschaften und Rollen sind und ob sie sie mit Zustimmung der anderen oder gegen deren Widerstand zu verändern trachten. Jedenfalls geschieht, wenn der Staff etwa einen halben Tag, bevor die Teilnehmerinnen und Teilnehmer anreisen, zusammentritt und zu planen beginnt, alles das, was auch in anderen neuen Gruppen vor sich geht: Es ist ein identitäts- und positionsklärendes Tun, das schnell zu einer fließend-festen Ordnung führt (Kap. 1–2 sowie 4–6).

Manche Trainer schwören auf die Unerläßlichkeit ›knallharter‹ konzeptioneller Auseinandersetzungen zu Beginn der Staff-Arbeit. Ich selbst habe stets lieber mit solchen Kolleginnen und Kollegen zusammengearbeitet, mit denen ich das Grundsätzliche eher spielerisch in schnellem, fast wortlosem gemeinsamen Verstehen entwickeln konnte. Als angenehm empfinde ich die wechselseitige Bereitschaft, einmal der einen, dann wieder der anderen Hypothese zu folgen, statt das eine für wahr und alles andere für falsch halten zu müssen. Im Kollegenkreis wird diese Haltung manchmal als Harmoniestil bezeichnet; ich selbst habe mich manchmal gefragt, ob mir in der Staff-Arbeit nicht die entscheidende Qualität kämpferischer Durchsetzung fehle. Mittlerweile habe ich freilich entdeckt, daß die Kehrseite dieses Harmoniebedürfnisses die Harmonie*fähigkeit* ist. Es ist gut, wenn es gelingt, ein ganzes Laboratorium trotz der Belastung in gegenseitigem Respekt mit Sympathie und wechselseitiger Loyalität durchzustehen,

- ohne Intrigen, ohne dickköpfiges Beharren auf einem ganz bestimmten Design,
- ohne Sorge um den Grad des Anerkanntseins durch die Teilnehmer und
- ohne Konkurrenz um die gelungenste Plenumsintervention.

Während ich diese Sätze niederschreibe, tauchen vor meinem inneren Auge einige Kolleginnen und Kollegen auf, die mir giftig antworten würden, daß sie *auch* harmoniefähig seien, *gerade* sie, und daß ein harmonisches Zusammenarbeiten eben nur dann möglich sei, wenn man *vorher* die Konflikte ausgetragen habe. Ich weiß, ich weiß, dies gelingt bisweilen. Ich habe aber auch Laboratorien erlebt, in denen der Streit unvermindert anhielt und die angekündigte schöne Zusammenarbeit bis zum letzten Tag ausblieb. Faktisch regelt sich die Frage weitgehend über die Entscheidung, welche Kollegen man zu Laboratorien einlädt und von welchen man Einladungen annimmt. Bei diesen Wahlen spielt neben Kompetenz und Originalität die Vermutung einer guten gemeinsamen Wellenlänge meist eine große Rolle.

Früher haben wir unsere eigene Konkurrenz im Kollegenkreis manchmal durch die Teilnehmer austragen lassen, indem wir sie aufforderten, durch Verhandlung zwischen den Gruppen selbst die Verteilung der Trainer vorzunehmen. Dabei erhielten der einladende Kollege und der Gast aus dem Ausland anfänglich meist einen gewissen Bonus. Aber wer als Gruppenleiter zunächst sehr begehrt ist, muß diese besondere Tüchtigkeit dann auch während des ganzen Trainings durchhalten. Dagegen haben die Kollegen, die anfänglich nur zögernd angenommen werden, im Laufe des Laboratoriums noch genügend Gelegenheit, ihre Tüchtigkeit unter Beweis zu stellen. Letztendlich stellen fast alle Gruppen fest, daß sie recht gut bedient werden.

Ein Kollege tat dabei einmal ein wenig zuviel des Guten und zog am Ende den kürzeren. Er war Gastgeber in einem Gruppendynamischen Laboratorium, das im Rahmen einer längeren gewerkschaftlichen Fortbildung stattfand. Dazu hatte er eine weitere Kollegin und mich als Gäste eingeladen. Bei der Design-Entwicklung legte er sehr viel Wert darauf, daß die Teilnehmer über die Trainerzuordnung selbst entschieden und daß sie nach den ersten fünf Tagen für die zweite Hälfte des Laboratoriums den Vorgang noch einmal wiederholten; wir anderen gaben seinem diesbezüglichen Eifer schließlich nach. Tatsächlich wählten im ersten Anlauf alle drei Gruppen ihn, der ihnen aus dem ganzen bisherigen Fortbildungsgang bereits bekannt war. Erst nach längerer Verhandlung waren zwei der drei Gruppen bereit, mit der anderen Kollegin bzw. mit mir vorlieb zu nehmen. Der Gastgeber genoß das Bad in der Menge. Aber bis zur Halbzeit änderte sich die Stimmung. Mittlerweile hatte sich herumgesprochen, daß die andere Trainerin und ich unsere Arbeit ebenfalls ordentlich machten. Nun gewann unter den Teilnehmern die Neugier auf die Arbeitsweise der Gäste die Oberhand gegenüber der Scheu vor ihnen. Als jetzt erneut gewählt wurde, entfielen auf die Kollegin zwei Gruppenstimmen, auf mich eine. Der Gastgeber mußte im Plenum miterleben, daß ihn *keine* Gruppe wollte und schließlich eine ihn widerwillig nahm. Diese Kränkung und die ›Blamage‹, die ihm da angetan worden waren, hingen ihm für den Rest der Seminarfolge wie ein Bleigewicht am Bein.

Ich selbst brachte mich aus purem Leichtsinn und Übermut ebenfalls einmal in eine sehr mißliche Situation. Bei der Vorbereitung eines Gruppendynamik-Seminars hatten wir im Staff, ohne die möglichen Folgen recht zu bedenken, aus Experimentierlust beschlossen, einmal den Spieß umzudrehen und uns unsererseits um einen Platz in den Gruppen zu bemühen. Nach Einführung und Gruppenbildung steuerte also jeder von uns auf eine Gruppe zu und trug seinen Wunsch vor – natürlich von der schönen Selbstüberschätzung getäuscht, dies werde eine reine Formsache sein und die Gruppe werde jeden von uns mit offenen Armen aufnehmen. Zu meinem Unglück hatte die Gruppe, mit der ich gern arbeiten wollte, sich aber auf einen anderen Kollegen verständigt und teilte mir dies halb ernst und halb übermütig mit. Als meine Verwirrung sichtbar wurde, gesellten sich noch ein wenig Schadenfreude und Mitleid dazu. In der Sache blieb die Gruppe fest. Auf eine solche Zurückweisung war ich nicht gefaßt. Ich versuchte also, mit ein paar Scherzen Zeit zu gewinnen. Aber ein Teil der Gruppe schwärmte schon aus, um den von ihr favorisierten Trainerkollegen anzudocken. Notgedrungen wandte ich mich wie ein begossener Pudel einer anderen Gruppe zu. Mein seelisch etwas lädierter Zustand trug nicht dazu bei, mich für diese Gruppe besonders attraktiv zu machen. Auch hatte die Gruppe mitbekommen, daß die andere Gruppe mich weggeschickt hatte, gewiß nichts, was den Marktwert eines Bewerbers erhöht. Die Gruppe stand zudem bereits mit einem dritten Kollegen in Verhandlung und erörterte nun feixend unsere Vorzüge und Nachteile, während wir als Bittsteller dabeistanden und alles mit anhören mußten. Am Ende entschied sich der Kollege für eine andere Gruppe, die nachdrücklich um ihn warb, und die neue Gruppe blieb auf mir sitzen, vergleichbar einer Braut, die zwischen zwei Bewerbern so lange unschlüssig bleibt, bis sie nicht mehr die Wahl hat und den übriggebliebenen Kandidaten nehmen muß, der keineswegs ihr Favorit ist. Da saßen wir nun zusammen, die Gruppe und ich, und mochten uns nicht. Es dauerte eine ziemliche Weile, bis ich wieder so weit gesammelt war, daß ich intervenieren konnte.

Dieser Episode verdanke ich drei Erkenntnisse, die ich auch an Co-Trainer manchmal weitergebe:

(1) Euphorische Stimmungen sind meist schlechte Ratgeber.

(2) Zettele nie eine Gruppendynamik an, die Du nicht mehr steuern kannst.

(3) Wenn Du Dich als Gruppenleiter ärgerst oder Dich schwach und ohnmächtig fühlst, so bekämpfe dieses Gefühl nicht, sondern betrachte es mit Ruhe. Nach einiger Zeit stellt sich in diesem Fall wieder Klarheit ein.

Manchmal geht es bei der Konkurrenz zwischen den Gruppenleitern nicht um die Frage, wer von zweien besser ist, sondern wer dem anderen seinen Willen aufnötigt und wer wen kontrolliert.

Ich nahm mehrmals als Gast an einem Laboratorium in England teil, das von einem Kollegen geleitet wurde. Wir kannten uns seit vielen Jahren und hatten bereits mehrmals zusammen gearbeitet, schätzten uns und freuten uns immer über die Gelegenheit, ein Seminar gemeinsam zu leiten. Trotzdem waren wir auch durch eine besondere Art von Konkurrenz untereinander verbunden, die sich Jahr für Jahr immer wieder in ähnlicher Weise zwischen uns einstellte. Er war innerhalb des gruppendynamischen Seminars, das vier Gruppen und acht Trainer umfaßte, der unbestrittene Chef, ich der Gast aus dem Ausland. Er machte in der Einladung die wegweisenden konzeptionellen Vorgaben. Es bestand eine stillschweigende Übereinkunft, daß wir anderen, indem wir die Einladungen annahmen, uns einverstanden erklärten, *in diesem Rahmen* mitzuarbeiten. Unmittelbar vor Beginn des Laboratoriums wurde diese Konzeption noch einmal besprochen, modifiziert und verabschiedet. Sie galt nun als verbindlich. Während des Laboratoriums berichteten wir allabendlich gegenseitig von unserer Gruppenarbeit. Dabei passierte es häufig, daß der Gastgeber einen Kollegenbericht ziemlich scharf mit den Worten unterbrach: ›So kannst Du natürlich arbeiten, aber in *Deinen* Laboratorien!‹ Das wurde von manchen Kollegen als ziemlich unverhohlene Kontrolle empfunden, während er sagte, es sei eine Einladung zur Konzeptionsdebatte. Auch ich fühlte mich bei meinen Berichten so ein paar Mal zur Rede gestellt. Nun kenne ich eine solche Weisungsgebundenheit aus meinem gesamten Berufsleben nicht. Jedenfalls antwortete ich, als ich diese Aufforderung zum zweiten Mal erhielt, etwas abweisend: »Der Fluß des Gruppengeschehens hat Vorrang. Das ist von außen nur schwer zu beurteilen.« Das verdroß ihn, wiewohl er mir äußerlich zustimmte. In der Folgezeit nahm die Zahl seiner Kontrollfragen sichtlich zu. Offenbar war meine Antwort für ihn so etwas wie die Aufkündigung der Gefolgschaftstreue. Zwar fühlte ich mich weder untreu noch versuchte ich, ihn als Leiter des Laboratoriums abzusetzen. Andererseits erschien mir diese Form der Loyalitätsüberprüfung doch ein wenig barock und zu viel des Guten. Unser Verhältnis wurde erst wieder besser, als er in einer kritischen Plenumssituation, in der er keine ganz glückliche Figur machte, meine Unterstützung erfuhr, in einem Moment, in dem ein paar andere Trainer ihn im Regen stehen ließen. Interessant war für mich also, daß wir tatsächlich konkurrierten, aber mit unterschiedlichen Zielen. Er wollte sicherstellen, daß ich ein verläßlicher Mitarbeiter *unter seiner Leitung* war, und machte zum Maßstab seiner diesbezüglichen Sicherheit unsere Bekenntnisse zur Konzeption. Ich hatte keineswegs die Absicht, ihm seine Führungsposition streitig zu machen, wollte mir aber für meine Art, die Gruppe zu leiten, die größtmögliche Freiheit erhalten.

Folgen ungeklärter Gruppenleiter-Konkurrenz

Ungeklärte Konkurrenzprobleme der Trainer führen in der Gruppe zu Reaktionen von Irritation, Ratlosigkeit und Konfusion. In diesem Zusammenhang höre ich oft den Begriff ›Spiegelung‹ oder auch, die Psychodynamik der Gruppe ›spiegele sich‹ in den Teilnehmergruppen und im Plenum. Es handelt sich hier um eine sehr ungeschickte Wortwahl, und ich rate Co-Trainern nachdrücklich, sich von diesem Bild und Begriff wieder zu lösen, wenn sie sie allzu geläufig benutzen. Denn der Spiegel reflektiert zwar Gegenstände detailgetreu und farbecht; aber er liefert nur ein *Bild* des Objekts. Folgerichtig bemühen sich viele Gruppendynamiker und Gruppentherapeuten, im Verhalten der Gruppen und des Plenums detailgetreue ›Spiegelungen‹ des Staff-Verhaltens zu finden. Da sie nun mit dieser Wahrnehmungseinstellung an die Sache herangehen, finden sie auch irgendwelche Entsprechungen, mit etwas Phantasie, Selektivität und Interpretationskunst sogar im Verhältnis 1 : 1. Tatsächlich spiegelt die Gruppe in der Regel das Trainerverhalten jedoch nicht, sondern reagiert darauf komplementär oder symmetrisch, aber immer in einer ganz spezifischen, dieser Gruppe eigenen Art. Manchmal geschieht dies sogar in einer Art geheimnisvollen, den Trainerwünschen gleichsam vorauseilenden Gehorsamshaltung oder Opposition; d. h., die Gruppen tun genau das, was die Staff-Gruppe heimlich wünscht und für angebracht hält (Däumling et al., 1974; Farau u. Cohn, 1984; Rogers 1981). Oder sie steuert deren Plänen, die sie noch gar nicht förmlich kennt, wie in einer stillen Verabredung gezielt entgegen. Aber dies sind nicht Spiegelungen der Staff-Gruppe, sondern eher Korrespondenzen mit ihr.

Zurück zur These: Unausgestandene Konkurrenzkonflikte der Staff-Gruppe stellen für die Teilnehmerinnen und Teilnehmer eine Situation dar, auf die sie nur schwer eine angemessene Reaktion finden können. In dem Beispiel von dem mißglückten Ausbildungsschritt (›Gruppenleiter und Ausbildungskandidaten‹) weiter vorn in diesem Kapitel hatte ich bereits davon berichtet. Hier ein weiterer Fall.

Ich arbeitete einmal in einem Organisations-Laboratorium mit, in dem die Staff-Gruppe sich nicht recht auf ein gemeinsames Lernangebot zu einigen vermochte, wir dem einladenden Kollegen aber auch nicht freie Hand für seine Konzeption geben mochten. Statt dessen war die Staff-Gruppe in drei Fraktionen zerfallen: eine institutionssoziologisch orientierte, eine gruppendynamische und eine der persönlichen Selbsterfahrung zuneigende. So gingen wir ohne Feinabstimmung ins erste Plenum. Nun gibt es in einem solchen kritischen Moment ja stets verschiedene Möglichkeiten:

(1) Die Staff-Gruppe bestimmt z. B. eines ihrer Mitglieder zum Moderator für das erste Plenum, teilt den Teilnehmerinnen den Dissens mit und erarbeitet plenar Lernziele, arbeitsfähige Strukturen und Zeitpläne.

(2) Oder die Staff-Gruppe einigt sich darauf, daß vorerst eines der drei Konzepte die Figur der Arbeit, die beiden anderen den Hintergrund bilden sollen. Dann kann diejenige Teilgruppe des Staff, die dieses Modell vertritt, die ersten Sitzungen federführend leiten, der Rest des Staff die anderen Aspekte ergänzend mit einbringen.

Andere Alternativen sind denkbar. Wir taten etwas Drittes. Jeder von uns versuchte, seiner Idee zum Durchbruch zu verhelfen, indem wir kreuz und quer intervenierten – meistens in die Gegenrichtung von dem, was ein anderer Staff-Kollege soeben vorgeschlagen hatte. Das stürzte die Teilnehmer anfänglich in ziemliche Verwirrung. Dann bildeten sich im Plenum verschiedene Strömungen und Gruppierungen heraus.

- Eine Gruppe begann, mit Instrumenten aus der Balesschen (1970) Soziodiagnostik das Laboratorium zu untersuchen; einer der Trainer leistete diskret Methodenhilfe dabei.
- Eine andere Gruppe interessierte sich für die Diskrepanz zwischen Wunsch und Wirklichkeit des Trainerverhaltens. Wie der Zufall es wollte, hatte einer von uns über das Thema gerade promoviert und konnte die erforderlichen Skalen zur Verfügung stellen, und, weiterer schöner Zufall, am Ende schnitt er selbst in der Untersuchung besonders vorteilhaft ab.
- Eine dritte Gruppe begann, leiterlos als Trainingsgruppe zu arbeiten, und reagierte auf unsere Erkundungsbesuche abwechselnd mit Freude, Wut und Apathie.
- Eine weitere Gruppe machte Nonsens-Gedichte und erfand eine Phantom-Person namens Uwe, über dessen Ergehen sie jedem, dessen sie habhaft werden konnte, ausführlich berichtete.
- Eine Gruppe machte eine qualitative Prozeßanalyse. Angesichts der vielfältigen gleichzeitigen Vorgänge hatte sie alle Hände voll zu tun, sich auf dem laufenden zu halten. Leider interessierte sich niemand für ihre penible Buchführung der Ereignisse.
- Eine letzte Gruppe blieb eigensinnig im Plenum sitzen und forderte vor leeren Stuhlreihen, aber nachdrücklich, daß das ganze Organisations-Laboratorium im Plenum stattzufinden habe. Es hörte ihnen niemand zu; die anderen hatten längst gemerkt, daß das Plenum kein arbeitsfähiges Setting war.

Wir Trainer hielten derweil Dauersitzungen ab und hofften, von den Gruppen als Experten angefragt zu werden. Geschah dies nicht, so konstatierten wir Widerstände der Teilnehmer. Wenn sie uns holen wollten, stellten wir unerfüllbare Bedingungen und kanzelten sie ab wie Schulbuben. Einige von uns ließen sich mit klammheimlichem Stolz doch ab und zu erweichen und gingen in eine Gruppe. Darauf reagierten die Sitzengebliebenen, was durchaus wörtlich zu verstehen war, weil sie verabredungsgemäß im Staff-Raum sitzenbleiben und ausharren mußten, wie verschmähte Liebhaber, neidisch, eifersüchtig und mit gehässigen Deutungen. Das Laboratorium endete in allseitiger Erschöpfung.

Man sieht an dem Beispiel: Die Konkurrenz der TrainerInnen führt nicht zu *spiegelbildlichen* Reaktionen der TeilnehmerInnen, sondern zu sehr unterschiedlichen Versuchen, mit der polyvalenten Situation fertigzuwerden. So wie das neurotische Symptom des Individuums kann dabei jede Gruppenlösung heuristisch als das Optimum dessen betrachtet werden, was die Gruppe ange-

sichs des undurchschaubaren Kontextes und der begrenzten verfügbaren Problemlöseressourcen aktuell zustande zu bringen vermag. Genau hier müssen Selbstklärung der Staff-Gruppe und Intervention ansetzen.

Es ist in den Anfängen der Gruppendynamik in Deutschland
manchmal versucht worden, die Funktion eines ›Dean‹ einzu-
führen, der selbst keine Gruppe leitet, aber der Staff-Gruppe vor-
steht und sie gegebenenfalls supervidiert. In Ansätzen wird im
englischen Tavistock-Modell so verfahren. Diese im Prinzip be-
denkenswerte Konzeption hat sich in Deutschland aber nicht
durchgesetzt, gewiß aus Kostengründen und auch deshalb, weil
man darin eine präsidiale, fern vom Gruppengeschehen stattfin-
dende Aufgabe gesehen hat, nicht die Funktion eines Kapitäns.
Aber natürlich wollen alle Gruppenleiter selbst gern Kapitän sein.
Nachdem wir nun verschiedene Lebensbereiche betrachtet haben,
in denen Konkurrenz und Kooperation eine besondere Rolle spielen, ist der vierte Hauptabschnitt der Frage gewidmet, wie beide
Tendenzen gemeinschaftsverträglich zu gestalten sind.

Literatur

Bales, R. F. (1970): Personality and interpersonal behavior. New York.

Bennis, W. G., Shepard, M. A. (1956): A theory of group development.
Human Relations, 9, 415–437.

Bobzien, M. (1994): Kooperation um jeden Preis? Konkurrenz als Tabu-
Thema in der sozialen Arbeit. Selbsthilfegruppennachrichten, 46-47.

Däumling, A. M., Fengler, J., Nellessen, L. J., Svensson, A. (1974): Angewandte Gruppendynamik. Klett, Stuttgart.

Farau, A., Cohn, R. (1984): Gelebte Geschichte der Psychotherapie. Zwei
Ansichten. Klett-Cotta, Stuttgart.

Fengler, J. (1979): Gruppenkohäsion. Das Wir-Gefühl in der Gruppe. In:
Heigl-Evers, A. (Hg.): Lewin und die Folgen. Psychologie des 20. Jh.,
Bd. 8, Kindler, Zürich, 443-450.

Fengler, J. (1994): Konkurrenzprozesse in der Gruppendynamik. In:
Gruppenpsychotherapie und Gruppendynamik, 36.

Heising, G., Wolff, E. (1975): Co-Therapie in Gruppen. Vandenhoeck
und Ruprecht, Göttingen.

Hofstätter, P. R. (1957): Gruppendynamik. Kritik der Massenpsychologie. Rowohlt, Reinbek.

Homans, G. C. (1978): Theorie der sozialen Gruppe. Westdeutscher Verlag, Opladen, 7. Aufl.

Rogers, C. R. (1981): Der neue Mensch. Klett-Cotta, Stuttgart.

IV. Wege zur Zusammenarbeit

Ich habe an verschiedenen Stellen des Textes erwähnt, daß wir Situationen der Konkurrenz keinesfalls entgehen und daß es keinen Sinn macht, sie zu verleugnen, zu verteufeln oder ihnen auszuweichen. Andererseits wird uns Zusammenarbeit abverlangt; die Fürsorge für die eigene Psychohygiene und für ein befriedigendes Zusammenleben legt es nahe, daß wir gemeinschaftsverträgliche Formen von Konkurrenz und Kooperation entwickeln.

Ich habe mehrfach Beispiele guter Zusammenarbeit erwähnt, meist freilich im Kontrast zur vorherrschenden Konkurrenz oder zu deren Relativierung. Dieser Hauptabschnitt des Buches soll nun dazu dienen, Kriterien, Bedingungen und Möglichkeiten zu zufriedenstellender Zusammenarbeit aufzuzeigen und durch Beispiele erfolgreichen gemeinsamen Handelns zu illustrieren. Was ist also zu tun?

12. Gestaltung der Konkurrenz

Unter den verschiedenen Möglichkeiten, sich aus starren Konkurrenzmustern zu befreien, liegt es manchen Menschen nahe, den Rückzug anzutreten. Es heißt, der Klügere gebe nach; aber in einem Teil der Fälle erfährt derjenige, der dieser Empfehlung folgt, daß er der Dumme gewesen ist. Es lohnt sich also, die Entscheidung zu Rückzug und Verzicht genau zu untersuchen.

Wünsche nach Konkurrenzlosigkeit

Der Absicht und dem Vorsatz, gar nicht zu konkurrieren, liegen die unterschiedlichsten Motive zugrunde. Gelegentlich äußern Menschen den Willen, das ganze eigene Leben oder jedenfalls die Teilnahme an einer Selbsterfahrungsgruppe ohne Konkurrenz zu gestalten. Gewiß ist es in diesem Fall nicht angemessen, dahinter ausschließlich Angst, Abwehr oder Vermeidung zu vermuten. Denkbar ist, daß jemand eine langjährige Konkurrenzmasche zu lockern bemüht ist, die Gruppe als Ausgleich für sein konkurrenzgeprägtes Arbeitsleben aufsucht oder Frieden mit sich und anderen anstrebt. Aber zugleich ist es dienlich, für andere Motive offenzubleiben und bei ihrer Bewußtwerdung behilflich zu sein, wenn sie sich, oft nur beiläufig, bemerkbar machen. Die folgenden Beispiele werden zeigen, wie Konfliktscheu, Angst, Selbstüberschätzung, Souveränität oder auch antizipierte Niederlage und Rationalisierung eigener Unzulänglichkeiten dabei eine Rolle spielen.

Eine Gruppenteilnehmerin fiel mir durch ihre stets sehr vernünftigen, konstruktiven Vorschläge auf, bis mir die Sache wegen ihrer Monotonie anfing, merkwürdig vorzukommen. Sie ließ sich aber nicht aus der Reserve locken, sondern blieb über mehrere Tage hinweg ganz gleichmäßig, unterstützend, konstruktiv und konsensorientiert – freilich ein wenig starr und unlebendig in ihren Ausdrucksmöglichkeiten, wie mir schien. Erst relativ spät klärte sich dann doch noch der Hintergrund ihres Verhaltens. Sie hatte ein anderes gruppendynamisches Seminar hinter sich, in dem sie anfänglich unbekümmert mit dem Gruppenleiter rivalisiert hatte, später aber in eine Außenseiterposition geraten war. Der Gruppenleiter hatte nämlich, statt sich der Auseinandersetzng zu stellen, darauf gedrungen, daß sie an Konkurrenzerfahrungen aus ihrer Vergangenheit arbeitete. Seine Übertragungsdeutung ihres gegenwärtigen Konkurrierens erschien ihr wie ein Taschenspielertrick desjenigen, der die Konkurrenz mit ihr hier und jetzt nicht austragen wollte. Als sie sich seinem Angebot verweigerte, bezeichnete er sie als konflikt- und selbsterfahrungsscheu und inszenierte eine Feedback-Runde aus der Gruppe an sie, bei der sie – wie Gruppen eben manchmal in fataler Weise folgsam sind – viel Ablehnung und Verachtung erfuhr. Für die jetzige Gruppenteilnahme, die sie aus beruflichen Gründen auf sich nahm, hatte sie sich vorgenommen, jedem Konflikt mit dem Gruppenleiter aus dem Weg zu gehen und durch konstruktive Beiträge *angenehm* aufzufallen. Sie hatte freilich nicht damit gerechnet, daß sie damit etwas stereotyp wirken und ebenfalls auffällig werden würde. Im nachhinein war sie erleichtert, daß ich ihren Vorsatz in Frage stellte, und arbeitete danach in größerer Frische und Ausdrucksvielfalt mit.

In einem weiteren Fall ging es nicht um eine frische Erfahrung, sondern um eine alte biographische Prägung.

Eine andere Teilnehmerin derselben Gruppe schaute ständig mit großen, lustigen Augen von einem zum andern, lächelte, nickte bisweilen zustimmend und tat Äußerungen der Bestätigung, blieb aber insgesamt sehr zurückhaltend. In der abschließenden Feedback-Runde kam dies zur Sprache. Da sagte sie: »Es kann ja nicht jeder ständig reden« und bewegte dazu Hände und Arme in Hals- und Kinnhöhe in einer eigenartig auffallenden, sich mir nicht erschließenden Art und Weise. Ich bat sie, diese Bewegung noch einmal zu wiederholen und mitten im Ablauf innezuhalten. Da sah ich, daß daraus eine Geste geworden war, in der sie die Hände wie schützend vor das Gesicht hielt. Tatsächlich war sie halb von ihrem Stuhl heruntergerutscht, saß geduckt und schien jetzt Gesicht, Kopf und Hals mit Händen und Armen schützen zu wollen. Dabei zitterte ihr Mund. Ein Gruppenmitglied sagte leise: »Ein Kind, das geschlagen wird«. Da wurde das Zittern ihres Mundes stärker, sie weinte lautlos, ohne die Körperhaltung zu verändern, und gab uns dann ein Zeichen, daß sie sich mit dieser Erinnerung zunächst allein und still auseinandersetzen wolle. Der Grund ihrer kontinuierlichen Freundlichkeit ohne jegliches konkurrierendes Verhalten war nun immerhin zu ahnen: Außer einer ihr gewiß echten eigenen Fröhlichkeit war hier ein ständiger Bestechungsversuch zu erkennen, der vermutlich auf Erfahrungen aus ihrer Kindheit beruhte: ›Ich bin harmlos und freundlich. Bitte, schlagt mich nicht!‹

Manchmal wird Konkurrenz unterlassen, weil jemand die bestehenden Kräfteverhältnisse falsch einschätzt – bis die Weiterentwicklung den Betreffenden eines Besseren belehrt.

Manchmal ist der Verzicht auf rasches aggressives Handeln ein besonderes Zeichen von Souveränität, Großmut und Reife. Die Situation riecht geradezu nach Konkurrenz. Man fühlt sich nicht nur verlockt, sondern geradezu moralisch verpflichtet, mit den Muskeln zu spielen und den Konkurrenten in seine Schranken zu weisen. Wer in einem solchen Moment nicht die starke Seite herauskehrt, läuft Gefahr, als Schwächling oder Feigling dazustehen. Andererseits begegnet man hier oft der Reife eines Mitmenschen, die vorbildlich ist und sich einprägt. Die römische Geschichte hat einen Kaiser und Feldherrn erlebt, dem der Spottname Cunctator, d. h. der Zögerer, verliehen wurde. Viele Jahre später verwandelte sich der Beiname in einen Ehrentitel. Er hatte eben in einer politisch unklaren Situation nicht einfach zugegriffen, sondern gegen alles Drängen abgewartet, bis er die Kräfteverhältnisse sicher einzuschätzen vermochte.

Mancher Verzicht auf das Konkurrieren entspringt einer antizipierten Angst vor der Niederlage, die zugleich abgewehrt wird.

Lehnt jemand es ab, in eine Konkurrenzsituation einzutreten, so hat er u. U. bereits gemerkt, daß er dabei nicht gut abschneiden würde, und tritt deshalb bereits im Vorfeld davon zurück. Dabei zimmert sich mancher noch eine Begründung zusammen, die so dürftig erscheint, daß sie von kaum jemandem geglaubt wird – außer von ihm selbst.

Ein Mitassistent von mir kam mit seiner wissenschaftlichen Arbeit nicht voran und trug der institutsüblichen Veröffentlichungspraxis gegenüber, die tatsächlich gewisse Übertreibungen aufwies, eine betont arrogante Haltung zur Schau. In Gesprächen bemerkte er gelegentlich von oben herab, er habe es sich abgewöhnt zu publizieren; es genüge, daß er die wichtigen Dinge *denke*. Aber in Wirklichkeit hatte er noch nicht damit begonnen, sich das Schreiben anzugewöhnen. Beim Denken blieb es dann auch. Eines Tages lief sein Vertrag aus; nun mußte er daran denken, wie sich auf andere Weise als durch Denken allein der Lebensunterhalt verdienen ließ.

Manchmal kann man hier die Saure-Trauben-Reaktion beobachten, die La Fontaine in der Fabel vom Fuchs behandelt: Man wertet das ab, was man nicht bekommen kann. Ein Beispiel dafür fand ich im Textbuch von *La Bohème*: Als die Freunde im Café sitzen und über die Schönheit der Musette sprechen, wendet sich der Musiker an den Philosophen Colline.
Musiker: »Wenn solch ein süßes Wesen mit dir wär im Tête-à-Tête, möchte ich sehen, wie deine Weisheit wie der Wind zum Teufel geht!«
Colline: »Schön ist sie, das sieht ein Blinder. Doch mir ist's einzig wohl bei der Pfeife und den Griechen.«
Das Aussteigen aus der Konkurrenz ist manchmal ein besonderer Schachzug, der in der Absicht erfolgt, sie für sich zu entscheiden. Manchmal wird also jemand in einen Vergleich verwickelt, dessen Ergebnisse er nicht gern kennen lernen möchte. Dann liegt es nahe, sich frühzeitig aus dem Vorgang herauszuziehen. Erwachsene verfahren dabei nicht anders als Kinder. Wer z. B. die politische Wahl zu verlieren fürchtet, fordert seine Anhänger auf, nicht an der Wahl teilzunehmen. Dann kann er nachher behaupten, er habe die Mehrheit hinter sich, die nicht gewählt habe.

In einer Schulklasse beobachtete ich einmal folgenden Vorgang. Die Kinder hatten die Aufgabe, ein Bild zu malen, und sollten es am Ende der Stunde an die Wand hängen. Alle machten sich emsig an die Arbeit. Aber eines hielt nach einiger Zeit inne, schien irritiert, riß dann das Blatt kurz entschlossen vom Zeichenblock und brachte es zerknüllt zum Papierkorb. Der Vorgang wiederholte sich bei diesem Kind im Laufe der Stunde noch zweimal. Als es dann ans Aufhängen der Bilder ging, stand es mit leeren Händen dar, schilderte den Kameraden aber wortreich, wie gut sein Bild ausgefallen wäre, wenn es es zu Ende gemalt hätte. Warum es dies unterlassen hatte – darüber hüllte es sich in Schweigen.

Fiktion konkurrenzfreien Zusammenlebens

Wer versucht, der Konkurrenz aus dem Weg zu gehen, entgeht doch in der Regel nicht dem Konflikt. Einige Menschen bemühen sich aus philanthropischer Überzeugung um ein konkurrenzarmes Leben, andere aus Angst vor Konflikt und Niederlage, Dritte aus einer Haltung der Gelassenheit und des Verzichts heraus. Wirklich ist ja vieles, worum wir im Alltag rangeln, bedeutungslos und belanglos und nur deshalb Gegenstand unserer Auseinandersetzung, weil uns das Konkurrieren so sehr in Fleisch und Blut übergegangen ist, daß wir es auch bei dieser Gelegenheit nicht lassen können. Aber manchmal geht solche Zurückhaltung doch zum eigenen Nachteil aus. Manchen Dissens, den man mit etwas mehr Konfliktfreudigkeit zu einem früheren Zeitpunkt vielleicht noch hätte abwenden oder rasch erledigen können, bekommt man nämlich später doch noch serviert, und seine Bewältigung ist dann mit größeren Schwierigkeiten verbunden.

Manche Konkurrenz muß durchgestanden werden. Wer sie zu umgehen versucht, riskiert Folgen, die ihm die weitere Arbeit erschweren oder unmöglich machen. Über Lehrerinnen und Lehrer, die eine Klasse neu übernehmen, heißt es, daß sich in den ersten fünf Minuten entscheidet, ob sie den Schülern gegenüber für den Rest des Schuljahres Autorität gewinnen oder von ihnen tyrannisiert werden. Es wird gewiß nicht immer so schnell gehen mit dieser Frage. Aber in manchen Beziehungen kommt der Moment, wo der Kontrahent die Sache auf den Punkt bringen will und geklärt werden muß, wer in dieser Sache in Zukunft welche Stellung einnehmen wird. Eine solche Auseinandersetzung wird manchmal demjenigen aufgedrängt, der die Entscheidung darüber weniger wichtig findet und gerne auf sie verzichten würde, nicht aus Mangel an Courage, sondern aus einer eher egalitären Gesinnung heraus. Wenn er sich aber entzieht, so kann dies weitreichende Konsequenzen für seinen weiteren Einfluß haben. In Medien wird diese Konstellation oft sentimental oder gewalttätig, manchmal beeindruckend oder beklemmend inszeniert, z. B. in dem Film *Zwölf Uhr mittags*. Aber auch im Alltag kommt ähnliches vor.

Ich führe regelmäßig Seminare mit Führungskräften verschiedener Bundesbehörden durch. Manche von ihnen kommen aus Interesse am Thema, müssen in diesem Fall ihrer Behörde aber plausibel machen, daß sie an einem Führungsseminar teilnehmen wollen, *obwohl* sie gute Vorgesetzte sind. Andere werden geschickt oder benötigen die Teilnahme an dem Seminar als Voraussetzung für den Aufstieg in eine Vorgesetztenposition. In diesen Seminaren konstellieren einige Teilnehmer regelmäßig eine Kraftprobe um die Verbindlichkeit der Anwesenheit. Ich wünsche und erwarte kontinuierliche Präsenz und teile dies auch mit. *Sie* möchten gern kommen und gehen, zwischendurch wichtige Telefonate führen oder auch einem Teil der Sitzungen fernbleiben. Es geht also um eine Sache, wo Kompromisse nur schwer zu finden sind. In dieser Situation gehe ich davon aus, daß eine Klärung rasch erfolgen muß, weil andernfalls der beginnende Schlendrian unumkehrbare Tatsachen schafft. Ich frage also am Ende der ersten Sitzung etwas wortreich und umständlich, ob sie nach viertelstündiger Kaffeepause *alle* wieder dasein werden, und erhalte von allen Seiten unkonzentrierte Zustimmung. Dann gehen sie, ins Gespräch vertieft, in die Pause. Eine Viertelstunde später schließe ich die Tür des Seminarraumes und fahre mit dem Thema fort, meist vor zwei oder drei Teilnehmern – die restlichen verweilen noch in der Cafeteria, im Gespräch oder bei verschiedenen Erledigungen. Nun trudelt der erste Nachzügler ein. Ich sage kurz: »Sie sind unpünktlich. Bitte nehmen Sie Platz und stören Sie nicht wieder durch Unpünktlichkeit!« Der Teilnehmer versucht, sich zu rechtfertigen mit einer wichtigen Erledigung. Ich antworte: »Wir hatten einen Kontrakt auf 10.45 Uhr, jetzt ist es 10.50 Uhr. Bitte halten Sie sich in Zukunft an die Vereinbarung, die *Sie* mit *mir* getroffen haben.« Er setzt sich murrend und versucht unwillig, sich in das Thema hineinzufinden, mit dem ich fortfahre. Nach wenigen Augenblicken freilich hellt sich seine Miene auf. Denn gleich wird ja der nächste Unpünktliche kommen; dann kann er dem Schauspiel schon als Zuschauer beiwohnen und es genießen. Dies geschieht auch wirklich. Jeder erhält diesen kleinen Rüffel, einzeln oder gruppenweise. Danach ist die Stimmung gelöst: Diese hohen Beamten, die selbst zum Teil zahlreichen Mitarbeitern Weisungen erteilen, wissen jetzt, wer *ihnen* die nächsten fünf Seminartage lang Weisungen erteilen wird, und fühlen sich darin sicher aufgehoben. Ganz Kühne versuchen eine zweite Streitrunde und sind dann überrascht, daß ich den Konkurrenzball, den sie mir zuspielen, nicht aufnehme, sondern freundlich sage: »Versuchen Sie bitte, das nächste Mal pünktlich zu sein. Es erleichtert unsere Arbeit.«, ganz so, als sei ihr Zuspätkommen ein Versehen und kein Angriff. Danach herrscht Ruhe an der Autoritätsfront, und die Arbeit kann ihren Gang nehmen.

Bejahung von Leistung *und* Konkurrenz

Ganz kommen wir also am Konkurrieren nicht vorbei, oder jedenfalls nicht an Impulsen dazu. Es scheint daher richtig, die tadelnden und mißbilligenden Kommentare, die das der Kooperation verpflichtete Gewissen dazu abgibt, in ihre Schranken zu weisen: Wir sind zur Konkurrenz verführbar, leiden an ihr und genießen sie – so ist es wohl richtig, sich zu ihr zu bekennen, als eines Teils unserer Motivation.

Es ist vorteilhaft, sich mit der tatsächlichen eigenen Leistungsfähigkeit anzufreunden und sie zu bejahen. Es gilt die Rückbesinnung auf das, was *ist*, nicht auf das, was schön *wäre*, *wenn* ... Viel Leiden in diesem Zusammenhang kommt ja dadurch zustande, daß die Wünsche sich von den Möglichkeiten abgekoppelt haben und ein blühendes Eigenleben zu entfalten beginnen. Auch der Vergleich mit anderen soll zugunsten der Selbstbesinnung zurücktreten. Wir sind nicht jene, sondern wir selbst; aber der Vergleich mit ihnen könnte unseren Ehrgeiz weit über das Maß dessen anstacheln, was wir selbst an Ressourcen aufzuweisen haben. In den *Desiderata* aus der alten St.-Pauls-Kathedrale in Baltimore heißt es in diesem Zusammenhang: »... Wenn Du Dich mit anderen vergleichst, könntest Du hochmütig oder bitter werden, denn immer wird es Menschen geben, die erfolgreicher sind als Du. Freue Dich am Erreichten und an Deinen Plänen. Gib Dir bei Deiner Arbeit Mühe, so bescheiden sie auch sein mag. Sie ist ein wirklicher Besitz in den wechselnden Geschicken des Lebens ...«

Sich der eigenen Konkurrenzimpulse bewußt zu werden, hilft, nicht mehr, als von der Person selbst gewünscht, von ihnen bestimmt zu werden. Es geht also, um dies noch einmal zu betonen, nicht darum, das Konkurrieren abzuschaffen. Wohl aber lohnt es sich, sich über die eigenen Impulse und Formen der Konkurrenz bzw. des Konkurrenzvermeidens Klarheit zu verschaffen. Der Mensch gewinnt dann Spiel-Raum im wörtlichen Sinne: Er kann konkurrieren, wenn ihm danach zumute ist, und sich aus Konkurrenzbeziehungen lösen, die ihn nicht bereichern, die ihn ermüden oder die er als überflüssig und destruktiv erlebt. Zur bewußten Wahrnehmung von Konkurrenz gehört auch zu erkennen, wie andere Menschen versuchen, uns in Konkurrenzbeziehungen zu verstricken, die wir selbst nicht wünschen. Manchem Kollegen gelingt es leicht, einen Gesprächspartner als Chauvi oder Frauenfeind, als Reaktionär, schlechten Vater oder Partner oder als unfähigen Therapeuten herauszustellen – ein Spiel nach dem Muster: ›Hab ich Dich endlich, Du Schweinehund!‹ (Berne, 1968).

Ein Kollege und ich bemerkten, kaum daß wir uns kennengelernt hatten, daß wir uns auf den Tod nicht ausstehen konnten und uns gegenseitig das Terrain streitig machten, oder, wie gelegentlich gesagt wird: Die Chemie zwischen uns stimmte einfach nicht. Nun waren wir aber, da wir am gleichen Institut auf dem gleichen Gebiet arbeiteten, auf ein Mindestmaß an Kooperation angewiesen. Als Psychologen glaubten wir, die Sache mit ein paar offenen Gesprächen (sog. Beziehungsklärungen) aus dem Weg räumen zu können. Das ging gründlich schief. Immerhin konnten wir uns darüber verständigen, daß wir für eine Zusammenarbeit miteinander nicht geschaffen waren, und gingen uns daher einvernehmlich aus dem Weg. Was wir unausweichlich miteinander regeln mußten, erledigten wir in Telefonaten. Immerhin waren wir erwachsen genug, uns in der Gremienarbeit bei der Vertretung unserer Positionen wechselseitig zu unterstützen. Daraus wurde am Ende sogar etwas wie Respekt voreinander.

Nicht jedes Konkurrenzangebot muß angenommen werden, auch dann nicht, wenn der Gegenüber die weitere Zusammenarbeit davon abhängig zu machen scheint. Manche Gesprächspartner laden zur Zusammenarbeit ein, indem sie zunächst die Unterschiedlichkeit betonen und herausstreichen, daß diese in den Vorgesprächen auch ›ganz klar ausgesprochen‹ werden solle, bevor man zu Vereinbarungen kommen könne. Das ist oft vernünftig, da es die Zusammenarbeit überschaubar und berechenbar macht. Aber manchmal verrät es die unbewußte Neigung zum Dauerkonflikt.

Die Sache ist in der Praxis nämlich nicht so einfach, wie es in der Sprache erscheint: *Erst Differenz, dann Konsens.* Vielmehr beginnt man miteinander zu sprechen, stellt Differenzen fest, versucht sie aus dem Weg zu räumen oder stehen zu lassen und kommt damit ein Stück voran. Ebenso entdeckt man Konsensfähiges und will es schnell erledigen. Aber nun kommt die Psychodynamik der Beziehung ins Spiel. Dinge, über die man einen Konsens schnell erzielen zu können glaubte, erweisen sich als komplizierter; Themen, über die man lange gestritten hat, erweisen sich als Randfragen, über die man schnell einig wird. Absprachen können nie die letzte Nuance der dem Team noch bevorstehenden Praxis ausleuchten und für *alle* Fälle eine verbindliche Klärung erreichen. An diesem Punkt beginnt dann leicht die Abrechnung: ›Aber wir hatten doch vereinbart ...‹; ›Das war jetzt gegen die Absprache‹; ›Das ist im Konzept nicht vorgesehen‹ usw. Die Differenzen ausräumende, um Konsens bemühte Vorarbeit hat also nur dann einen Nutzen, wenn sie nicht zu einem starren Korsett wird, sondern als Orientierung dient, die die Gestaltungsfreiräume der Beteiligten begrenzt und überschaubar macht, ohne sie übermäßig einzuengen.

Konkurrenz kann bestehenbleiben, wenn sie allen Beteiligten etwa gleich viel Spaß macht und nicht zu Lasten Dritter geht.

Es muß nicht jede Situation der Konkurrenz beseitigt werden. Manche Arbeitsteams entwickeln einen Stil des Konkurrierens, der alle anspornt und beflügelt. Viele Theaterstoffe und Drehbücher handeln von einer ausbalancierten Konkurrenz, die zur Entwicklung einer ausgeprägten Situationskomik ausgebaut werden kann (z. B. ›Viel Lärm um nichts‹; ›Das doppelte Lottchen‹ usw.). Aber diese Balance, aus der alle Beteiligten einen Lustgewinn ziehen, ist auf die Dauer nicht leicht aufrechtzuerhalten. Destruktive Konkurrenz kommt nicht auf, wenn die beteiligten Personen im sicheren Bewußtsein der eigenen Kompetenz sich wechselseitig Raum zu geben vermögen. Ich habe eine große Zahl von gruppendynamischen Laboratorien mit Kolleginnen und Kollegen durchgeführt, mit denen wechselseitig Freude an der Interventionskompetenz des andern bestand. Wenn Gruppenmitglieder anerkennend von der Arbeit des anderen erzählten, konnten wir uns neidlos daran mitfreuen. Im Plenum verständigten wir uns mit Blicken leicht und wortlos darüber, wer von uns an welcher Stelle das Wort ergriff, ohne uns darüber zu sorgen, ob der andere auf diese Weise mehr Redezeit und einen günstigeren Eindruck erwecken werde. Aber ich kenne auch Kollegenklagen aus Laboratorien mit anderen Kollegen, in denen jedes Wort auf die Gold-

187

waage gelegt werden mußte und keine Sitzung ohne endlose vorwurfsvolle, aus der Kränkung gespeiste Nachbesprechungen bleiben konnte. Solches Nachtarocken versucht denjenigen, der in der Gruppe Erfolg hat, jedenfalls im nachhinein wieder klein zu machen. Ich mußte selbst auf diesem Gebiet einmal reichlich Lehrgeld bezahlen.

In einem Training begann der letzte Abend mit der letzten Staff-Sitzung. Ich kündigte an, ich wolle nach dieser Besprechung den Rest des Abends mit den Teilnehmern im Bierkeller verbringen und dabei Abschied von ihnen nehmen. Dies war damals die mir gemäße Form, nach der intensiven Arbeit die Gestalt des Erlebens für mich zu schließen. Wir sprachen dann in der Staff-Gruppe noch über die Planung des nächsten Tages und über allerlei letzte Erledigungen. Als wir damit fertig waren, erhob ich mich und wollte gehen. In diesem Augenblick sagte der Gastgeber:»Übrigens, was Du da heute nachmittag im Plenum gesagt hast, das finde ich ziemlich deplaziert. Ich meine, daß wir darüber hier im Staff sprechen sollten.« Ich stand dieser Äußerung ziemlich verblüfft gegenüber, sie schien mir wie ein gezielter Schuß aus dem Hinterhalt. Von dem Vorwurf selbst fühlte ich mich nicht getroffen, dazu war meine Stellung im Staff und den Gruppen gegenüber zu klar und zu eindeutig. Auch die anderen Staff-Kollegen schüttelten verständnislos den Kopf über den Anwurf. Ich wollte also den Raum verlassen, um meinen Vorsatz wahrzumachen; aber nun holte der Gastgeber zu einer wortreichen Rekonstruktion dieser Nachmittagssitzung aus und warf mir, als ich mich desungeachtet zum Gehen wandte, vor, ich entzöge mich der Auseinandersetzung. – Nein, das wollte ich natürlich nicht, zumal als Gast. Also setzte ich mich seufzend wieder, um die Sache schnell zu Ende zu bringen. Der Gastgeber verstand es aber, den Konflikt zu schüren und in die Länge zu ziehen. Er befragte die anderen Trainer im Stile eines Staatsanwalts, entdeckte minimale Abweichungen in ihren Wahrnehmungen und wertete dies als Bestätigung für seinen Vorwurf. Es dauerte ziemlich lange, bis wir anderen den Streit ernst genug nahmen, um der Beschuldigung des Gastgebers entgegenzutreten. Eine Kollegin sprach dann, während ich der Auseinandersetzung längst überdrüssig war, eine klare Analyse der Situation aus, an deren Ende der Gastgeber einen Rückzieher machte. Jedoch nahm er diese Kehrtwendung, sogar verbunden mit einer an mich gerichteten Entschuldigung, mit eigenartiger Hurtigkeit und Leichtigkeit vor. Er kam, als wir schließlich aufstanden, sogar auf mich zu, lachte mich fröhlich an, umarmte mich, klopfte mir auf die Schulter und sagte kameradschaftlich:»Nichts für ungut, Jörg!« Da kam mir der Verdacht, die Debatte habe einen ganz anderen Zweck verfolgt als den einer

Klärung in der Staff-Gruppe. Und wirklich merkte ich nun, daß es mittlerweile 3 Uhr morgens war. An eine Abschiedsfeier war nicht mehr zu denken. Nun wußte ich plötzlich, wozu die ganze Inszenierung gedient hatte: Mich von der Feier im Kreis der Teilnehmer abzuhalten.

Wo andererseits Konkurrenz in Partnerschaft, Freundeskreis, Kollegium und Zusammenarbeit verboten und verleugnet wird, kommt es oft zu einer Attitüde des Lächelns und Säuselns, manchmal in Verbindung mit einer Kultur der Stichelei und Intrige im verborgenen.

Offenheit und Heimlichkeit

Über Konkurrenzgefühle zu sprechen und sie für sich selbst und ihr Gegenüber zu klären hilft – manchmal. Es ist für manche Menschen, die ihre Konkurrenzgefühle nicht besonders gern haben, in Selbsterfahrungsgruppen wie auch in privaten und beruflichen Kontexten eine Hilfe, darüber zu sprechen. Sie können dabei u. a. irrationale Phantasien und Ängste einer Realitätsprüfung unterziehen. Es erweist sich oft als hilfreich, daß das Gegenüber, das oft ähnlichen Irrtümern und Fehleinschätzungen unterliegt, von diesen Dingen erfährt. Manche Vorstellung und mancher Kraftakt wird auf diese Weise überflüssig; man begegnet sich natürlicher und freier.
Aber Sorgfalt bei der Auswahl der Personen, denen man solche Dinge anvertraut, ist durchaus am Platze. Es kann nämlich passieren, daß der andere solche Eröffnungen als Zeichen von Schwäche und Dummheit in der Auseinandersetzung um knappe Güter betrachtet. Er mag sich dann in der vorteilhaften Lage sehen, alles über die Schwächen und Ängste des mitteilungsfreudigen Kollegen zu erfahren und dies für sein eigenes weiteres Konkurrenzgebaren zu verwerten. Dies alles geschieht in Selbsterfahrungs- wie in Arbeits- und Freundesgruppen wirklich. Tatsächlich fallen Versuche der Beziehungsklärung von seiten konkurrenzängstlicher Menschen manchmal etwas weinerlich aus und klingen wie die Bitte: ›Tu mir nichts!‹ Eine solche Klärung ist also wahrscheinlich dann am wirksamsten, wenn sie auch die Bereiche der eigenen Festigkeit und Stärke sichtbar werden läßt.

Es ist für die seelische Gesundheit der Beteiligten von Vorteil, wenn es gelingt, offen zu konkurrieren oder auf die Konkurrenz zu verzichten. Heimliches und getarntes Konkurrieren belastet die seelische Gesundheit mehr als offene Auseinandersetzungen. Im offenen Wettstreit wissen alle Beteiligten, womit sie zu rechnen haben: Es geht um Kampf, Überlegenheit und Sieg; es gibt Personen, die (noch) die Spitzenposition einnehmen, und andere, die ansetzen, sie ihnen streitig zu machen. Das ist der Preis der herausragenden Position: Sie ist begehrt und wird angestrebt. Wer sie innehat und sie behalten will, muß zu ihrer Verteidigung bereit sein.

Ich arbeitete einmal mit einem Mann in den Dreißigern, der sich mit den Aufgaben, die er in seiner Firma ausübte, nicht ausgelastet fühlte. Mehrfach waren seine Vorschläge vom eigenen Vorgesetzten nicht aufgegriffen worden. Nun wurde er ungeduldig, seinen Wirkungskreis zu erweitern, und bat mich, ihn bei der Verwirklichung seiner Pläne zu beraten. Ich schlug ihm vor, zunächst erneut das Gespräch mit dem Vorgesetzten zu suchen, diesem seine mißliche Lage darzustellen und um seine Unterstützung zu werben. Er entwickelte daraufhin ein Konzept zu einer aktuellen Problemlage der Firma und trug es seinem Vorgesetzten vor. Als dieser sich, wie auch die vergangenen Male, nur wenig dafür erwärmen konnte, schlug mein Klient ihm vor, das Papier gemeinsam an die Geschäftsleitung weiterzuleiten. Als der Chef auch dieses Angebot ausschlug, bat mein Klient ihn, Verständnis dafür zu haben, daß er sich nun unmittelbar an den Vorstand wenden wolle. Dort wurde seine Niederschrift mit Interesse aufgenommen. Das Verhältnis zum unmittelbaren Vorgesetzten änderte sich dadurch zunächst nicht. Auch wurde der Spielraum meines Klienten zunächst nicht größer. Aber die Anerkennung von der Spitze tat ihm gut. Es wurde ihm nun deutlich bewußt, daß er bei dieser Firma beruflich in einer Sackgasse steckte, und er sagte mit ruhiger Gewißheit: »Diese Klärung habe ich ohne Intrige zustande gebracht, ohne Sägen am Stuhl meines Chefs und ohne alle Heimlichkeit.«

Wer offen in die Konkurrenz eintritt, verpflichtet sich zu einer gewissen Fairneß und muß sich, wenn er sie verletzt, mangelnde Moral vorhalten lassen: Man kennt seine Motive und mißt sein Verhalten an ihnen. Das verdeckte Konkurrieren dagegen operiert aus dem Dunkeln oder aus Grauzonen. Das eigene Interesse bleibt undeklariert; es entwickeln sich leicht Unehrlichkeit und Vertuschung, oder das eigene Handeln wird als aus höheren Motiven entspringend dargestellt. Eine direkte Konkurrenz wird oft geradezu geleugnet. ›Es geht hier ausschließlich um die Sache‹ ist eine beliebte Behauptung in diesem Zusammenhang, aber natürlich wird sie durch häufige Benutzung nicht wahrer. In der Politik folgt oft noch der Zusatz: ›Es geht hier ausschließlich um das Wohl der Menschen in Deutschland.‹ Aber daß dieses bei der eigenen Partei am besten aufgehoben ist, wird dabei ebenso unmißverständlich mitsignalisiert.

Das heimliche Konkurrieren bringt für denjenigen, der es praktiziert, eine Reihe seelischer Probleme mit sich. Es bleibt nicht aus, daß er seine eigentlichen Motive für sich selbst wie für andere immer wieder verschleiern muß: Er fühlt seinen eigenen Machtwunsch, muß diesen aber im Interesse des besseren Ankommens beim Publikum immer wieder zurückhalten und das ›Interesse der Sache‹ betonen, so wenig er selbst daran glaubt. Eine solche seelische Leistung wird in der Psychologie als *Spaltung* bezeichnet. George Orwell hat den Vorgang in seinem Roman 1948 als *Zwiedenk* geschildert. Da war es fast erfrischend, die Offenheit mitzuerleben, in der 1982 der CDU/CSU-Kandidat Kohl nach der Bundestagswahl zwischen Entrüstung und Hilflosigkeit trompetete: »Ich will Bundeskanzler werden!« Die CDU/CSU stellte am Wahlabend die größte Bundestagsfraktion, aber SPD und FDP verfügten gemeinsam über eine regierungsfähige Mehrheit.

Demgegenüber erlegt das heimliche Konkurrieren es dem Betreffenden auf, den eigenen Anspruch stets in verklausulierter Form zum Ausdruck zu bringen.

Als es um die Frage geht, welcher Politiker die bundespolitische Rede aus Anlaß der 50. Wiederkehr des Attentats vom 20. Juli 1944 auf Hitler halten wird, bootet der Bundeskanzler den neuen Bundespräsidenten flugs aus. Der Oppositionsführer quengelt erfolglos hinterher: »Es hätte dem Sinn dieser Feier gut angestanden, wenn der Vorsitzende der Partei die Rede gehalten hätte, die am meisten unter den Nationalsozialisten zu leiden hatte und in hervorragender Weise im Widerstand in Erscheinung getreten ist!« – also er selbst. Aber so offen kann er das nicht sagen. Vielmehr soll der Zuhörer gezwungen werden, ihm den letzten klaren Akt des Konkurrierens abzunehmen und für ihn zu votieren, *ohne* daß er selbst als Konkurrent in Erscheinung tritt und den Hut selbst in den Ring wirft.

Die Praxis des Verklausulierens greift auf die eigenen Angehörigen über. Die Machtansprüche werden auch hier in verschleierter Form zum Ausdruck gebracht – das kommt besser an. Besonders hilfreich ist es, wenn es gelingt, einen anderen, weitab von der eigenen Person liegenden Bezugspunkt als Triebfeder des eigenen Handelns benennen zu können: Moral, Wohlergehen der Menschen, Gerechtigkeit usw. Das macht viele Auseinandersetzungen im politischen Raum, aber auch in Kollegien und Teams so schwer und manchmal geradezu fanatisch. Es geht nicht mehr um Machtdurchsetzung und Machterhalt allein, sondern um die Verteidigung der hehrsten Werte, denen sich alle verschrieben haben. Wer dem entgegentritt, der gehört folgerichtig gnadenlos bekämpft, denn man kann ihm unterstellen, er greife die wichtigsten Werte der Menschheit an.

Regulierung des Konkurrenzdrucks

Entscheidend ist stets auch, wie sehr von innen Konkurrenz als Notwendigkeit betrachtet und konstelliert wird.
Konkurrenzverringernd und psychohygienedienlich wirkt sich meist das Spiel mit offenen Karten aus. Freilich vermindert dies die Chance, einen überraschten Gegner zu überrumpeln. Das Gegenbild zum heimlichen Taktieren ist die offene Klärung des Konkurrenzverhältnisses und der eigenen Absichten. Statt also zu verheimlichen, sich bedeckt zu halten und sich zu tarnen ist, es oft dienlich, die Mitbetroffenen über die eigenen Absichten ins Bild zu setzen. Das erspart dem Betreffenden Heimlichtuerei, bewahrt den anderen vor bösen Überraschungen und führt manchmal zu Unterstützung von einer Seite, von der man dies nicht für möglich gehalten hätte. Menschen, die man für Gegner hält, sind u. U. wohlgesonnen, und mancher Rat ist unersetzlich.

Ich erlebte eine solche Situation als junge wissenschaftliche Hilfskraft. Ich bekleidete eine halbe Assistentenstelle schon (!) seit einem halben Jahr (wie ungeduldig sind wir manchmal!) und sah kein rechtes Vorwärtskommen. Da wurde bei einem anderen Lehrstuhl eine ganze Assistentenstelle für Statistik frei, und ich erwog, mich auf sie zu bewerben. Freilich genierte ich mich auch für den geplanten Wechsel und wollte ihn meinem Doktorvater nicht eingestehen, sondern beabsichtigte, vollendete Tatsachen zu schaffen und mich erst dann bei ihm abzumelden, wenn ich die neue Zusage hätte. Ein Mitassistent, der mitbekam, daß ich den Bewerbungsbrief abschicken wollte, hielt mich auf und schlug mir vor, mit ihm zusammen die Sache in Ruhe zu besprechen. Er schilderte mir anschaulich die Vorzüge meiner jetzigen Stelle im Vergleich zum Einstieg in die Methodenlehre. Schließlich nahm ich von der Bewerbung Abstand und beschloß zu bleiben. Kurz danach fand sich dann auch in der Angewandten Psychologie eine Aufstiegsstelle. Ich habe es nie bereut, geblieben zu sein. Aber eben: Die offene Darlegung meiner Pläne war mir erst möglich, nachdem der Kollege mir so eindringlich zugesprochen hatte.

Der Konkurrenzdruck wird geringer, wenn man sich darauf einlassen kann, solchen Lösungsvorschlägen anderer Menschen zuzustimmen, die man in großen Zügen mittragen kann, wenn auch nicht in allen Details. Es entlastet von der nicht abzustellenden Emsigkeit des eigenen Denkens und Vergleichens, sich selbst in einem Verbund mit anderen Menschen zu begreifen, mit denen man gemeinsame Interessen hat und verbindende Ziele verfolgt. Ich hatte in den Abschnitten I und II beschrieben, wie Gruppen sich konstituieren und wie das Konkurrieren ein Weg ist, Platz und Profil in ihnen zu gewinnen. Aber u. U. ist es möglich, dies als Durchgangsstadium zu betrachten. Später kann man sich darum bemühen, mehr für gemeinsame Ziele als für den eigenen unmittelbaren Vorteil zu arbeiten.

Aus der Arbeit von Teams und Kommissionen kenne ich zahlreiche Situationen, wo um Details eines Arbeitsvorschlags stundenlang debattiert wird, ohne daß das Endergebnis schließlich besser ist als der Erstentwurf. Bei der Beratung eines Stadtparlaments fiel mir besonders auf, daß während der Etat-Verabschiedung Beträge in mehrfacher Millionenhöhe einige Male durch einfaches Kopfnicken das Gremium passierten, während es um einen Etat-Posten von 2000.– DM für eine Vortragsreihe in der Lehrerfortbildung eine ganzstündige Debatte gab. Fußend auf solchen Erfahrungen sagte ich, als ich selbst einmal einen Berufsverband in einer Leitungskrise beriet: »Ich werde Ihnen nun gleich einen Arbeitsvorschlag unterbreiten. Wir haben vier Doppelstunden Zeit für die gemeinsame Arbeit, und natürlich wird es ein leichtes sein, in dieser Zeit über den Vorschlag zu diskutieren. Dann ist die Zeit um, und wir werden nichts erreicht haben. Wenn Sie mit dem Vorschlag *in etwa* zufrieden sind, ihm also mit etwa 60 bis 70% Ihrer Neigung beipflichten können, dann bitte ich Sie, ihn jetzt in die Tat umzusetzen.« Ich war dann ziemlich überrascht, daß das Plenum nach nur einstündiger Diskussion wirklich meinem Vorschlag folgte.

Darauf kommt es in Situationen festgefahrener Konkurrenz an: daß einer der Beteiligten sich entschließt, bei dem, was ein anderer vorschlägt, mitzuarbeiten, *obwohl* es von dem anderen stammt und *obwohl* es nicht hundertprozentig den eigenen Vorstellungen entspricht. Das Gegenbild dazu ist das sogenannte ›Ausdiskutieren‹, das in den siebziger Jahren oft bis tief in die Nacht dauerte, ergebnislos natürlich, und schließlich eine gewisse Unsäglichkeit erreichte. Über Karl Kraus wird berichtet, er habe einmal um ein Komma einen Gerichtsprozeß geführt.

In aller Regel kann man also in Konkurrenzsituationen, die beginnen, lästig zu werden und Kraft von wichtigen Aufgaben abziehen, empfehlen loszulassen und sich von der Sache zurückzuziehen. Allzuleicht entwickelt sich daraus sonst eine Prinzipienfrage, die mit dem Erfolg in einer konkreten Angelegenheit nicht mehr viel zu tun hat.

Wenn die Konkurrenz anfängt, in einen täglichen Kleinkrieg überzugehen, und man dies nicht wünscht, so tut man gut daran, das Spiel einseitig aufzukündigen. Ich hatte in Kap. 8 die sog. Streitehe erwähnt, die u. U. von endlosen Disputen lebt. Manchmal ist es hier wie auch in anderen Kontexten richtig, der Maxime ›Der Klügere gibt nach‹ zu folgen. Dagegen verrät die, übrigens bevorzugt von Männern Frauen gegenüber benutzte Formulierung ›Du hast recht, und ich habe meine Ruhe!‹ den weiterbestehenden Wunsch, im Abgang noch die Oberhand zu behalten.

Destruktive Konkurrenz kann überwunden werden, wenn eine Positionsdifferenzierung anerkannt wird. In aller Regel sind die Fähigkeiten von Menschen nicht völlig gleich ausgeprägt. In solchen Fällen mögen Unterlegenheitsgefühle, Blamageangst, Ehrgeiz und Lust am Rivalisieren den Unsicheren und weniger Erfahrenen verleiten, diese Unterschiede nicht anzuerkennen oder nivellieren zu wollen. Für die Zusammenarbeit erweist es sich oft als Hilfe, wenn der Erfahrene die Unterschiede nicht besonders unterstreicht, aber den Dienst-›Jüngeren‹ doch auch darauf hinweist, daß noch kein Meister vom Himmel gefallen ist und daß dies auch von dem jungen Aspiranten nicht gefordert wird – bescheidene

Einsichten, die aber doch von jeder Lehrlingsgeneration wieder neu gewonnen werden müssen.

Ich selbst erhielt eine solche Lehre einmal während meiner Gruppendynamik-Ausbildung von einem erfahrenen Kollegen. Wir leiteten die Gruppe gemeinsam. Ich gab mir ordentlich Mühe, ihm und der Gruppe mit treffsicheren Interventionen zu imponieren. Dann passierte es, daß ein Teilnehmer nach einem Feedback von mir etwas mürrisch antwortete, das sei vielleicht eher mein als sein Problem. Da verwickelte ich ihn in eine zähe Debatte und versuchte, ihm doch noch die Zustimmung zu meinem Feedback abzutrotzen. Auf seine erste Antwort ging ich sicherheitshalber gar nicht erst ein. Nach einer Weile wurde die Gruppe unruhig, begann, das Interesse an unserer Hakelei zu verlieren, und brachte ein anderes Thema auf. Mein Gruppenleiter sagte mir später: »Streng Dich doch nicht so an, fehlerlos zu sein!« Aber so war es eben: Wenn *er* einen Patzer zugab, betrachteten dies alle als Zeichen seiner Souveränität. Aber *ich* fürchtete, *mir* werde das gleiche als Beweis meiner Inkompetenz ausgelegt werden. – In der Anerkennung unserer Unterschiedlichkeit und seiner größeren Erfahrung und mit Hilfe seiner Erlaubnis, Fehler zu machen, wurde mein Arbeitsstil danach etwas entspannter.

In einem anderen Zusammenhang gelang es mir einmal, einer mir angetragenen, auf den ersten Blick vielleicht unakzeptabel erscheinenden Positionsdifferenzierung zuzustimmen und damit eine gefährdete Arbeitsbeziehung zu erhalten.

Ich hatte mit einem Kollegen verabredet, eine auf drei Jahre Dauer angelegte Gruppe mit psychosomatischen Patienten gemeinsam zu leiten. Er führte die Erstinterviews durch und schrieb die Kassengutachten. Die Sitzungen sollten in seiner Praxis stattfinden; insgesamt hatte er auf diesem Gebiet mehr Erfahrung als ich. Andererseits hatte er in der Gruppendynamik als Co-Trainer bei mir gearbeitet. Aus dieser Perspektive versprach er sich auch für diese Gruppe von mir eine besondere Anreicherung. Wir waren beide schon seit vielen Jahren in der Praxis tätig. So war es für uns beide selbstverständlich, daß wir das Honorar teilen würden. Aber am letzten Abend vor der ersten Gruppensitzung rief er mich voller Unruhe an. Er schilderte mir seine Sorge, ich könnte mich in seiner Praxis als der eigentliche Hausherr aufführen und ihn zum Co-Therapeuten degradieren, ihm Patienten abspenstig machen, sie im Konfliktfall selbst in Einzeltherapie weiterbehandeln oder ihn vor unseren Patienten als Lehrling darstellen. Hinzu komme ja auch, die Gutachtenarbeit und die Raummiete. Ich spürte seine Sorge, schlecht abzuschneiden bei dieser Vereinbarung, und auch daß er sich unschlüssig war, ob er von unserer Vereinbarung zurücktreten oder eine Nachbesserung der Absprachen einfordern solle. Um die Sache nicht in die Länge zu ziehen und weil mir an der Zusammenarbeit mit ihm lag, schlug ich ihm eine Änderung im Schlüssel für die Aufteilung des Honorars vor, so daß darin Raummiete, Gutachtenerstellung und sein Gruppen*leiter*-Status hinreichend deutlich Berücksichtigung fanden. Dem stimmte er mit großer Erleichterung zu, und die gemeinsame Gruppenarbeit hat uns beiden danach viel Freude gemacht.

Rat durch Dritte

Dennoch ist im Prozeß der Auseinandersetzung Rat durch Dritte nur von begrenztem Wert, je nachdem natürlich, in welchem Umfang er über Erfahrung und Reife verfügt. Jeder von uns hat eine eigene Konkurrenz-Geschichte und bringt sie als Ratgeber unweigerlich mit ins Spiel. Wer in einer Konkurrenzsituation versucht, einen Rat zu geben, tut dies, wie auch bei jeder anderen Parteinahme, auf dem Hintergrund seiner eigenen Biographie und aktuellen Perspektive. Manchmal ist es daher interessanter, den Rat, den man auf diese Weise erhält, in seiner Herkunft zu verstehen, als ihn zu befolgen.

Ich führte einmal mit Studentinnen und Studenten ein gruppendynamisches Laboratorium durch. Bei der Begehung der Tagesstätte fand ich den uns zugesagten Raum von einer anderen Gruppe belegt; es wurde mir aber versprochen, diese Gruppe werde den Raum in den nächsten Minuten räumen. Als ich ihn dann aufsuchte, war er *nicht* frei, und die Referentin der Gruppe erklärte, ja, es sei richtig, sie habe den Raum entgegen der Weisung von seiten der Tagesstätte belegt, aber nun sei sie halt drin mit ihrer Gruppe, das könne man ja schlechterdings nicht bestreiten. Wir könnten ja die ersten zwei Sitzungen in einer Sitzgruppe im Flur tagen. Über die Abendsitzung könnten wir uns beim Abendessen verständigen. Die Studenten meinten, das sei ein guter Kompromiß, und ich solle zustimmen. Ich teilte ihre Auffassung indes nicht und bat die Dozentin nachdrücklich, den Raum *jetzt* freizumachen. Als dies nicht fruchtete, wandte ich mich an die Leitung des Hauses. Diese bestätigte meine Auffassung und veranlaßte die Kollegin schließlich, mit ihrer Gruppe in einen anderen Raum überzuwechseln. – Unsere eigene erste Gruppensitzung begann damit, daß die Studenten mir vorwarfen, ich sei hart gewesen und hätte der Dozentin keine Chance gelassen. Ich hörte eine Weile lang zu, ohne zu antworten, und begann, mich zu fragen, *warum* die Studenten nicht mein Beharren honorierten, sondern die Dreistigkeit der Kollegin. Im Laufe der weiteren Erörterung, als die Meinungen sich stärker differenzierten, wurde der facettenreiche Hintergrund der studentischen Meinungsbildung deutlicher. Einige von ihnen, selbst mit Erfahrungen von Schwäche vertraut, identifizierten sich mit der Position der Unterlegenheit, die die Dozentin repräsentierte. Andere nahmen vor allem wahr, daß die Dozentin sich nicht an klare Absprachen gehalten hatte, und meinten, man müsse hier einmal ein Auge zudrücken oder Gnade vor Recht ergehen lassen – solche Hoffnungen haben sie in der Regel auch im Studium, wenn es um Nachsicht eigenen Vergeßlichkeiten und Sorglosigkeiten gegenüber geht. Wieder andere fürchteten, ich würde in dem Seminar *mit ihnen* so kompromißlos umgehen wie hier mit der Dozentin. Eine vierte Gruppe schließlich äußerte Erleichterung darüber, daß ich die Interessen *meiner* Gruppe so klar vertreten hatte, statt mich hinhalten zu lassen oder auf einen windelweichen Kompromiß einzugehen. Nachdem diese verschiedenen Hintergründe der studentischen Stellungnahme sichtbar waren, konnten sie von mir ablassen und sich auch mit sich selbst und miteinander beschäftigen.

13. Qualitätsmerkmale des Teams

Ein modernes Synonym für Kooperation ist in den 60er Jahren das ›Team‹ geworden. Dem Team wurden bald alle möglichen guten Eigenschaften zugeschrieben, ganz so, als werde die Arbeit zwangsläufig besser, wenn sie von mehreren Personen ausgeführt wird. Diese Erwartung kann man heute sowohl bestätigen wie auch relativieren und spezifizieren. Dabei besitzen im Grundzug noch die gleichen drei Thesen Gültigkeit, mit denen Hofstätter (1957) die Gruppe charakterisiert hat.

Das Team regt an

Allein die Tatsache und das Bewußtsein davon, daß andere Menschen innerhalb der gleichen Einrichtung an ähnlichen Aufgaben arbeiten wie man selbst, regt die Phantasie und die Motivation an und gibt Schwung. Das setzt nicht einmal voraus, daß diese anderen Personen sich immer in der Nähe, in benachbarten Zimmern, in einem gemeinsamen Büro oder an einem gemeinsamen Arbeitsplatz aufhalten. Schon daß es diese anderen gibt und daß man sie ab und zu zu sehen bekommt, führt dazu, daß jedes Mitglied des Teams mit den anderen in einen zunächst *inneren* Dialog eintritt. Das klingt dann so:

- »Ach, das und das muß ich dem Kollegen A einmal erzählen!«
- »Hat die Kollegin B nicht neulich einmal von einem Fall berichtet, der ähnlich gelagert war wie der, der mir jetzt vorliegt?«
- »Zu diesem Vorgang muß ich Herrn C hinzuziehen!«
- »Wie würde Kollegin D in diesem Fall vorgehen?«
- »Gibt es eine Absprache darüber, auf welche Weise Fälle wie dieser behandelt und entschieden werden sollen?«

Um so mehr regen die Kollegen uns an, wenn wir mit ihnen zusammen sind. Nicht nur in Besprechungen werden Fachfragen behandelt. Auch da, wo Mitarbeiter zur Kaffee- und Mittagspause zusammensitzen, kreist das Gespräch meist um dienstliche Belange. Ich empfehle Vorgesetzten u. a. aus diesem Grund, bei der Kontrolle der von den Mitarbeitern gemeinsam verbrachten Zeiten nicht zu penibel zu verfahren. Es fließt in dieser Zeit viel wichtige Information, und es fallen Entscheidungen, die auf dem sog. Dienstweg länger dauern würden.

Ich beriet einmal die Personalabteilung eines Computer-Konzerns. Ein Team dieser Firma beantragte für Donnerstag und Freitag Bildungsurlaub und beabsichtigte, schon am Mittwoch nach Dienstschluß auf eine firmeneigene Skihütte in die Berge zu fahren, um dort von Mittwochabend bis Sonntag Ski zu laufen. Die Personalabteilung gab diesem Antrag auf meine Empfehlung hin statt. Meine Argumente waren einfach und einleuchtend: Während solcher Tage wird überwiegend von dienstlichen Dingen die Rede sein, Dingen, die sonst in der Hektik des Alltags leicht untergehen. Insofern konnte die Skireise durchaus als Fortsetzung der Arbeit unter Schneebedingungen verstanden werden.

Wie wichtig die Anregung durch das Team ist, ist denjenigen, die ein Team haben, vielleicht gar nicht bewußt. So geht es uns ja oft: Viele Vorzüge und Privilegien, die wir genießen, nehmen wir erst dann wahr, wenn wir auf sie verzichten müssen. Ich selbst habe in dieser Hinsicht viel Erfahrung mit Kolleginnen und Kollegen, die eine psychotherapeutische Praxis betreiben. Viele Psychotherapeuten versuchen, sich mit Kollegen zu einer Gemeinschaftspraxis zusammenzuschließen, nicht nur wegen der Kostenersparnis bei gemeinsam genutzten Räumen, sondern auch wegen der wechselseitigen Anregung. »Allein verblödet man doch nach ein paar Jahren!«, sagt einer von ihnen. Das ist drastisch, trifft aber den Kern der Sache.

Das Team weiß mehr

Im Sprichwort heißt es: »Vier Augen sehen mehr als zwei.« Darin steckt eine tiefe Weisheit. Tatsächlich gibt es auf der ganzen Welt nicht zwei Menschen, die einen so einfachen Sachverhalt wie einen Bleistift, eine Streichholzschachtel oder eine Kaffeetasse auf die gleiche Weise sehen oder mit den gleichen Worten beschreiben würden. Selbst der einfachste Sachverhalt ist so facettenreich, daß sich immer noch etwas Neues an ihm entdecken läßt. Ein einzelner Mensch ist dabei in aller Regel von einer auch nur annähernd vollständigen Erfassung desselben weit entfernt.

Diese Einsicht und Erfahrung macht man sich im Arbeitsleben zunutze:

- Schwierige Fälle bespricht man mit einem Kollegen oder einer Kollegin.
- Entscheidungsfragen, für die es keine Vorbilder gibt, legt man dem Vorgesetzten vor.
- Man bietet dem eigenen Mitarbeiter an, er könne, wenn eine unvorhersehbare Frage auftauche, Rücksprache nehmen.

Für größere Teile des Arbeitslebens genügt diese Rückkopplung mit *einem* weiteren Menschen, der sich im Fachgebiet auskennt. Aber man kann das Sprichwort ausdehnen: Sechs Augen sehen nämlich mehr als vier, acht mehr als sechs, und zehn mehr als acht. Wenn es also um eine Frage geht, die für mehrere Menschen von Bedeutung ist, so ist es u. U. sinnvoll, diese Beteiligten *alle* hinzuzuziehen. Denn sie sind *alle* Experten auf ihrem Gebiet und können zu dieser Frage ihre Erfahrungen und Gedanken beitragen.

Die Zahl der neuen Ideen nimmt natürlich mit der Zahl derer, die sich zu dem Thema Gedanken machen, nicht linear zu, aber doch in regelhafter Weise. Nehmen wir also an, zu einer bestimmten Frage fallen dem ersten Kollegen, der sich mit ihr beschäftigt, zehn Gesichtspunkte ein, die dabei berücksichtigt werden müssen, und dem zweiten, dritten, vierten und fünften Kollegen auch wieder je zehn Gesichtspunkte. Es handelt sich also rein rechnerisch um 50 Ideen, freilich nicht um 50 verschiedene Ideen. Je mehr Personen man also hinzuzieht und befragt, desto häufiger wird man auch solche Gedanken zu hören bekommen, die zuvor auch schon ein anderes Teammitglied geäußert hat, d. h., der Austausch verliert an Information und gewinnt an Redundanz. Trotzdem kommen nach aller Erfahrung immer noch, und auch beim letzten in der Reihe der Befragten, ein paar Gesichtspunkte zur Sprache, an die keiner der anderen gedacht hat.

Wenn dem Mitarbeiter A zehn verschiedene Gedanken zu dem Thema einfallen und dem Mitarbeiter B wiederum zehn, so mögen bei B darunter fünf sein, an die A noch nicht gedacht hat. Mitarbeiter C hat sich nun schon mit 15 guten Ideen zu vergleichen und wird noch drei neue nennen können. D wird vielleicht noch zwei neue Ideen haben, und E eine weitere. Dann beträgt die Ideenausbeute des Teams zwar nicht 5 x 10 = 50 Ideen, wohl aber 10 + 5 + 3 + 2 + 1 = 21 Ideen, die sich graphisch als Kurve mit asymptotischem Ende bei y $\approx$ 22 darstellen läßt. Falls nun die Aufgabe nur zehn Ideen erforderte und falls wir sicher sein können, daß A auf alle diese wichtigen Gedanken selbst kommt, können wir ihm die Aufgabe getrost allein überlassen. Die Teamarbeit wäre in diesem Fall vergeudete Zeit. Falls aber zur Lösung der Aufgabe 20 Gesichtspunkte zu berücksichtigen sind und falls wir wissen, daß kein einziger Mitarbeiter aus dem Team alle diese Gesichtspunkte beherrscht, so ist eine Teamsitzung jedenfalls angezeigt, selbst wenn fünfmal soviel Arbeitszeit von Personen erforderlich ist, um zweimal so viele Ideen zusammenzubringen.

Das Team gleicht aus

Alle Menschen begehen ab und zu Irrtümer, vergessen etwas oder nehmen eine Fehleinschätzung vor. Unfehlbarkeit wird heute weder erwartet noch für möglich gehalten. Aber wenn wir dies wissen, so kommt dem Team gerade unter diesem Gesichtspunkt eine besondere Bedeutung zu. Der einzelne würde ohne das Gespräch mit den anderen u. U. eine falsche Richtung, die er einmal eingeschlagen hat, nicht einmal bemerken, sondern gleichsam blind diesen Weg weiterverfolgen. Dem steuert das Team entgegen. Es ist ein Frühwarnsystem, das Fehlentwicklungen eben *früh* erkennt und korrigiert und extreme Haltungen mildert:

- Wenn einige Teammitglieder die Lust an der Arbeit verlieren, melden sich andere, die dem Team wieder einen Impuls geben.
- Wenn einige zu überstürzten Aktionen rufen und Hektik verbreiten, so geht von anderen ein Gegenimpuls von Ruhe und Besonnenheit aus.
- In der Gesellschaft insgesamt wird diese Leistung mit ›Pluralismus‹ bezeichnet: Wo sehr viele Strebungen sich entfalten dürfen, entsteht ein getreues Abbild der ganzen Gesellschaft und aller Impulse, die gewissermaßen in einem flexiblen sensiblen Gleichgewicht existieren. Zugleich stellt dies eine Gewährleistung für relativ stabile demokratische Strukturen dar: Keine Person und keine Institution hat viel Macht – jedes Handeln unterliegt multipler öffentlicher Kontrolle und Kommentierung.
- Für das Team gilt Ähnliches im kleinen: Die Vielfalt der Einzelimpulse ergibt ein Kräfteparallelogramm, das die Bestre-

bungen und Fähigkeiten aller Teammitglieder recht gut abbildet.

Weitere Sätze können gewiß ebenfalls Zustimmung finden: Das *Team vergleicht – das Team macht Mut – das Team hält durch* usw. Aber die drei vorgenannten sind gewiß von besonderer Bedeutung dafür, daß ein Team erfolgreich arbeitet.

Eine solche Leistungsfähigkeit des Teams gilt aber nicht in jedem Fall und nicht ohne Einschränkung. Vielmehr müssen, damit das Team diese besonderen Qualitäten entfalten kann, drei Bedingungen erfüllt sein.

Unabhängigkeit der Meinungsbildung

Jeder der Gesprächspartner muß die Gelegenheit haben, bei den anstehenden Fragen an seine *eigene* Erfahrung anzuknüpfen, sich auf *eigene* Beobachtungen zu besinnen und sich eine *eigene* Meinung zu bilden. Das Gegenteil davon und ein Nachteil für die Teamleistung wären im Vergleich dazu:

- Vorauseilender Gehorsam dem Vorgesetzten gegenüber;
- die Zensurschere im eigenen Kopf, die es verbietet, etwas Unkonventionelles zu denken;
- Denkfaulheit und Anpassung an die sich abzeichnenden Mehrheitstrends der Gruppe.

Ich lernte in einer Teamberatung einmal einen Abteilungsleiter kennen, der bei allen Themen, wenn er nach seiner Meinung gefragt wurde, antwortete: »Ich schließe mich an« – auch wenn noch kein anderer Kollege seine Auffassung genannt hatte und keine Mehrheitsmeinung erkennbar war.

Um eine möglichst weitgehende Eigenständigkeit der Meinungsbildung zu gewährleisten, wähle ich in Teamberatungen oft folgendes Vorgehen: Wenn es darum geht, eine Fülle von Ideen zusammenzubringen, wähle ich nicht die Methode des Brainstorming, bei der jeder Teilnehmer gebeten ist, seine Einfälle in den Raum zu rufen und damit sofort öffentlich zu machen. Vielmehr bitte ich die Teilnehmer der Runde, fünf Minuten lang alle ihre Ideen auf einzelne Karten zu schreiben und sie erst dann, wenn bei jedem einzelnen der Ideenstrom nachläßt, zur Verfügung zu stellen.

Offene Kommunikation

Es genügt aber nicht, sich eigenständig eine Meinung zu bilden. Vielmehr müssen die Teammitglieder auch die Gelegenheit haben, diese Meinung zu äußern, und zwar Mann für Mann und Frau für Frau. Manch einer schweigt und hält sich bedeckt, weil er seine Meinung für weniger wichtig hält, weil er es für unklug hält, so viel von sich preiszugeben, oder weil er denkt: ›Das, was ich sagen wollte, hat ja schon ein anderer gesagt.‹ Aber damit tut er dem Team und auch sich selbst keinen Gefallen:

1. Jede Meinungsäußerung kann ein Impuls für die weitere Ideenproduktion sein (›Die Gruppe regt an‹).
2. Keine Meinung ist unwichtig; denn sie ist unweigerlich eine Facette im Spektrum aller Sichtweisen (›Die Gruppe weiß mehr‹).
3. Die Vielfalt und zugleich Relativität der Meinungen wird nur dann sichtbar, wenn auch unterschiedliche Positionen vertreten werden (›Die Gruppe gleicht aus‹).
4. Die Bestätigung und Stützung einer Auffassung durch weitere Voten zeigt, wie verbreitet sie in dem Team ist und wieviel Rückhalt sie gegebenenfalls finden wird.

Es soll also möglich sein, daß ohne allzu hoch formalisierte Rednerliste, ohne Privilegien und besondere Rederechte jeder Kollege zu Wort kommt und sich zu jedem der anstehenden Themen äußern kann.

Neugier und Akzeptanz

Was ich bisher gefordert habe, Unabhängigkeit der Meinungsbildung und offene Kommunikation, wird seine gesprächsfördernde Wirkung nur dann in vollem Umfang entfalten, wenn auch eine dritte Bedingung erfüllt wird, nämlich Neugier und Akzeptanz. Es ist wünschenswert, daß jeder der Gesprächspartner nicht ausschließlich von der Güte seiner eigenen Diskussionsbeiträge fasziniert ist und nicht nur sich selbst wie gebannt lauscht, sondern auch neugierig ist auf das, was die anderen zu dem Thema äußern. Andernfalls wird er, wenn die Kolleginnen und Kollegen sprechen, dies nur als lästige Unterbrechung seiner eigenen schönen Beiträge betrachten und ungeduldig auf das Ende ihrer Äußerungen warten, ohne überhaupt recht zugehört zu haben.

Ja, es geht noch um etwas mehr als nur um Neugier. Wünschenswert ist eine Haltung, die das Votum des anderen akzeptiert, gerade dann, wenn es sich von der eigenen Auffassung unterscheidet, und ihm Vernunft und ernsthaftes Bemühen nicht abspricht, sondern geradezu positiv unterstellt. Denn dies hat unmittelbare Auswirkungen auf den eigenen weiteren Umgang mit Diskussionsbeiträgen der anderen:

- ob wir sie als Angriff empfinden und abzuwehren versuchen,
- ob wir in ihnen Störmanöver sehen, die es zu kontern gilt, oder
- ob wir uns die Mühe geben, *den Teil* zu erkennen, mit dem wir übereinstimmen können, und auch den, den wir selbst nicht bedacht haben, der aber bei der Problemlösung eine Hilfe zu werden verspricht.

Wenn wir die Zusammenarbeit von Menschen an diesen Kriterien messen, so erfahren wir rasch, wieviel Erfolg und Arbeitszufriedenheit hier voraussichtlich herrschen werden.

Aber meine Absicht besteht nicht allein darin, bestehende Bedingungen des Arbeitslebens festzustellen. Jeder Mitarbeiter hat die Möglichkeit, ein wenig Einfluß darauf zu nehmen, wie die Teams arbeiten, denen er angehört. Tab. 4 geht auf eine Zusammenstellung zurück, die Yalom (1989) ursprünglich für Therapiegruppen formuliert hat. Ich selbst habe sie zunächst für Supervisionsgruppen erweitert und modifiziert. Die hier vorliegende Version nimmt in besonderem Maß auf Charakteristika des Arbeitslebens Bezug.

Wer als Leserin und Leser ein kleines Gedankenexperiment durchführen will, kann dabei folgendermaßen verfahren: Er oder sie trägt in Tab. 4 in der zweiten Zeile ›Das Team …‹ den Namen oder die Bezeichnung des Teams ein, an das er jetzt gerade denkt. Dann geht er die Punkte 1–15 durch und markiert links auf den gepunkteten Linien alle die Aussagen mit einem Pluszeichen, die von seinem Team tatsächlich geleistet werden. In einem weiteren Schritt kann er nun auf den gepunkteten Linien rechts mit einem Pfeil nach rechts oben (↗) die Aussagen markieren, bei denen er denkt, er selbst könne einen konstruktiven Einfluß auf das Team nehmen.

Tab. 4: Charakteristika des Teams

Das Team ....

(1) .... evoziert vielfältige Gefühle und
Sichtweisen .... (1)

(2) .... verschafft die Erfahrung von Solidarität
(›So wie mir geht es auch anderen‹) und
hilft bei der Überwindung von
Vereinzelung .... (2)

(3) .... führt zur Erinnerung an frühere
Erfahrungen und richtungsweisende
Entscheidungen im eigenen Leben .... (3)

(4) .... hilft bei der Ordnung der Gedanken .... (4)

(5) .... begleitet bei der Klärung der Gefühle .... (5)

(6) .... vermittelt existentielle Erfahrungen
(›Dies sind Chancen und Begrenzungen
des Lebens überhaupt‹) .... (6)

(7) .... stellt einen Pool von Erfahrungen und
nützlichen Ratschlägen zur Verfügung .... (7)

(8) .... liefert wichtige, dem einzelnen sonst so
umfassend, spezifisch und detailliert kaum
zugängliche Informationen .... (8)

(9) .... gibt ein nuancenreiches Feedback .... (9)

(10) .... ermöglicht exemplarische und stell-
vertretende Lernprozesse .... (10)

(11) .... hilft beim Verstehen und Konstruieren der
Wirklichkeit .... (11)

(12) .... gibt Anleitung zu umsichtigem Handeln .... (12)

(13) .... vertieft das Verständnis eigener und
fremder Motive .... (13)

(14) .... ermutigt zu Entscheidung und
Neuentscheidung .... (14)

(15) .... weckt Hoffnung und Zuversicht gegen
Ohnmacht und Resignation .... (15)

Finden sich am Ende des Gedankenexperiments links gehäuft Pluszeichen, so kann der Betreffende mit den Arbeitsbedingungen, die
in seinem Team herrschen, recht zufrieden sein. Häufen sich rechts
die Pfeile, so weiß er, welche Wegstrecke noch vor ihm liegt.

Literatur

Fengler, J. (1996): Supervision. Die Gruppe als Katalysator beruflicher und persönlicher Entwicklung. Fachtagung Supervision am Wissenschaftlichen Institut für Schulpraxis, Bremen (im Druck).

Hofstätter, P. R. (1957): Gruppendynamik. Kritik der Massenpsychologie. Rowohlt, Reinbek.

Yalom, I. D. (1989): Theorie und Praxis der Gruppenpsychotherapie. Ein Lehrbuch. Pfeiffer, München.

14. Kennzeichen guter Zusammenarbeit

Menschen, die gemeinsam an einer Aufgabe arbeiten, beschreiben deren Besonderheiten mit ganz konkreten Erfahrungen. Dabei wird sichtbar, daß über sehr unterschiedliche Arbeitskontexte hinweg ähnliche Merkmale Erwähnung finden. Deutlich wird, daß gute Zusammenarbeit weder schicksalhaft eintritt noch in der Verantwortung des Vorgesetzten allein liegt, sondern von allen Mitarbeiterinnen und Mitarbeitern gestaltet werden muß.

Gemeinsame Werte und Ziele

Gewiß lebt jede Zusammenarbeit zunächst davon, daß ein gemeinsamer Fundus an Werten und Zielen besteht. Das merkt man besonders deutlich dann, wenn Menschen sich zusammenfinden, um sich gemeinsam eine Existenzgrundlage zu schaffen. In solchen Fällen dauert das Ringen um das gemeinsame Ziel oft Monate oder Jahre; natürlich soll auch noch ein Unterschied dem bisherigen Marktangebot gegenüber sichtbar werden. Wer als einzelner in eine bestehende Institution eintritt, bemerkt schnell, ob die in ihr vertretenen Werte und Ziele von den Mitarbeitern nur reklamiert oder auch gelebt werden.

Information und Ressourcen

Es ist gut, wenn jeder Mitarbeiter Zugriff auf alle wichtigen Informationen hat, über wichtige Vorgänge auf dem laufenden ist und selbst einen Vorteil davon hat, wenn er seine Ressourcen den Kolleginnen und Kollegen großzügig zur Verfügung stellt. Die Gegenbilder sind Geheimniskrämerei, Gerüchteküche, Intrige und das penible Abschließen des eigenen Schreibtischs vor dem Zugriff der Kollegen. Wenn Vorgesetzte auf diesem Gebiet Offenheit walten lassen, so machen sie es den Mitarbeitern leichter, ebenfalls das gewisse Restrisiko einzugehen, das jedenfalls damit verbunden ist. Denn natürlich kann der Kollege die Unterlage, die man ihm überläßt, als sein Produkt ausgeben und sich damit in ein günstiges Licht setzen. Verbreitet ist die Unsitte, daß Vorgesetzte in dieser Weise mit den Ideen ihrer Mitarbeiter verfahren, ohne deren Urheberschaft kenntlich zu machen.

Eine Grenze findet der freie Informationsfluß da, wo Fragen der Personalplanung noch in der Schwebe sind und verschiedene Optionen einer Vorprüfung unterzogen werden. Sobald nämlich solche sog. ›Gedankenspiele‹ an die Öffentlichkeit dringen, lösen sie bei der Belegschaft verständlicherweise Unruhe aus. So erfuhr eine Sachbearbeiterin, daß sie ›demnächst‹ versetzt werden würde, blieb aber ein ganzes Jahr lang über Zeitpunkt und Ort ihres zukünftigen Wirkens im Ungewissen. Darüber ließ ihre Identifikation mit der Firma rapide nach.

Mir selbst gelang es einige Male, im Laufe von Teamberatungen eine regelmäßige Sitzung zur wechselseitigen Information zwischen Vorgesetzten und Mitarbeitern als feste Institution zu etablieren. Allerdings fiel diese Entscheidung stets erst nach erheblichen anfänglichen Bedenken. Der Widerstand kam zu meiner Überraschung nicht nur von seiten der Vorgesetzten (›Wissen ist Macht‹), sondern oft auch von Mitarbeitern (›Überflüssig‹, ›Kostet zu viel Zeit‹). Erst mit einiger Verzögerung konnten in der Regel die Vorzüge des freien Informationsflusses gewürdigt werden. – Natürlich ist es unerläßlich, wenn auch nicht selbstverständlich, daß den Mitarbeitern die Logistik zur Verfügung gestellt wird, die sie zur Erfüllung ihrer Aufgaben benötigen.

Takt, Respekt und Loyalität

Manchmal kann ein Teil der Aufgaben nicht so zugewiesen werden, daß die Mitarbeiter damit zufrieden sind, und diese bringen ihren Mißmut darüber wiederholt zum Ausdruck. Angesichts eines solchen Dissenses ist es besonders wichtig, sich gegenseitig mit Takt und Respekt zu behandeln.

Eine Mitarbeiterin, die beim Geschäftsführer einer großen Firma arbeitete, machte eine entgegengesetzte Erfahrung ausgerechnet während einer Teamberatung. Wir hatten uns eine viertägige Klausur vorgenommen, um einmal über alle Fragen der firmeninternen Zusammenarbeit zu sprechen. Außer dem Geschäftsführer nahmen auch die Leiter der Hauptabteilungen an der Klausur teil und eben diese Sekretärin, die rechte Hand des Geschäftsführers. Ich gab als Arbeitsregel aus: ›Jedes Thema ist erwünscht.‹ Die Sekretärin berichtete, als die Reihe an sie kam, von einem Ärgernis, das ihr in der Zusammenarbeit mit ihrem Vorgesetzten immer wieder widerfuhr. Sie hatte ihm früher einmal, ohne die Folgen zu ahnen, erzählt, daß sie aus einem Dorf mit dem Namen Kleinkuchenheim stamme und in der Großstadt manchmal Mühe habe, sich zu orientieren. Das lag mittlerweile einige Jahre zurück, und sie hatte sich inzwischen gut eingewöhnt. Manchmal nun machte sie sich über Fragen, die die Firmenbelange betrafen, ganz eigenständige Gedanken und trug sie ihrem Vorgesetzten vor. Dieser hörte ihr zu, wischte ihre Vorschläge dann aber regelmäßig mit der Bemerkung vom Tisch: »So können Sie in Kleinkuchenheim Probleme lösen, aber wir (!) sind hier ein Weltkonzern in einer Weltstadt.« Diese Abfuhren veranlaßten sie nun keineswegs, das eigenständige Denken einzustellen. Vielmehr hatte sie durchaus die Absicht, ihrem Vorgesetzen auch weiterhin ihre Überlegungen zur Kenntnis zu geben, bat allerdings darum, daß, falls er ihre Ideen nicht brauchbar finde, er in Zukunft eine angemessenere Form des Kommentierens wählen möge als bisher. Er hörte sich diese Darstellung einigermaßen verlegen an und schien zu schwanken, ob er ihr eine kühle Abfuhr erteilen oder Besserung geloben solle. Schließlich schien ihm letzteres doch klüger. Aber fertig war er mit der Sache keineswegs, und sie war ihm wohl auch peinlich. Am nächsten Morgen jedenfalls, als wir beim Frühstück saßen und auf den Kaffee warteten, versuchte er, mit einem kleinen Späßchen an das Gespräch des Vortags anzuknüpfen, und das ging gründlich schief. Er beugte sich zu der Mitarbeiterin herüber und sagte: »Na, gestern abend noch mit Kleinkuchenheim telefoniert?« Da lief die Mitarbeiterin weinend hinaus – mit diesem Grad an Fettnäpfchengeschick hatte sie bei ihrem Vorgesetzten nicht gerechnet.

Eine positivere Erfahrung auf diesem Gebiet klingt folgendermaßen:
»Während eines Praktikums im Heimbereich habe ich die Erfahrung gemacht, daß gute Zusammenarbeit möglich ist, wenn man sich gegenseitig mit Respekt und Ehrlichkeit behandelt. Anfangs hatte ich keine Ahnung von der Materie ›Betreutes Wohnen‹. Aber durch das Vertrauen der Leiterin in meine Fähigkeiten wurde es mir möglich, eigene Ideen umzusetzen. Sie gab mir auch Gelegenheit dazu. Das Praktikum war keine Lehr-Lern-Situation, sondern eine Zusammenarbeit, bei der wir uns gegenseitig ergänzten« (25jährige Studentin).
Es ist für Mitarbeiter eine Beruhigung, wenn sie wissen, daß ihr Vorgesetzter gerade im Falle einer Panne zu ihnen steht. Das be-

deutet nicht, Fehler zu leugnen oder auf Kritik von außen mit einer ›Mauer des Schweigens‹ zu reagieren. Wo der Schulterschluß in die Nähe einer gemeinsamen Vertuschung oder Unwahrheit kommt, ist keinem der Beteiligten gedient; wohl aber ist oft mit Takt und Geschick etwas zu erreichen.

Eine typische Situation in allen Arbeitskontexten sieht folgendermaßen aus: Ein interner oder externer Anrufer, Anfrager oder Antragsteller oder jemand, der eine Reklamation vorzubringen hat, erhält eine Antwort, mit der er nicht zufrieden ist, und wendet sich mit einer Beschwerde an den Vorgesetzten seines bisherigen Ansprechpartners. Dieser muß nun, je nachdem, wie er die Sache sieht, eine Entscheidung grundsätzlicher Art fällen. Er kann die frühere Entscheidung des Mitarbeiters also bestätigen oder revidieren. In beiden Fällen stellt sich die Frage, wer das Ergebnis dem Antragsteller mitteilt; denn dies wird jedenfalls ein kritisches Gespräch werden. Nehmen wir zunächst den Fall, daß die ursprüngliche Position beibehalten wird und die Zurückweisung des Ansinnes bestehenbleibt. In diesem Fall könnte es für den Mitarbeiter den größeren Triumph bedeuten, die Auskunft selbst zu erteilen – freilich mit dem Risiko, daß der Antragsteller zum zweiten Mal eine Frustration erfährt, ihn erneut für inkompetent erklärt und eine weitere Beschwerde initiiert. Deshalb ist es in diesem Fall oft vorteilhaft, wenn der Vorgesetzte die Eröffnung übernimmt. Er hat dabei die Gelegenheit, die korrekte Vorgehensweise seines Mitarbeiters zu betonen, und kann die abschlägige Antwort besser und auch abschließend begründen. Schließlich nimmt er es auf sich, dem Ärger des Antragstellers zu begegnen. Anders liegt die Sache, wenn nach Rücksprache mit dem Vorgesetzen der frühere Bescheid aufgehoben und ein Entgegenkommen ermöglicht wird. In diesem Fall schwächt der Vorgesetzte, wenn er die Mitteilung macht, die Stellung des Mitarbeiters. Der Antragsteller gewinnt den Eindruck, er könne in Zukunft die untere Instanz übergehen und sich unmittelbar ›an die richtigen Leute‹ wenden. Hier empfiehlt es sich also, den Mitarbeiter selbst die gute Nachricht überbringen zu lassen. Der Vorgesetzte überläßt es also dem Mitarbeiter, den Dank des Antragstellers entgegenzunehmen. Demgegenüber ist das Risiko in Kauf zu nehmen, daß der Mitarbeiter sein Einlenken als Gesichtsverlust empfindet oder der Antragsteller in Häme über den Mitarbeiter herzieht, der am Ende doch habe nachgeben müssen.

Vertrauen

Es ist gut, wenn Menschen im Arbeitsleben eine gewisse grundlegende Sicherheit haben können, daß ihnen nicht übel mitgespielt wird, und zwar weder von ihren Vorgesetzten noch von ihren Kollegen oder ihren Mitarbeitern. Was der einzelne in der Firma tut, wird sich einem sicheren Wissen gewiß stets entziehen. Aber in Fällen, wo Entscheidungen in einer gewissen Öffentlichkeit gefällt werden, sollte der Mitarbeiter sicher sein können, daß ethische Minimalstandards befolgt werden. Das Gegenbild gibt sich zu erkennen, wenn ein Mitarbeiter äußert: ›Das hätte ich nicht im Traum gedacht, daß mir das hier passieren könnte!‹

Ein Mitarbeiter machte eine solche Erfahrung tiefer Verunsicherung. Er fühlte sich von seiner Vorgesetzten seit Monaten nicht nur schlecht geführt, sondern auch überfordert und drangsaliert. Als sich psychosomatische Symptome bei ihm einstellten, rief er in seiner Not eines Tages in der Personalabteilung an und schilderte dem für ihn zuständigen Planer die schikanöse Behandlung, die er erfuhr. Der Planer äußerte sich betroffen und sagte, ja, er kenne die Vorgesetzte und wisse von ihren Problemen in der Führungsfunktion – übrigens ebenfalls eine Sünde gegen den Vertrauensschutz; er werde sich sofort einmal telefonisch mit ihr in Verbindung setzen und ihr den Kopf waschen. Der junge Beamte schöpfte ein wenig Mut und Hoffnung aus dieser Auskunft. – Einige Minuten später rief die Vorgesetzte eine Sekretärin zum Diktat in ihr Zimmer, die von dem langwierigen Konflikt zwischen der Abteilungsleiterin und dem jungen Beamten wußte und auch von dem angekündigten Telefonat erfahren hatte. Kaum hatte nun die Abteilungsleiterin mit dem Diktieren begonnen, so klingelte das Telefon. Die Sekretärin wollte den Raum verlassen, aber die Vorgesetzte bedeutete ihr zu bleiben. Tatsächlich handelte es sich um den Anruf aus der Personalabteilung. Die beiden Gesprächspartner, die sich offenbar aus der gemeinsamen Ausbildung kannten, plauderten längere Zeit lang gut gelaunt über dies und das miteinander. Dann fiel der Name des jungen Beamten. Die Vorgesetzte schien aber keineswegs reuig oder einsichtig, sondern sagte: »Ja, ja, ich weiß, das ist ein ganz kleiner Krauter, Zwergenformat, den Anforderungen des Dienstes nicht gewachsen ...« Danach herrschte auf beiden Seiten der Leitung wieder Heiterkeit, mehrfacher Themenwechsel, erneutes gemeinsames Gelächter über den jungen Beamten, der es gewagt hatte, sich zu beschweren – jedenfalls keine Spur einer wirksamen Ermahnung oder Bitte um eine Neubesinnung. Schließlich war das Telefonat zu Ende; die Vorgesetzte diktierte der

Sekretärin, die das alles hatte mit anhören müssen, ein paar Briefe und fuhr dann zu einem Gesprächstermin in ein anderes Ministerium. Das Telefonat schien sie schon wieder vergessen zu haben.

In der Fachliteratur wird Vertrauen u. a. in einen Gegensatz zu Zynismus gebracht (Wrightsman, 1964); oder es wird Vertrauen in Personen und Vertrauen in Institutionen unterschieden (Rotter, 1967). Soweit es um den Umgang von Person zu Person geht, werden als Aspekte des Vertrauens allgemeines Vertrauen, emotionales Vertrauen, physisches Vertrauen und Zuverlässigkeit unterschieden (Johnson-George und Swap, 1982). Ausführlich werden diese wie auch weitere Ansätze bei Petermann (1985) diskutiert. Es leuchtet unmittelbar ein, daß alle diese Facetten von Vertrauen sich auf die Zusammenarbeit förderlich auswirken können.

Aufgabe, Neigung und Fähigkeit

Vorgesetzte haben die Möglichkeit, anfallende Aufgaben so zu verteilen, daß Fähigkeiten und Neigungen der Mitarbeiter dabei Berücksichtigung finden. Mitarbeiter entwickeln demgegenüber manchmal eine geheime Liebe zu solchen Tätigkeiten, zu denen sie keineswegs Talent haben. Hier ist manchmal eine taktvolle Rückmeldung unerläßlich, weil die Sache sonst auf den Vorgesetzten selbst zurückfällt: Er wird für unbedacht oder rücksichtslos gehalten, wenn er den Wünschen der Mitarbeiter nicht entgegenkommt oder nachgiebig Aufgaben an die falschen Mitarbeiter delegiert.

Es ist gut, wenn jeder Mitarbeiter Gelegenheit findet, einige Tätigkeiten als eigene Bereiche zu betrachten, in denen er oder sie sich von den Kolleginnen und Kollegen unterscheidet. Auf diesen Gebieten sind Mitarbeiter oft bereit, sich fortzubilden und Spezialisten zu werden, unter Einsatz eigener Mittel an Zeit und Geld. Ihre Gratifikation besteht darin, daß sie hier als Experten in Anspruch genommen werden können. Vorgesetzte tun gut daran, Aufgaben gemäß solchen Spezialisierungen zu vergeben, zu beidseitigem Vorteil. Es besteht dann Aussicht, daß die Aufgabe in guter Qualität ausgeführt wird; zugleich sieht der Mitarbeiter, daß sein Kompetenzerwerb sich gelohnt hat. Aber mancher Vorgesetzter hastet, wenn eine Aufgabe zu erledigen ist, von Zimmer zu Zimmer und beauftragt den ersten, keineswegs besten damit, dessen er habhaft werden kann. Ein anderer erteilt, nicht etwa um die Konkurrenz zu schüren oder das beste Ergebnis zu erzielen, sondern mangels Konzentration den gleichen Auftrag an mehrere Mitarbeiter, die über eine derartige Arbeitskraftvergeudung verständlicherweise verärgert sind.

Zuständigkeit, Auftrag, Feedback, Gratifikation

Es ist gut, wenn Mitarbeiterinnen und Mitarbeiter wissen, welche Aufgabe sie für welche Zeitspanne in welcher Qualität mit welchen Freiheitsgraden übernehmen sollen. Das ist bei umfangreichen Arbeiten naturgemäß schwerer genau festzulegen als bei der Erledigung kleiner Aufgaben.

Ein Ministeriumsreferent erhielt den Auftrag, für den Minister einen Redeentwurf zu schreiben, in dem eine Reihe von Stichworten auftauchen sollte. Nachdem er den Text abgeliefert hatte, erhielt er ihn von seinem Referatsleiter mit dem Vermerk ›Überarbeiten!‹ zurück. Für eine Rücksprache war der Vorgesetzte nicht erreichbar. Der Referent nahm also verschiedene stilistische Verbesserungen vor – in der Sache meinte er, die Meinung des Ministers hinreichend gut zum Ausdruck gebracht zu haben. Den fertigen Text reichte er erneut dem Referatsleiter herein. Diesmal erhielt er den Text mit dem Vermerk ›Unbrauchbar! Eilt!‹ zurück. Aber Gelegenheit zu einer Rücksprache ergab sich erneut nicht. Er saß nun grübelnd vor dem Text und beschloß, auf die Rückkehr des Vorgesetzten zu warten, um sich einen weiteren Tadel zu ersparen. Dieser erfolgte drei Tage später dennoch. Der Referatsleiter stand plötzlich in der Tür seines Büros und fragte: »Wo ist die Rede?« und herrschte ihn, als er zu stottern begann, an: »Sie sind ja wohl zu blöd, so eine läppische Rede zu schreiben! Alles muß man selbst machen in diesem Saftladen! Alt werden Sie mit einem solchen Benehmen hier nicht werden, junger Mann!« Und dabei hastete er schon wieder hinaus, so daß der Referent die Verteidigungsrede, zu der er nun ansetzte, nicht mehr loswerden konnte.

Viele Mitarbeiter haben eine Fülle von Aufgaben zu bewältigen und gewinnen den Eindruck, sie müßten alles gleichzeitig fertigstellen. Darüber gerät mancher in Konfusion; denn erledigen kann er nur eins nach dem anderen, aber für eine Prioritätensetzung fehlen ihm die Kriterien. Es ist gut, wenn in einem solchen Fall der Vorgesetze Vorgaben macht oder der Mitarbeiter selbst die Frei-

heit hat, Akzente zu setzen. In aller Regel tritt durch eine solche
Entscheidung eine sofortige Entlastung ein.

Reversibilität

Bei allen Arbeitsabläufen ist es eine Hilfe, wenn die Weisungsbefugnis nicht ohne Not strapaziert wird. Unter Mitarbeitern heißt
es gelegentlich: Wenn der Vorgesetzte die Gretchenfrage stellt:
›Wer ist denn hier der Chef – Sie oder ich?‹, so hat er spätestens in
diesem Moment alle Autorität verspielt. Das Gegenbild ist Reversibilität, also Umkehrbarkeit. Dieser Begriff ist ursprünglich zur
Charakterisierung einer partnerschaftlichen Beziehung zwischen
Lehrer und Schüler und zwischen Therapeut und Klient herangezogen worden (Tausch und Tausch, 1989). Im Verhältnis von Vorgesetzten und Mitarbeitern drückt Reversibilität Offenheit, wech-
selseitiges Geben und Nehmen und Verzicht auf statusbegründete
Posen aus.
Notfalls kann der Reversibilität mit Zustimmung aller Beteiligten
ein wenig nachgeholfen werden.

»Zu einer guten Zusammenarbeit kam es in der Psychomotorikstun-
de eines Sprachheilkindergartens, an der alle Mitarbeiter unter Anleitung der Motopädagogin teilnahmen und in der die Mitarbeiter Spiele
und Übungen, die ansonsten die Motopädagogin mit den Kindern
machte, selbst ausführten. Das machte großen Spaß und brachte endlich die Mitarbeiter einander näher ohne die sonst bestehenden Rol-
lenklischees und Abwehr- bzw. Distanzhaltungen. Es war für alle
eine sehr wichtige Erfahrung, daß jeder einzelne Mitarbeiter in bestimmten psychomotorischen Übungen, wie z.B. Balance auf einem
Seil, seine Schwierigkeiten hatte. Das lockerte das Kompetenzgefälle
und verminderte die Unsicherheit. Es versöhnte das Team, das ansonsten im Gespräch oft aneinandergeriet« (34jährige Sonderschul-
lehrerin).

Ähnliche reversibilitätsfördernde Funktionen übernehmen aus
Lehrern, Eltern und Schülern zusammengesetzte Arbeitsgemein-
schaften, Kollegiums- und Betriebsausflüge, Elternhilfe bei Klas-
senfeiern, gemeinsames Theaterspiel und Zirkus, Sport von Therapeuten und Patienten usw.

Konsensorientierung

Stellt einerseits eine starke, klar ausgewiesene Führungsfunktion einen Vorteil für die Zusammenarbeit dar, so ist doch das Bemühen um Konsens andererseits nicht weniger wichtig. Daraus könnte im ungünstigsten Fall ein Palaver ohne Ende werden, das notwendige Entscheidungen blockiert; oder man einigt sich auf den kleinsten gemeinsamen Nenner, dem jedes Profil abgeht. Dem steht die Chance gegenüber, daß im ausführlichen Gespräch alle wichtigen Gesichtspunkte Berücksichtigung finden und ein breiter Konsens zu weitreichender tatkräftiger Unterstützung der letztendlichen Entscheidung führt. Wer gehört worden ist und auf den Gang der Dinge hat Einfluß nehmen können, ist dauerhaft stärker mit dem Projekt identifiziert als derjenige, der eine Abstimmungs-*niederlage* (!) hat hinnehmen müssen. Ein Beispiel mag diesen Vorgang illustrieren.

>»Eine Erfahrung von guter Zusammenarbeit ist mir während meines Sozialen Jahres widerfahren. Ort der Erfahrung war eine Gehörlosenschule bzw. ein Gehörlosenkindergarten. Schon zu Beginn des Jahres wurde ich voll in das Team integriert und lernte schnell mit meiner Praxisanleiterin zusammenzuarbeiten. Auch die restlichen Kollegen waren gut aufeinander abgestimmt. Wenn etwas zu organisieren war, sei es ein Fest oder ein Elternabend, waren alle mit dabei. Selbst Eltern und Therapeuten waren in das Team eingegliedert. Es gab zwar oft heiße Diskussionen. Aber dennoch haben wir uns immer auf eine für alle akzeptable Lösung geeinigt« (21jährige Studentin).

Zuverlässigkeit und Hilfsbereitschaft

Es ist für Mitarbeiterinnen und Mitarbeiter angenehm, von ihren Kollegen Unterstützung zu erfahren, wenn die Arbeit ihnen einmal über den Kopf zu wachsen droht. Diesem uneigennützigen Füreinandereinstehen kommt eine hohe psychohygienische Bedeutung zu (Sommer und Fydrich, Fengler 1996), wie die folgende Niederschrift pro und contra belegt.

>»Ich arbeite in einem Heim für psychisch Kranke, wo auch eine Ergotherapeutin beschäftigt ist. Da ich keine richtige Stellenbeschreibung bzw. keine eindeutige Aufgabe habe, habe ich mich an dieser

Frau und ihrer Arbeitsmethode orientiert, und sie hat mir großzügig Einblick in ihre Arbeit gegeben. Nun arbeiten wir schon über zwei Jahre lang zusammen. Ich fahre z. B. mit ihr gemeinsam auf Ausflüge und nehme an einigen Aktivitäten teil. Sie profitiert von meinen Ideen und sonstigen Hilfen, die ich ihr gebe. Ich habe sie auch einmal vertreten, als sie krank war. Es herrscht keine Konkurrenz zwischen uns« (angehende Ergotherapeutin in einer Klinik).

Verständigung ohne Worte

Als unabdingbares Element der Zusammenarbeit werden in diesem Text immer wieder Teamsitzungen und klare Absprachen erwähnt. Aber besonders beglückende Erfahrungen auf diesem Gebiet finden offenbar manchmal auf andere Weise statt: Es bedarf nicht der Worte; alle Beteiligten verstehen in einem stillschweigenden Konsens, worum es geht, und tun umsichtig und wohlkoordiniert das Richtige, als seien sie durch ein unsichtbares Band miteinander verbunden. Letzteres ist wohl auch wirklich der Fall. Manchmal verläuft die gemeinsame Arbeit so leicht, so mühelos und reibungslos, daß man meint, man habe es mit einem langjährig eingespielten erfahrenen Team zu tun. Man ist erstaunt, wenn man erfährt, daß die Betreffenden zum ersten Mal etwas Gemeinsames tun. Unter Gruppenleitern stellt sich manchmal schnell eine Art gemeinsamer Schwingung ein. Im Handwerklichen fügen sich die Griffe wie in einer Verständigung ohne Worte, die geradezu von ästhetischer Qualität ist.

> »Als ich einen Ferienjob in einer Papierfabrik hatte, mußte an einer riesengroßen Papiermaschine ein riesengroßes Sieb gewechselt werden. Zu zehn Mann mußten wir das alte Sieb aus der Maschine herausholen und dann in guter Zusammenarbeit ein neues Sieb wieder zwischen die Walzen ziehen. Da das Sieb elastisch war, mußte jeder Handgriff jedes einzelnen genau stimmen, um das Sieb wieder korrekt einbauen zu können. Das war eine wirklich gute Zusammenarbeit. Jeder paßte seinen Handgriff dem des anderen an. Hätte ein einziger das Sieb losgelassen oder falsch eingezogen, wären 30 000 DM futsch gewesen!« (Physikstudent im Ferienjob).

Von ähnlich traumhaft-klaren Sequenzen der Zusammenarbeit haben Mitarbeiterinnen und Mitarbeiter des Auswärtigen Amtes berichtet, die in den Deutschen Botschaften in Prag, Warschau,

Budapest und Tirana Dienste taten, als diese 1989 von Tausenden von Besuchern aus der DDR aufgesucht wurden. Die Dienste dauerten oft 24 Stunden lang; alle waren total übermüdet. Aber der Aufforderungscharakter der Situation war so stark und eindeutig, daß jeder das Notwendige selbstverständlich sofort tat.

Achtung vor Außengruppen

Welche Haltung ein Team wichtigen Bezugsgruppen gegenüber einnimmt, ist oft aufschlußreich für das Klima, das innerhalb des Teams herrscht. Solche Außengruppen sind andere Abteilungen, Stationen und Kollegen, ferner Kunden und Vertragspartner sowie Instanzen und Institutionen, mit denen kooperiert wird und kooperiert werden muß. Herrscht Außengruppen gegenüber ein Ton von Geringschätzung, Verachtung, Belästigtsein oder Unehrlichkeit, so macht dies auch vor dem eigenen Team nicht halt. Feindselige Gefühle lassen sich eben nicht bei bestimmten Personengruppen an- und ausknipsen wie ein Lichtschalter, sondern greifen über und breiten sich destruktiv aus.

Geläufige, freilich mit einer Portion selbstironischer Belustigung gemischte Stoßseufzer lauten in unterschiedlichen Bereichen des Arbeitslebens recht ähnlich: Die Arbeit hier (d. h. an der Universität, in der Klinik, im Kaufhaus, im Hotel ...) könnte ganz schön sein, wenn nur die ... (Studenten, Patienten, Kunden, Gäste ...) nicht wären – also die Menschen, von deren Existenz und Anfragen die eigene Berufstätigkeit gerade lebt.

Viele Menschen klagen darüber, daß ihr Einfluß auf Arbeit und Zusammenarbeit sehr gering sei. Das ist wohl wahr. Es ist nur zu sagen, daß jeder Mensch jedenfalls fünf Dinge täglich unterlassen oder praktizieren kann:

(1) richtig atmen,
(2) der gegenwärtigen Arbeit Kraft und Konzentration zuwenden,
(3) dabei einen guten Tonus und Rhythmus entwickeln,
(4) die Arbeit mit Sinn verbinden,
(5) eine Atmosphäre des Wohlwollens um sich verbreiten.

Das vermag nicht jede Arbeit und Zusammenarbeit angenehm zu machen. Aber es wird einen konstruktiven Einfluß auf die Arbeit und die Kollegen haben – und es dient der eigenen seelischen Gesundheit.

Literatur

Fengler, J. (1996): Helfen macht müde. Zur Analyse und Bewältigung von Burnout und beruflicher Deformation. Pfeiffer Verlag, München, 4. Aufl.

Johnson-George, C. und Swap, W. C. (1982): Measurement of specific interpersonal trust: Construction and validation of a scale to assess trust in a specific person. Journal of Personality and Social Psychology, 43, 1306–1317.

Petermann, F. (1985): Psychologie des Vertrauens. Otto-Müller-Verlag, Salzburg.

Rotter, J. B. (1967): A new scale for the measurement of interpersonal trust. Journal of Personality, 35, 651–665.

Sommer, G., Fydrich, T.: Soziale Unterstützung und Sozu-B. DGVT (Hrsg.): Materialien, Nr. 22, 1989.

Tausch, R. und Tausch, A. (1989): Erziehungspsychologie. Hogrefe Verlag, Göttingen.

Wrightsman, L. S. (1964): Measurement of philosophies of human nature. Psychological Reports, 14, 743–751.

15. Einübung der Kooperation

Auf dem Weg zur besseren Zusammenarbeit ist stets eine doppelte Leistung zu vollbringen: Eine innere Neuorientierung ist unerläßlich, und Übungsschritte sind zu tun, an deren Erfolg man sein Vorankommen erkennt.

Auseinandersetzung mit dem eigenen Anspruchsniveau

Die Auseinandersetzung zwischen Kampf, Loslassen und Verzicht findet u. a. im eigenen Kopf statt, als Auseinandersetzung mit eigenen Wert- und Normvorstellungen von dem, was man selbst erreichen will (bzw. als internalisierter Auftrag: erreichen sollte), dem, was man kann, und dem, was man nicht mehr für notwendig hält. Die Antwort wird hier stets sehr von Alter und Lebensabschnitt geprägt sein, in dem man sich befindet. Jedenfalls kann der Mensch sein Anspruchsniveau einer vertieften Betrachtung unterziehen. Dann wird er u. U. zu dem Ergebnis kommen, daß er seine Forderungen an sich selbst chronisch zu hoch ansetzt. Freilich fällt es nicht leicht, daraus Konsequenzen zu ziehen und sich dieser Einsicht entsprechend weniger von solchem Ehrgeiz leiten zu lassen. Zu viel innere und äußere Belohnung ist mit dem Sichabstrampeln verbunden. Oft sind Angehörige, die miterleben, wie der Betreffende sich aufreibt und der Familie entgleitet, die besten Helfer bei einer Kehrtwendung.

> Ein Kollege von mir ackerte und rackerte mehrere Jahre lang bis zum Umfallen an verschiedenen Forschungsprojekten, Buchreihen, Enzyklopädien und Kongreßvorbereitungen. Darüber wurde er krank und einsam und klagte mir eines Tages seine desolate Lebenslage. Als ich ihn fragte, wofür er diese Plackerei auf sich nehme, antwortete er: »Für den Nachruhm, Herr Fengler, für den Nachruhm.«

Das eigene Konkurrieren braucht dann *nicht* gescheut zu werden, wenn es in die Auseinandersetzung mit der eigenen Person und der eigenen Leistungsfähigkeit einmündet. Manche Menschen fürchten sich vor dem Konkurrieren, nicht etwa, weil sie die Niederlage nicht riskieren wollen, sondern weil sie das Konkurrieren im Prinzip für etwas Schlechtes halten. Aber mit der Dämonisierung dieser Vorgänge wird nichts gewonnen, sondern nur mit ihrer Annahme und Gestaltung.

Ein junger Mann, der sehr gut Klavier spielte, ging einem Klassenkameraden beharrlich aus dem Wege, der auf dem gleichen Gebiet glänzte. Beide wollten es nicht auf eine Entscheidung ankommen lassen, wer der ›Bessere‹ sei; dabei spielten beide stilistisch sehr unterschiedlich; in der Spieltechnik konnten sie nebeneinander bestehen; niemand in ihrer Umgebung legte Wert darauf, sie auf Sieg oder Niederlage auszutesten. Es war also *ihre eigene Scheu* voreinander, die sie von Spielvergleich und kollegialem Lernen abhielt. Es gelang im Laufe mehrerer Gespräche schließlich, dem einen Spieler zu verdeutlichen, daß er, indem er sich mit dem anderen maß, doch in erster Linie Kriterien für sein eigenes spielerisches Anspruchsniveau finden würde. So der Pflicht zum Siegen-Müssen enthoben, gewann der junge Mann Mut, mit dem Gleichaltrigen Kontakt anzubahnen, der sich in der Folgezeit zu einer engen Fachfreundschaft entwickelte.

Manche Menschen reiben sich durch Übernahme eines völlig überzogenen Arbeitspensums auf oder streben Karriereschritte durch ständige Präsenz an.

In Ministerien ist es üblich, daß Referenten und Referatsleiter noch lange nach 17.00 Uhr in ihren Zimmern verweilen. Anlaß dazu sind nicht etwa unaufschiebbare Arbeiten, sondern der Wunsch, bei einem eventuellen Anruf des Ministerialdirigenten oder Abteilungsleiters an ihrem Arbeitsplatz angetroffen zu werden. Als ich in einem Seminar dieses Phänomen einmal ansprach, mit einer gehörigen Portion Belustigung in der Stimme, zuckten die Teilnehmer mit den Schultern, als wollten sie sagen: ›Wir wissen, es ist Unfug. Aber es kann sich dem hier niemand entziehen.‹ Ein Teilnehmer allerdings meldete sich zu Wort und sagte: »Ich habe vor ein paar Jahren zu meditieren begonnen. Seitdem sagt mir dieser ganze Karriere-Zirkus nicht mehr viel. Ich arbeite meinen Schreibtisch bis 16.00 Uhr frei, packe meine Tasche und fahre nach Hause. Einen Aufstiegsehrgeiz habe ich nicht mehr.« Die Runde ließ die Äußerung unkommentiert im Raum stehen. Aber in der Pause fielen Äußerungen wie ›Aussteiger‹, ›Öko‹ u. ä., mit deutlich verächtlichem Unterton.

Konzentration auf das Wesentliche

Es dient der seelischen Gesundheit, das eigene Konkurrieren auf wichtige Anlässe und Schauplätze zu beschränken. Im Prinzip ist es möglich, täglich und stündlich Auseinandersetzungen zu führen: mit Kollegen, Behörden, Firmen, Nachbarn, Kaufleuten, Lieferanten, Studenten, Klienten, dem eigenen Partner usw. Manche Menschen stolpern aus Unaufmerksamkeit und Ungeschick in solche Dispute hinein, andere aus Schüchternheit und Gehemmtheit, weil sie ihre Ansprüche nicht rechtzeitig und deutlich geltend machen und es dann später mit größerem Aufwand an Kraft nachholen müssen. Dritte wieder wittern und suchen die Auseinandersetzung und zetteln sie an, wenn sie sich nicht von selbst anbietet.

Ein Abteilungsleiter in einer Bundesbehörde, den ich supervidierte, verbrachte einen Großteil seiner Zeit damit, polemische Schriftsätze abzufassen und sowohl die Personalabteilung wie auch den Minister selbst bzw. das Ministerbüro damit zu bombardieren. Anfänglich antworteten beide Empfänger auf seine Darstellungen, merkten dann aber bald, daß sie auf diese Weise nur Öl in das Feuer gossen. Denn nun nahm *er* zu *ihren* Erwiderungen Satz für Satz penibel Stellung, zitierte aus seinen früheren Briefen, nahm Richtigstellungen vor, wo er sich mißverstanden meinte, und kam schließlich nicht mehr dazu, die ihm übertragenen Aufgaben mit der gebotenen Sorgfalt auszuführen. Das Amt beantwortete schließlich seine Briefe nicht mehr. Darüber wütete er in weiteren Schriftsätzen, in denen er nachdrücklich Antwort forderte. Am Ende wurde er in dem Ministerium als eine Art Michael Kohlhaas betrachtet, eher bemitleidet allerdings als gefürchtet, und links liegengelassen.

In einem anderen Fall gelang es mir, etwas mehr Einfluß auf die Situation zu nehmen. Eine Kollegin aus einer anderen Fakultät unterzog sich bei mir einer Supervision. Sie war Geschäftsführende Direktorin eines größeren Universitätsfachbereichs und neben ihren Aufgaben in Forschung und Lehre für die Verwaltung der verschiedenen Etats verantwortlich. Sie hatte dabei in der Vergangenheit sehr korrekt gehandelt, sich über alle wichtigen Fragen mit den Kolleginnen und Kollegen abgestimmt und auch die vorgesehene studentische Mitbestimmung stets beachtet. Aber letzteres wurde ihr von den Kollegen übel vermerkt, die soviel Transparenz übertrieben fanden und nun anfingen, Entscheidungen auf eigene Faust und ohne studentische Beteiligung zu fällen, eigenmächtig Absprachen mit dem Rektorat vornahmen und die Kollegin einer unsachgemäßen Geschäftsführung beschuldigten. Das ärgerte sie sehr; es lag ihr viel daran, diese Vorwürfe zu entkräften. Also begann sie, die Geschäftsführungsordnung und alte Beschlußprotokolle des Fachbereichs zu studieren, verglich die eigene Praxis mit der ihrer Vorgänger, fertigte darüber eine Niederschrift an, die sie eine Woche Zeit kostete, und schickte sie an alle Kollegen. Diese beantworteten den Schriftsatz mit höhnischen Bemerkungen der Art, wer sich verteidige, klage sich an; Wichtigeres habe sie als Geschäftsführende Direktorin wohl nicht zu tun; schließlich solle sie ja die Geschäfte führen und sich nicht von den Studenten an der Nase herumführen lassen usw., usw. Darauf antwortete sie mit einer weiteren umfangreichen Gegendarstellung und Dokumentation, führte mit allen Kollegen Einzelgespräche und versuchte, sie von ihrer Unschuld (!) zu überzeugen – natürlich ohne Erfolg. Mir sagte sie in der Supervision: »Das stehe ich durch, diese zwei Jahre stehe ich durch!« – aber sie sah dabei keineswegs stark und kämpferisch aus, sondern trotzig und zugleich mutlos. Da ihr Bemühen von den Kollegen so konterkariert wurde, riet ich ihr, Perspektive und Gangart zu wechseln. Sie beschloß daraufhin, von weiteren Selbstrechtfertigungen Abstand zu nehmen, und schrieb statt dessen an alle Kollegen einen Brief, in dem sie erklärte, sie sehe sich, da sie offenbar nicht mehr das Vertrauen der Kollegen genieße, außerstande, weiterhin die Geschäftsführungsfunktion wahrzunehmen; folgerichtig werde sie zum nächsten Monatsersten außerplanmäßig zurücktreten. Das veranlaßte die Kollegen zu einer unverzüglichen Kehrtwendung. Sie bestürmten sie nunmehr, auf den Rücktritt zu verzichten. Sie stellte daraufhin eine Reihe von Bedingungen, die die Kollegen zähneknirschend erfüllten, behielt sich für den Fall mangelnder Vertragstreue der anderen Fachbereichsmitglieder den erneuten Rücktritt für einen späteren Zeitpunkt vor und regierte den Fachbereich von nun an ohne weitere Intrigen mit geringerem Energieaufwand zwei Jahre lang erfolgreich. – Als ich sie zwei Jahre nach dem Ende unserer Supervisionsarbeit noch einmal traf, berichtete sie mir, daß sie mittlerweile ein gutausgependeltes Verhältnis zu den Kollegen ihres Fachbereichs gefunden habe. Sie leitete zwei wichtige Kommissionen und hielt sich von der weiteren Gremienarbeit fern. Auf diese Weise fand sie genügend Zeit für die Studenten und für ihre Forschungsaufgaben und konnte die Arbeit in der Universität wieder genießen.

Es ist gut, wenn es gelingt, im eigenen Leben Konkurrenzzonen und konkurrenzarme Bereiche einzurichten und einzuhalten. Entscheidend sind die Balance und der Ausgleich zwischen den Polen (König, 1996). Aber bei manchen Menschen ist eine Einseitigkeit nach der einen oder anderen Richtung hin zu beobachten. In diesem Fall wirkt das Leben gelegentlich wie frühzeitig erschlafft oder wie von Kampf ohne Pausen geprägt. Die folgende Niederschrift einer Studentin zeigt, daß der Verzicht durchaus ambivalente Gefühle zurücklassen kann.

»Schulorchester mit zwei Celli. Die Mitschülerin und ich waren gleichaltrig. Es ging immer darum, wer besser spielt, wer als erstes Cello ›sitzen‹ und spielen darf und wer immer richtig spielte. Der Konkurrenzkampf war aber eher einseitig. Er ging von dem anderen Mädchen aus, das jeden Fehler meinerseits lautstark und von oben herab kommentierte und verbesserte. Ich war immer früh da, bevor das Orchester anfing, und habe mich – wie auch vom Dirigenten vorgesehen – auf den Platz des ersten Cello gesetzt. Sie übte schließlich einen so großen Druck auf mich aus, daß es überhaupt keinen Spaß mehr machte und ich schließlich aufgab. Ich setzte mich – es war noch ein Cellist dazugekommen – in die zweite Reihe und hatte somit meine Ruhe, hatte aber auch verloren. Die Folge waren ein schlechtes Selbstwertgefühl und Depressionen.«

In einem anderen Fall relativierten und klärten sich die Verhältnisse im Laufe einer Psychotherapie in recht zufriedenstellender Weise.

Überwindung des Null-Summen-Spiels

Will man dem dem Konkurrieren oft beigemischten Mißtrauen beikommen, so ist es wohl unerläßlich, dem Mitmenschen einen kleinen Schritt ungeschützt entgegenzukommen. Man weiß also nicht sicher, ob der Vertrauensvorschuß, den man dem anderen entgegenbringt, honoriert oder ausgebeutet werden wird, und tut ihn trotzdem. Denn nur so kommt man zu Verhandlungen und Konsens (vgl. Kap. 5).
Das sah früher auch in unserer eigenen Praxis der Führungsseminare oft ganz anders aus. Wir operierten oft mit Übungen aus der Gruppendynamik, deren vielfältige Verwendbarkeit auf den ersten Blick bestach. Diese Übungen betonen freilich oft allzusehr Konkurrenz und individuelle Durchsetzung anstelle von Kooperation und Sachlichkeit. Zwar stellen sie in Aussicht, zugleich Muster des Konkurrierens zu analysieren, indem die Beteiligten Gelegenheit finden, ihr Rivalisieren aus einer Metaperspektive heraus zu untersuchen. Aber zunächst wird jedenfalls gezielt die sog. Ellenbogenmentalität gefördert, die über die Spieldauer hinaus erhalten bleibt: Wer sich durchgesetzt hat, ist stolz auf den ›Erfolg‹; wer zurückstehen mußte, ist beschämt, bedauert seine ›Niederlage‹ oder rationalisiert sein Nachgeben.

Die Combi-Wagen-Übung ist von dieser Art (Antons, 1976):

»Instruktionen zur Übung Dienstwagen
Die Mitglieder der Gruppe sind Angestellte einer Telefongesellschaft.
Einer der Arbeiter ist Vorarbeiter. Die Arbeit besteht aus Reparaturen von Telefonanlagen. Sie verlangt besondere Kenntnisse und besondere körperliche Fähigkeiten, weil die Arbeiter Masten erklettern und zugleich feinmechanische Arbeiten verrichten müssen. Außerdem müssen sie mit Kunden gut umgehen können. Der Vorarbeiter hat sein Büro auf dem Bauhof; von dort aus fährt er zur Kontrolle auf die einzelnen Arbeitsplätze. Jeder Arbeiter arbeitet selbständig und muß jeden Tag zu verschiedenen Kunden. Der Vorarbeiter hilft, wenn nötig, und gibt Anweisungen nach Bedarf. Die Arbeiter fahren jeden Tag mit ihrem Dienstwagen. Sie pflegen ihre Dienstwagen selbst und sehen sie als persönliches Besitztum an. Selbstverständlich ist jeder an einem neuen Wagen interessiert, da ein solcher unter anderem seinen Status erhöht.

Nähere Angaben

Herr BAUER	ist Vorarbeiter.
Herr SCHMIDT,	17 Jahre im Dienst, hat einen Ford Transit, 2 Jahre alt.
Herr SCHNEIDER,	11 Jahre im Dienst, hat einen Combi, 5 Jahre alt.
Herr MEIER,	10 Jahre im Dienst, fährt einen Transit, 4 Jahre alt.
Herr RICHTER,	5 Jahre im Dienst, hat einen Transit, 3 Jahre alt.
Herr KAISER	ist erst 3 Jahre bei der Firma beschäftigt und hat einen Opel, 5 Jahre alt.

Die meisten Mitglieder dieser Gruppe arbeiten in der Stadt. Herr Meier und Herr Richter sind für die Reparaturen in der Umgebung zuständig.
Jeder muß sich mit seiner Rolle stark identifizieren und die gegebenen Fakten beachten. Sollten sich im Laufe des Gespräches Fakten oder Situationen ergeben, die in den Anweisungen nicht erwähnt wurden, verhalten sie sich wie sonst in normalen Situationen« (S. 150).

Im folgenden erhält jeder der fünf an einem neuen Wagen interessierten Mitarbeiter gute Argumente an die Hand, mit denen er seine Position zu vertreten hat. Wohl kann man einwenden, es gehe hier nicht um die Sachgesichtspunkte, sondern um die Gruppendynamik des Konkurrierens. Die Fokusverlagerung· auf die Konkurrenzgefühle und die Konkurrenzstrategien lenkt freilich leicht von der Möglichkeit ab,

- sich an Sachgesichtspunkten zu orientieren,
- dabei die persönlichen Wünsche sowohl wahrzunehmen wie auch zurückzustellen oder auch
- die eigene Durchsetzung zu bejahen, nicht in erster Linie zur Befriedigung persönlicher Bedürfnisse, sondern weil diese Entscheidung in erster Linie in der Sache begründet ist und auch dann die eigene Unterstützung finden würde, wenn der Vorteil einem anderen Gruppenmitglied zufallen würde.

Um Kontrolle und Taktik geht es in der folgenden Übung.

»Dem Vorgesetzten ist aufgefallen, daß die Mitarbeiterin in ihren Leistungen nachgelassen hat und daß sie unausgeschlafen und abgespannt wirkt, obwohl sie erst kürzlich ihren Urlaub gehabt hat. Er spricht sie darauf an. Sie hat, weil ihr Sohn Schulden gemacht hat, eine genehmigungspflichtige weitere Tätigkeit für die Abendstunden angenommen. Dies verrät sie dem Vorgesetzten jedoch nur, wenn es ihm gelingt, ihr Vertrauen einzuflößen.«

Diese Übung ist manchmal hilfreich, um Teilnehmern sichtbar zu machen, daß sie in ihrer Gesprächsführung scheuklappenartig auf das eigene Ziel zusteuern und dabei weniger erreichen als in einer offenen Haltung des Kennenlernens und Verstehens der Situation. Ich schrieb diese Übung in den 70er Jahren um: Nun war es Aufgabe der Teilnehmer, selbst einen Fall zu formulieren, in dem der Vorgesetzte im Zusammenhang mit einer Problemsituation eine Information über den Mitarbeiter hat, von der dieser nicht weiß, daß der Vorgesetzte sie hat, die aber für das Gespräch von Bedeutung ist. Zwei andere Teilnehmer, die tatsächlich nur so selektiv informiert waren, spielten das Rollenspiel dann im Plenum vor. Die Folge war, daß in diesen Rollenspielen der Vorgesetzte den Mitarbeiter belauerte, um den entscheidenden Trumpf im richtigen Moment zu ziehen, den Mitarbeiter damit zu konfrontieren und bei Bedarf zu einem Geständnis zu veranlassen oder ihn in die Knie zu zwingen.

Mit diesem Verlauf war ich nicht zufrieden. Ich gedachte, den Mitarbeiter dem Vorgesetzten gegenüber gleichsam aufzurüsten, und wies die Gruppen nun an, Situationen zu ersinnen, in denen *jeder* der beiden etwas Gesprächsentscheidendes über den anderen wußte, wovon der andere wiederum nicht wußte, daß er es wußte. Der Erfolg war aber mäßig. In den nun folgenden Rollenspielen belauerten sich beide gegenseitig und präsentierten ihre Geheiminformation zu einem Zeitpunkt, wo ihnen dies dienlich erschien; häufig folgte der einen Eröffnung reflex- oder reaktanzmäßig die andere.

In einem weiteren Anlauf forderte ich die Teilnehmer mit folgender Instruktion auf, Texte über tatsächlich erlebte und vielleicht noch ungelöste Probleme an ihrem jetzigen Arbeitsplatz niederzuschreiben. So kam Realismus und Alltagsgültigkeit in die Erörterungen.

> Ein aktuelles Berufsproblem: Schreiben Sie bitte eine kurze Szene, die an einen Problemfall aus Ihrem Beruf anknüpft. Nehmen Sie eine Gesprächssituation zwischen einem Vorgesetzten und einem oder mehreren Mitarbeitern und Kollegen. Es kann z. B. darum gehen, eine Entscheidung zu fällen, Informationen einzuholen, einen Konflikt zu lösen, Kritik und Anerkennung deutlich zu machen usw. Es braucht kein ausführlicher Text zu sein. Skizzieren Sie die Gesprächssituation nur so weit, daß sich jemand seine Rolle in einem solchen Gespräch vorstellen kann. Nehmen Sie eine Situation, die tatsächlich schon vorgekommen ist, die jetzt aktuell vor Ihnen steht, oder auch eine solche, die Sie schon erfolgreich gelöst haben. Jedenfalls soll sie charakteristisch für Ihr Arbeitsfeld sein.

Seit ich mit dieser Instruktion arbeite, habe ich den Eindruck, daß die Themen konkret, erfahrungsbezogen und für die Teilnehmer bedeutungsvoll sind. Sie leitet nun nicht mehr dazu an, besprechungsbedürftige Themen mit taktischem Kalkül anzugehen und die Gesprächspartner auszuhebeln, sondern hilft dabei, Konstruktivität in konflikthafte Situationen hineinzutragen.

Nie wieder Sieg

Ich nehme hier eine These des Bundeswehrgenerals und späteren Konflikt- und Friedensforschers Graf Baudissin auf. In neueren Theorien der internationalen Beziehungen findet dieser Gedanke seit einigen Jahren Gehör: daß verantwortliches politisches Handeln die Interessen der Gegenseite nicht zu bekämpfen, sondern zu verstehen und u. U. zu fördern habe. Das ist eine beunruhigende Gegenthese zu der bisher weltweit praktizierten Strategie des Null-Summen-Spiels, derzufolge Interessen des Gegners zu bekämpfen und zu begrenzen seien, koste es was es wolle, d. h. auch dann, wenn die eigenen Interessen dabei ebenfalls zu kurz kommen.

In bezug auf Partnerschaft und Familie haben Bach (1966) sowie Bach und Bernhard (1969) diesen Gedanken schon vor über 30 Jahren unmißverständlich zum Ausdruck gebracht: Wenn einer gewinnt, haben alle verloren. Er hat damit dem systemischen Ansatz in allen Anwendungsfeldern vorgearbeitet: Wo bisher das ganze System einen pathologischen Nutzen aus der Krankheit gezogen hat, soll nunmehr nicht der eine oder der andere Betroffene gestärkt aus der Behandlung hervorgehen. Vielmehr ist der Zugewinn an Freiheit, Beziehungsklarheit und Handlungskompetenz *aller* Beteiligten ausschlaggebend dafür, daß eine Therapie oder Beratung als gelungen angesehen werden könne (Fengler, 1985).

Im übrigen bin ich der festen Überzeugung, daß es eine Art Ausgleich für Recht und Unrecht, das man tut, schon zu Lebzeiten gibt. Wer also immer und immer wieder gegen Treu und Glauben verstößt oder Regeln des Zusammenlebens verletzt, konstelliert die Verhältnisse vermutlich irgendwann so, daß die Sache auf ihn zurückschlägt und er nicht ungeschoren davonkommt. Selbst wenn dies nicht in Form von Rechtsprechung und Scheitern geschieht, so wird doch die innerseelische Schädigung irgendwann sichtbar: Brutalität und Habgier, Geschwätzigkeit und Lüge finden sich in den Gesichtszügen und im Habitus wieder. Zu einer Versöhnung mit den Mitmenschen, dem Leben und sich selbst kann es auf diesem Hintergrund nur schwer kommen. Gleichsinnige Beobachtungen habe ich im Kontakt mit Personen gemacht, die selbst unter erschwerten Bedingungen versuchten, in ihrer Moral intakt zu bleiben. Auch Lauterkeit bildet sich später im eigenen Leben ab, im Umgang mit anderen und in der Fähigkeit, Konflikte und Schicksalsschläge zu verarbeiten.

Der Klassiker unter den Sieg-Niederlage-Spielen ist das *Mensch ärgere Dich nicht*. Diese Aufforderung fruchtet bekanntlich nichts; vielmehr ärgert der Verlierer sich ziemlich, und dem Sieger fällt nach der ausgestandenen Angst ein Stein vom Herzen. Im Wechselbad von Würfeln, Hoffen, Angreifen, Hinausfliegen und neuem Anlauf hin und her auf dem Weg zum eigenen Häuschen ist es schon für Kinder eine gute Übung, Nuancen der Konkurrenz zu erleben und die eigene Form der Bewältigung zu finden.

Manche Spieler versuchen, gleich zu Beginn eine harte Linie zu vereinbaren, um sich später nicht dem Vorwurf der Aggressivität und Hartherzigkeit stellen zu müssen. Eltern neigen Kindern gegenüber oft zur Nachsicht und lassen die Jüngsten gewinnen. Kinder freuen sich, wenn sie einen Mitspieler hinauswerfen können, oder entwickeln Schuldgefühle, wenn erwachsene Mitspieler ihrerseits auf das Hinauswerfen verzichten. Entscheidend ist wohl, daß Kinder lernen, mit der Frustration *und* der Aggression umzugehen, die bei verschiedenen Spielzügen unweigerlich eintritt, wenn man sich an dem Spiel beteiligt. Erwachsene können ihnen dabei helfen, indem sie selbst auf solche Situationen vorbildhaft mit Humor und Vergnügen statt mit Übelnehmen und Wut reagieren. Manchmal ist es Erwachsenen möglich, durch die eigene Spielweise eine Frustrationsserie des Kindes zu beenden, ohne die Spielregel generell außer Kraft zu setzen. Denn es kann für das Kind schädlich sein, wenn seinetwegen die vereinbarte Regel plötzlich nicht mehr gilt und zu falschen Schlüssen über das Leben führen. Ich selbst habe mir angewöhnt, im Mensch-ärgere-Dich-nicht-Spiel mit Kindern jedenfalls so lange fortzufahren, bis nach dem Sieger auch alle anderen Mitspieler alle Püppchen im eigenen Haus haben. Auf diese Weise ist es möglich, daß alle die offene Gestalt schließen und das Spiel für alle zu einem relativ befriedigenden Abschluß kommt (Fengler, 1994).
Manche Konkurrenz ist von struktureller Art, speist sich also aus unterschiedlichen Interessenslagen der Beteiligten, zwischen denen eine Verständigung nur schwer möglich ist. Unter Kindern genügt oft ein bestimmtes, für den Erwachsenen relativ belangloses Merkmal, um sie als Mitglieder unterschiedlicher Subgruppen auszuweisen, die sich bekämpfen *müssen*, z. B. die Zugehörigkeit zu einer bestimmten Häuserzeile, einem Kleidungsstil oder einer Schulklasse. Unter Erwachsenen sind oft Merkmale von Rasse, Religion, Sprache, Kultur usw. Auslöser von Aggression, aber auch die Zugehörigkeit zu verschiedenen Firmen, Abteilungen, Hierarchie-Ebenen, Altersstufen und Aufgaben. Innerhalb einer Firma oder Behörde bestehen zwischen verschiedenen Funktionseinheiten oft strukturelle Gegensätze, die unüberbrückbar erscheinen. Wer die Unausweichlichkeit dieser Gegensätze erkennt, tut sich vielleicht leichter damit, gewisse Reibungsverluste zu akzeptieren, die zwischen ihnen auftreten, und gleichzeitig um ihre Milderung bemüht zu bleiben.

Daß die Überwindung des Null-Summen-Spiels nicht ideale Forderung ist, sondern praktizierbarer Alltag, belegt die folgende Erfahrung.

Ich beriet einmal einen großen Autoreparatur-Betrieb, in dem die Gegensätze zwischen Verkauf und den anderen Abteilungen immer wieder aufbrachen. Die Verkäufer wollen verkaufen und Umsatz machen. Sie sind dem Kunden gegenüber konziliant, um zum Abschluß zu kommen, verursachen dem Lager, der Werkstatt und der Lackiererei damit aber Kosten und binden deren Arbeitszeit. Sie wollen den Kunden schnell bedienen; aber die Verkaufsverwaltung will den Wagen erst übergeben, wenn alle erforderlichen Papiere vorliegen und die Kreditzusage der Bank da ist. Zuletzt antworten die Verkäufer auf alle Kritik noch triumphierend: ›Wer Umsatz macht und Euch alle am Leben erhält – das sind doch wir!‹ Das macht die anderen Abteilungen mürrisch. Aber recht entgegenhalten können sie meist nicht. Und mit Sabotage wollen sie nicht antworten; denn dies würde bedeuten, an dem Ast zu sägen, auf dem sie alle sitzen. Nicht zuletzt hat der Verkauf Rückenwind vom Kunden, der jedenfalls geworben, umworben und gehalten werden muß. – In dieser Situation wurde ich zur Beratung eingeladen. Es kam die Hoffnung zum Ausdruck, daß ich die Konkurrenz der Abteilungen würde mildern können. Ich beschloß, mit einem ganztägigen Gespräch zwischen zwei Abteilungen zu beginnen, die besonders eng zusammenarbeiten müssen und gehäuft Konflikte miteinander erleben, dem Verkauf und der Verkaufsverwaltung. Ich begrüßte die Teilnehmerinnen und Teilnehmer und stellte ihnen als Aufgabe vor, daß wir gemeinsame Arbeitshindernisse auszuräumen hätten. Dann bat ich sie, in getrennten Gruppen über die Frage zu sprechen, was die Essentials ihrer Arbeit seien. Über die Ergebnisse dieser Arbeit bat ich sie, sich in einer gemeinsamen Runde wechselseitig zu informieren. Dabei unterstrich ich selbst die Unterschiedlichkeit der beiden Positionen noch in der Sitzordnung, indem ich die Gruppen bat, einander gegenüber Platz zu nehmen. Tatsächlich machten die Berichte die Unterschiedlichkeit der Abteilungen sehr schön deutlich; eine etwas gereizte Stimmung kam im Plenum auf. Ich wies darauf hin, daß vielleicht beide Gruppen ein gewisses Talent darin hätten, einander anzuheizen. Das wurde von einigen Teilnehmern und Teilnehmerinnen mit Verblüffung aufgenommen, weil sie es selbst gar nicht wahrgenommen hatten. Ich fühlte mich ein wenig an die klassische Intergruppen-Untersuchung von Mustafer Sherif (1956) erinnert, in der er mit zwei Jugendgruppen verschiedene Phasen von Konkurrenz und Kooperation arrangiert hatte. Danach bat ich die Teilnehmerinnen und Teilnehmer, sich jeweils zu viert aus den beiden Gruppen zusammenzutun.

Als Kriterium der Wahl empfahl ich, auf solche Kollegen zuzugehen, von denen sie annehmen konnten, daß sie wechselseitig für den Standpunkt des jeweils anderen Verständnis aufbringen würden und eine Zusammenarbeit mit ihnen erfolgversprechend sein werde. Diese Paare bat ich nun, sich nicht mehr länger bei den Unterschieden und Gegensätzen aufzuhalten. Vielmehr sollten sie lösungsorientiert auf tragfähige Vereinbarungen für die Probleme zuarbeiten, die im Plenum zuvor genannt worden waren. Für den weiteren Kontakt auf Gruppenebene sollten sie vereinbaren, daß sie sich an weiterer Polarisierungen nicht mehr beteiligen und die Zusammenarbeit im kleinen Kreis jeweils mit Vernunft regeln würden. Das sich daran anschließende Plenum brachte eine überraschende atmosphärische Wende mit sich. Die Berichte der Viergruppen wiesen einige Übereinstimmungen auf, was man als gewisses Abrücken von der ursprünglich gruppenspezifischen Problemsicht interpretieren kann. Die Lösungsvorschläge fanden weitgehend Zustimmung; der Tag endete mit dem gemeinsamen Vorsatz, auf Streitereien, wie sie aus der Vergangenheit bekannt waren, in Zukunft zu verzichten. Zum Abschluß des Tages sagte der Prokurist der Firma, der mich zu der Beratung eingeladen hatte, in scherzhaft-drohendem Ton: »Wenn es wieder zu Auseinandersetzungen zwischen Verkauf und Verkaufsverwaltung kommt, bitte ich Herrn Fengler, wiederzukommen!«, etwa so, wie man Kindern mit der Rute droht, Kindern, die schon wissen, daß es zu Nikolaus trotz dieser Drohung stets Süßigkeiten gibt. Einer der Mitarbeiter griff den Scherz in gespieltem Entsetzen auf und antwortete: »Nur das nicht! Nur das nicht! Dann vertragen wir uns lieber!«

Die Bereitschaft zur Kooperation kann das Konkurrieren nicht aus der Welt schaffen. Mancher Konkurrent wird das Kooperationsangebot brüsk zurückweisen, mancher es nur annehmen, um so besser seine Konkurrenzpläne verfolgen zu können. Aber es ist unerläßlich, den *Versuch zur Kooperation* zu unternehmen. Unterbleibt er, wird es in den Beziehungen bald *ungemütlich*, d. h. für Kräfte des Gemüts, also Sympathie, Respekt, gemeinsame Freude, wird es dann bald eng in solchen Verhältnissen.

Ob jemand die Bereitschaft zur Kooperation glaubhaft sichtbar zu machen versteht, studiere ich immer mit besonderem Interesse, wenn sich jemand an unserer Fakultät auf einen vakanten Lehrstuhl bewirbt. Einerseits soll er sein unverwechselbares Profil zu erkennen geben und zeigen, was er zu bieten hat; und andererseits soll er in dem größeren Kontext Fakultät seinen Platz als Kollege finden, der mit den Kolleginnen und Kollegen am Ort eine sinnvolle Zusammenarbeit anstrebt. Einseitigkeit nach der einen wie nach der anderen Seite fällt hier schnell ins Auge und weckt Zweifel an der Eignung des Kandidaten. Alfred Adlers Kritik des Geltungsstrebens erscheint mir in diesem Zusammenhang oft allzu streng und wenig an tatsächlichen Arbeitsprozessen orientiert: Der oder die Neue soll eben nicht nur gemeinschaftsfähig sein und eine nützliche Arbeit leisten; sondern er/sie soll auch zu erkennen geben, was er/sie Besonderes hat und was vielleicht *nur er* oder *sie* kann und worin er/sie sich von den anderen qualifizierten Bewerbern unterscheidet. Eine einzigartige Fähigkeit oder Leistung ist nicht per se gemeinschaftsfeindlich. Es ist möglich, sie mit anderen Ressourcen zu verbinden und in den Dienst der Gemeinschaft zu stellen.

Kooperation in Spiel und Sport

An mehreren Stellen habe ich aufgezeigt, wie sich für manche Menschen jede Tätigkeit in Beruf und Freizeit als Herausforderung zum Konkurrieren darstellt. Auch Spiel und Sport können sie nur als Frage von Sieg oder Niederlage begreifen. Sportliche Höchstleistungen von Kindern, der Kampf gegen Konkurrenten um die richtigen Lösungen in Quiz-Sendungen der Medien, auch der alltägliche schulische Leistungsvergleich können hier zur Entwicklung einseitiger Haltungen des Konkurrieren-*Müssens* führen. Demgegenüber ist es wünschenswert, daß Kinder Gelegenheit finden, Räume konkurrenzarmen *und* konkurrenzbetonten Arbeitens *und* Spielens kennenzulernen. Die schulische Projektgruppenarbeit z. B. zielt mehr auf Kooperation als auf Konkurrenz ab. Es besteht die Hoffnung, daß jeder Schüler sich an den interessanten und motivierenden Aufgaben nach bestem Können beteiligt. Das Gruppenergebnis wird bewertet, nicht Fleiß und Einsatz des einzelnen. Bis zum Beweis des Gegenteils wird davon ausgegangen, daß jedes Gruppenmitglied das gegeben hat, was ihm und ihr möglich war. Dies wird – sich selbst erfüllende Prophezeiung – dazu beitragen, daß genau dies geschieht.
Der Sportunterricht verfügt über eine Vielfalt von Lern- und Erfahrungsangeboten im Bereich von Konkurrenz *und* Kooperation. Im Geräteturnen setzt der einzelne Schüler sich in erster Linie mit den Vorgaben der geforderten Übungen und mit der zu erzielenden Punktzahl auseinander; erst an zweiter Stelle kommt die Kon-

kurrenz mit den Mitschülern. Hier habe ich mehrfach die Beobachtung gemacht, daß Schüler gemeinsam üben und sich gegenseitig Hilfestellungen geben und daß der letztendliche Erfolg des Nachzüglers für alle eine Gratifikation darstellt.

In Disziplinen, in denen Schnelligkeit, Höhe und Weite gefordert werden, sind beide Aspekte präsent: Man kämpft gegen den anderen, um gegen ihn zu gewinnen; aber man kämpft auch um die persönliche Bestleistung. Die Verbindung zwischen Konkurrenz mit dem anderen *und* dem Anspruch an die eigene Person scheint mir hier besonders deutlich. Gewiß besteht dabei eine Chance der Persönlichkeitsentwicklung, solange der Betreffende nicht materiell allzusehr vom Erfolg abhängig ist. Interessanterweise verbringen viele Sportler schon als Jugendliche viel Zeit *allein* auf dem Sportgelände, um zu trainieren, und finden dabei ihre eigenen Gedanken über sich und die Welt.

Unter den Mannschafts-Ballspielen scheint der Konkurrenzaspekt sehr zu überwiegen; jedoch sind auch hier zahlreiche abgestufte Varianten zu erkennen. In Fußball und Handball dienen die eigenen Aktionen in gleicher Weise dazu, das Gruppenspiel aufzubauen und Punkte für die eigene Mannschaft zu erzielen, wie auch dazu, Aktionen des ›Gegners‹ zu stören. Was dem eigenen Punktgewinn nützt, ist gut; was den Gegner voranbringt, ist schlecht. Über die Konkurrenz von Gruppe zu Gruppe hinaus gibt es auch innerhalb der Mannschaft einen hohen Konkurrenzpegel. Denn am Ende ist doch derjenige der Star, der die Tore schießt oder wirft, erst an zweiter Stelle der, der sie vorzubereiten hilft.

Dem steht im Volleyball eine Variante gegenüber, in der Kooperationsgelegenheit und -notwendigkeit deutlich überwiegen. Erst der dritte Schlag im eigenen Feld muß den Ball über das Netz treiben. Die beiden ersten Spieler, die ihn berühren, haben also in erster Linie die Aufgabe, dem Dritten zuzuspielen und seinen Schlag vorzubereiten. Demgegenüber treten die Vereinzelung von Aktionen und der Ehrgeiz, persönlich und individuell möglichst viele Punkte für die eigene Mannschaft zu erzielen, relativ zurück.

Eine heitere Freizeitvariante im Ballspiel ohne Konkurrenzcharakter beobachtete ich neulich im Schwimmbad. Vier junge Männer versuchten, im Kreis stehend, einen Gummiball mit Füßen, Kopf, Hüften und Brust, aber ohne Hände in der Luft zu halten und in einen in der Mitte des kleinen Spielfeldes stehenden Papierkorb zu heben –

keine leichte Aufgabe, obwohl es so leicht aussah. Wenn es schließlich einem von ihnen gelang, so jubelten alle in kindischer Freude, als hätten sie ein Tor in einem Meisterschaftsspiel erzielt – ein gemeinsamer Erfolg gegen den Papierkorb und gegen die Tücken von Ball und Schwerkraft.

Verschiedene Abstufungen des Konkurrierens sind auch im Kartenspiel zu beobachten. In der Patience geht es nur um die Freunde an Ordnung und Abschluß, kein Gegner ist in Sicht. Beim Skat dagegen kämpfen alle drei Mitspieler in wechselnden Koalitionen. Taktik, Bluff und Überlistung spielen eine wichtige Rolle. Die Proportion 1:2 konstelliert zusätzlich Angst und Aggression. Das Paar ist also bestrebt, den einzelnen niederzukämpfen, der keck von sich behauptet, es mit zweien aufnehmen zu können. Hier scheint mir oft eine ausgesprochen feindselige Atmosphäre zu herrschen. Anders im Doppelkopf: Da spielt in der Regel Paar gegen Paar, nur selten, im stillen Damensolo, steht ein Spieler gegen die drei anderen. Die Paarbildungen wechseln je nach Kartenlage, aber weder im Sieg noch – was vielleicht noch wichtiger ist – in der Niederlage ist man allein.

Ich lernte jüngst eine Variante des Kartenspiels kennen, bei dem, ähnlich wie beim Volleyball, das Vergnügen einer eigenen Kombinationsgabe weit größer ist als die Konkurrenz gegenüber den Mitspielern. Es trägt den Namen *Fahrstuhl*. Aus einem Kartenspiel erhält jeder Mitspieler z. B. fünf Karten; die Trumpfkarte wird durch Aufdecken bestimmt. Als erstes muß jeder Mitspieler angeben, wie viele Stiche er bekommen wird. Bestätigt sich seine Prognose, so erhält er zehn Punkte und pro Stich zusätzlich zwei Punkte. Liegt er daneben, so bekommt er nur pro Stich zwei Punkte. Das Besondere an dem Spiel ist, daß man auch mit sehr schlechten Karten gewinnen kann, nämlich durch richtige Vorhersagen, und daß man, da man kaum Gelegenheit hat, Spielzüge der Mitspieler zu durchkreuzen, sich auf den geschickten Umgang mit den eigenen Ressourcen konzentrieren kann – allerdings: Wer konkurrieren *will*, findet auch hier Gelegenheit dazu. Ein Mitspieler sagt mitten hinein: »Man müßte die Spielregel so ändern, daß man Pluspunkte bekommt, wenn der Gegner (!) sich bei seiner Prognose verschätzt.« Da hat der junge Kämpfer gar nicht bemerkt, daß dies auch jetzt schon geschieht, eben durch den Privilegien-Entzug, den der andere im Fall der Falschschätzung erfährt.

Bei Kindern ist das *Zwinkern* sehr beliebt. Durch Zwinkern mit dem Auge lädt jemand, der vor sich einen leeren Stuhl hat, ein im Stuhlkreis sitzendes Kind ein, zu ihm herüberzukommen. Hintermann bzw. Hinterfrau des Kindes müssen versuchen, dies zu verhindern, tun dies aber oft nur mit halber Kraft, weil im Falle der ›gelungenen‹ Flucht sie selbst ein neues Pairing der Zuwendung initiieren können. – An einem Kindergarten-Elternabend forderte uns einmal ein Spielpädagoge auf, uns wie verliebte Goldfische im Raum zu bewegen. Das gelang allen Eltern vorzüglich, da wir nicht wußten, wie verliebte Goldfische sich verhalten und somit frei waren, verliebte Goldfische zu spielen. Auch unter Kindern steht hier nicht die Konkurrenz im Vordergrund, wer die besten Einfälle hat, sondern die Spontaneität der Bewegung selbst macht den Reiz des Spiels aus.

Partnerschaftsübungen

Die Partnerschaft ist, was Konkurrenzvorgänge angeht, ein besonders sensibler Bereich (vgl. Kap. 8). Oft liegen ihnen chronifizierte Kränkungen zugrunde, oder es handelt sich um Machtkämpfe, von denen beide Partner nicht lassen wollen.

Einen Test auf den Friedenswillen des beruflichen wie privaten Partners stellt das Ritual Fair Fight (Bach und Bernhard, 1969) dar.

Tab. 5: Fair Fight. Schritte einer rituellen Konfliktlösung *(modifiziert und erweitert nach Bach und Bernhard, 1969; Fengler 1975)*

Partner		Schritt im Fair Fight	Funktion
A – B	1.	Verabredung zum Fair Fight	Bereitschaft zum Gespräch sicherstellen.
A	2.	Besinnung	Präzisierung des Unbehagens statt unkontrollierter Vorwürfe.
A	3.	Beratung mit dem Therapeuten in Gegenwart von Partner B:	Fragen, Hilfe, Feedback vom Therapeuten. B kann sich bereits auf das Probegespräch einstellen, was auf ihn zukommt.
A	4.	Beschwerde	Ausdruck des Unbehagens; Vermutungen, Verdächtigungen, Erbitterung.
B	5.	Korrekte Wiedergabe des Gesagten	Feedback zum Inhalt. B schlüpft damit in A's Rolle. Kein Themenwechsel, keine eigene Beschwerde, kein Gegenvorwurf.

A – B	6.	Bestätigung der gegenseitigen Zuneigung	Feedback über gegenseitige Akzeptanz (Kuß, Händedruck, Blickkontakt etc.); wirkt manchmal künstlich, ist aber geeignet zu verhindern, daß die Partner mit wechselseitigen Vorwürfen aufwarten. B wird für seine bisherige Mitarbeit belohnt.
A	7.	Besinnung über den Änderungswunsch	Konkretisierung des Unbehagens statt allgemein gehaltener, nicht realisierbarer Forderungen, wie ›Sei nicht immer so egoistisch‹.
A	8.	Beratung mit dem Therapeuten in Gegenwart von Partner B: Probegespräch	Fragen, Hilfen, Feedback vom Therapeuten. B kann sich bereits auf das einstellen, was auf ihn zukommt.
A	9.	Änderungswunsch	Dem Partner eine konkrete, begrenzte, u. U. erfüllbare Forderung stellen.
B	10.	Korrekte Wiedergabe des Gesagten	Feedback zum Inhalt. B schlüpft damit in A's Rolle. Kein Themenwechsel, kein eigener Änderungsvorschlag, keine Gegenforderung an A.
A – B	11.	Bestätigung der gegenseitigen Zuneigung	Feedback über gegenseitige Akzeptanz (Kuß, Händedruck, Blickkontakt etc.) B wird für seine bisherige Mitarbeit belohnt.
A	12.	Anfrage: ›Wie denkst Du über meinen Änderungswunsch?‹	Formelle Anfrage statt Resignation, z. B. ›hoffnungslos‹.
B	13.	Besinnung über den Änderungswunsch	Konkretisierung des eigenen Erlebens zum Änderungswunsch statt schneller Ablehnung oder Gegenforderung.
B	14.	Beratung mit dem Therapeuten in Gegenwart von Partner A: Probegespräch	Fragen, Hilfen, Feedback durch den Therapeuten. A kann sich bereits auf das einstellen, was auf ihn zukommt.
B	15. Volle Zustimmung o. 16. Begrenzte Zustimmung o. 17. Ablehnung		Stellungnahme zum Änderungswunsch ohne Themenwechsel.

A – B 18.	(nach 15 und 16) Planung der Erfolgs-kontrolle	Sicherstellung der tatsächlichen Durchführung.
A – B 19.	(nach 17) Planung eines neuen Fair Fight	Sicherstellung der Fortsetzung des Gesprächs.
A – B 20.	Bestätigung der gegenseitigen Zuneigung	Feedback über gegenseitige Akzeptanz. Beide belohnen sich gegenseitig für die Zusammenarbeit.

Das Ritual besteht aus einer Gesprächsinstruktion in 20 Schritten und eignet sich zum Aushandeln von Konflikten, die Quelle wiederholten Ärgers darstellen und von den Partnern ohne eine Gesprächshilfe nicht gelöst werden können. Die Einzelschritte des Rituals erscheinen etwas aufwendig. Jedoch ist zu bedenken, daß sie in der Arbeit mit Paaren entstanden sind, die die Scheidung bereits eingereicht hatten und von Richtern die Auflage erhalten hatten, vor dem endgültigen Urteil die Bescheinigung über gemeinsame Gespräche bei einem Therapeuten vorzulegen.

In der Praxis lassen sich, vor allem bei mehrmaliger Durchfüh-rung zwischen den gleichen Partnern, einige Schritte einsparen. Wichtig ist es jedenfalls, sicherzustellen, daß ein begrenztes Problem tatsächlich gelöst wird. Besondere Bedeutung kommt der Bestätigung der gegenseitigen Zuneigung in den Schritten 6, 11 und 20 zu.

Der eine Partner soll den anderen also bitten, ihm einen erfüllbaren Wunsch zu erfüllen oder abzuschlagen. Wenn ihm nun partout nichts Derartiges einfallen will oder wenn der so Gebetene selbst bei dem kleinsten Wunsch mit langen Debatten beginnt, so stehen die Chancen schlecht, mit den beiden voranzukommen. Kooperation läßt sich in Partnerschaft wie im Arbeitsleben eben nicht erzwingen. Sie wird möglich, wenn beide Partner sich dazu entschließen, sich ein wenig entgegenzukommen, ohne vom anderen den ersten und den größeren Schritt zu fordern.

Umgang mit Durchsetzung und Erfolg

Das Konkurrenzmotiv begleitet uns nicht nur in Auseinandersetzungen und Arbeit, sondern wirkt fort in der Art, wie wir unseren

Erfolg gestalten. Ich hatte in Kap.9 beschrieben, daß manche Menschen kurz *vor* der Durchsetzung der Mut verläßt und andere sich nicht freuen können, *nachdem* sie ihr Ziel erreicht haben. Andererseits sehen wir: Wir können Situationen der Konkurrenz nicht entgehen, und es ist unvermeidlich, daß unsere Dominanz für andere Menschen Niederlagen und Nachteile mit sich bringt. Auch Erleichterung, Stolz und Freude, das Ziel erreicht zu haben, sind gewiß nicht zu verurteilen. Aber was kommt dann, außer daß der Erfolg gesichert werden muß und der Alltag wieder einkehrt? Es ist der Umgang mit dem Erfolg und mit dem unterlegenen anderen Menschen von dem hier die Rede sein soll.

Manchen Menschen gelingt es, sich von dem erzielten Fortschritt nicht allzusehr hinreißen zu lassen und statt dessen ein Gefühl von Dankbarkeit zu entwickeln. Was der Mensch im Vergleich zu anderen erreicht, ist ja nicht sein Verdienst alleine, sondern eine Verbindung von Tüchtigkeit, Glück, Unterstützung durch Freunde und Kollegen, Begegnungen mit wichtigen Gesprächspartnern, das richtige Handeln im günstigen Moment, verbunden mit einer Fülle weiterer unwägbarer Umstände, auf die wir keinen Einfluß haben. Auch unsere Begabungen sind ja nicht Verdienst, sondern Geschenk und Verpflichtung.

Es ist gut, an den unterlegenen Konkurrenten zu denken, nicht mit Triumph oder Drohgebärde, auch nicht in der Art von Wahlsiegern, die den Verlierer zum Stellvertreter machen, um zu verhindern, daß er Intrigen gegen sie spinnt, und auch nicht gönnerhaft. Vielmehr geht es um eine Haltung des Respekts, die seine Leistung anerkennt und sich der Tatsache bewußt ist, daß auch er ein geeigneter Gewinner in der Auseinandersetzung hätte sein können.

Ein Freund von mir ist in der Hinwendung zum anderen in dieser Hinsicht sehr weit gegangen. Er hatte die Verbindung zu seiner Jugendliebe 1939 aus rassischen Gründen abbrechen müssen, heiratete eine andere Frau und erfuhr, daß diese frühe Freundin ins Ausland gegangen war und ebenfalls geheiratet hatte. Später wurde er Witwer und hörte, daß auch sie nach langer, glücklicher Ehe verwitwet sei. Da wandte er sich brieflich an sie und bat um ein Lebenszeichen. Als er sie besuchte und sie zum ersten Mal umarmte, hielt er einen kurzen Moment lang inne und machte innerlich eine kleine Geste des Grußes zu den beiden früheren, mittlerweile verstorbenen Partnern hin. Danach konnten die beiden ruhig zusammenkommen.

Bescheidenheit und Dank sind also vermutlich diejenigen Gefühle, die nach dem Sieg am besten eine gute Bodenhaftung gewährleisten. C. G. Jung (1972) hat einmal empfohlen: Wenn jemand eine Niederlage erlitten hat, so soll man ihn trösten und stützen. Nach einem Sieg soll man ihm ein paar Ohrfeigen versetzen, damit er wieder zur Besinnung komme.

Literatur

Antons, K. (1976): Praxis der Gruppendynamik. Hogrefe, Göttingen.

Bach, G. R. (1966): The marathon groups: Intensive practice of interaction. Psychological Reports, 18, 995–1102.

Bach, G. R., Bernhard, Y. (1969): Aggression lab. Dubuque.

Fengler, J. (1975): Feedbacktechnik in der Ehe- und Familientherapie. Praxis der Psychotherapie, 34-48.

Fengler, J. (1994): Pädagogische Verhaltensmodifikation. In: Fengler, J., Jansen, G. (Hg.): Handbuch der Heilpädagogischen Psychologie. Kohlhammer, Stuttgart, 2. Aufl., 251–282.

Jung, C. G. (1972): Der Mensch und seine Symbole. Walter, Olten.

König, O. (1996): Macht in Gruppen. Gruppendynamische Prozesse und Interventionen. Pfeiffer Verlag, München.

Sherif, M. (1956): An outline of social psychology. Haper & Row, New York.

V. Zwei sozialwissenschaftliche Antworten: Coaching und Supervision

In diesem letzten Hauptabschnitt will ich zwei sozialwissenschaftliche Instrumente beschreiben, die sich bei der Klärung von Arbeitsproblemen und bei der Entwicklung zufriedenstellender Formen der Zusammenarbeit bewährt haben: Coaching und Supervision. Ich beginne mit dem historisch früheren und umfassenderen Konzept, der Supervision, und werde im weiteren Text darstellen, wie sich das Coaching als Spezifikation derselben herausgebildet hat.

Grundsätzliches zur Supervision

Supervision ist die Beratung von Personen, die die Klärung ihrer beruflichen Identität im Kontext von Klienten und Kunden, Kollegen, Institution, Familie und Gesellschaft sowie die Bewahrung und Steigerung ihrer beruflichen Handlungskompetenz anstreben. Supervision wird heute in vielen Arbeitsfeldern als unerläßlich angesehen. In keinem Beruf erreicht man heute einen Zustand dauerhafter Souveränität. Die Begegnung mit Menschen ist für den, der sie aufmerksam wahrnimmt, immer so facettenreich, daß manches daran stets bedenkenswert und fragwürdig ist. Ein Gespräch, das man gestern noch erfolgreich geführt hat, mag heute schon bei allen Beteiligten Unzufriedenheit zurücklassen; sichere Professionalität geht manchmal unmerklich in Routine und Kälte über und erfüllt dann mit Gefühlen von Enttäuschung. Unvorhergesehene Situationen, in denen es Vorgesetzte und Mitarbeiter an der notwendigen Geistesgegenwart fehlen lassen, führen bisweilen zu Entscheidungen und Weisungen, die für alle Beteiligten und für die Arbeitsqualität Nachteile mit sich bringen.
Während man früher Supervision nur für Berufsanfänger vorsah, wählen heute auch Berufstätige mit langjähriger Praxiserfahrung,

die ihre Aufgaben durchaus erfolgreich meistern, diese Form der Unterstützung und Klärung. Supervision verliert damit den Charakter der Entwicklungshilfe für schwache Kandidaten im Berufsfeld.

Einzel-Supervision

Einzel-Supervision nehmen Personen in Anspruch, die ihr berufliches Handeln im Gespräch unter vier Augen kritisch sichten und unter Umständen verändern wollen. Im Verlaufe von Ausbildungen geschieht dies in Verhältnissen wie Mentor – Referendar, Tutor – Student, Professor – Assistent, Arzt – Famulus, Meister – Lehrling usw. ohnehin. Jedoch haben viele Praktiker eben viel später immer noch oder erneut das Bedürfnis nach Supervision. Diese Supervision kann dann täglich, wöchentlich oder seltener stattfinden. Ein Sitzungsabstand von zwei bis acht Wochen scheint die Regel zu sein. Der Supervisand weiß, daß in jeder Sitzung sein Thema behandelt wird. Vermutlich werden seine persönlichen Lebensumstände oft ebenfalls Erwähnung finden. Supervisand und Supervisor haben darauf zu achten, daß daraus keine Therapie wird, bzw. daß nach Gesprächssequenzen mit therapeutischem Charakter der Bezug zum Arbeitsleben wiederhergestellt wird. Andererseits gilt: Jedes Thema ist erwünscht. Denn natürlich hat eine persönliche oder familiäre Freude oder Belastung auch Auswirkungen auf das berufliche Handeln. Gegenstand der Supervision kann dann z. B. sein, wie unter diesen Sonderbedingungen die Arbeit zufriedenstellend zu leisten ist.

Beispiele für Einzel-Supervision:

- Eine Lehrerin sucht Supervision zunächst nur für den Umgang mit einem bestimmten ›schwierigen Schüler‹, entdeckt nach einiger Zeit aber die Supervisionsbedürftigkeit ihres ganzen Arbeitslebens.
- Eine Freizeit-Pädagogin trägt dem Supervisor regelmäßig aus ihrer Arbeit mit Kindern und Familien vor, teilweise als Tätigkeitsbericht, teilweise zur Erörterung schwieriger Passagen ihrer Arbeit.
- Ein Diplom-Theologe, der selbst innerkirchlich Supervisionen

durchführt, bespricht mit seinem Supervisor problematische Sequenzen aus dieser Tätigkeit.

- Eine Sozialarbeiterin klärt in der Supervision Fragen aus ihrer Lehrtätigkeit und ihrer Psychodrama-Arbeit, aber auch Probleme, die sie in akademischen Gremien erlebt.

Gruppen-Supervision

Hier finden sich Menschen aus dem gleichen Berufsfeld zu gemeinsamen Supervisionssitzungen zusammen, z. B. Drogentherapeuten, Leiter von Einrichtungen der Telefon-Seelsorge, Schulpsychologen, Lehrer von Sonderschulen, Aids-Berater usw. Entscheidend ist nicht der gleiche Ausgangsberuf, sondern gemeinsame Merkmale der gegenwärtigen Berufstätigkeit, die dazu führen, daß die Supervisanden über einen gemeinsamen Erfahrungspool verfügen. Wenn dann einer von ihnen einen Fall vorträgt, so haben alle anderen schon ähnliche Situationen selbst erlebt oder voller Furcht erwartet und können aus eigener Kenntnis etwas zur Supervision des Falles beitragen. Die Gruppen-Supervision entlastet den Supervisor davon, für jeden vorgetragenen Fall selbst den Hauptimpuls zur Klärung zu liefern. Information, Aspektereichtum und Korrekturhinweise in großer Zahl kommen aus dem Kreis der Supervisanden, die auch Realismus oder Verschrobenheit von Ideen meist gut zu beurteilen vermögen. Der Supervisor hat hier verstärkt die Arbeitsfähigkeit der Gruppe sicherzustellen. Er muß eine etwaige Fluktuation in Grenzen halten. Gruppen-Supervisionen finden in zahlreichen Variationen statt, oft im Monatsabstand als Doppelstunde, halber oder ganzer Tag. Die Zahl der Supervisanden sollte zwölf nicht ohne Not überschreiten, weil mit zunehmender Gruppengröße die Wahrscheinlichkeit sinkt, den eigenen Fall vortragen zu können.

Beispiele für Gruppen-Supervision:

- Fünf Betreuer geistig behinderter Erwachsener berichten in der Supervision von ihrer Arbeit mit den Klienten, ihren Entscheidungen und ihren Problemen mit institutionellen Rahmenbedingungen.
- Fünf Schulpsychologen kommen einmal im Monat mit dem Supervisor zusammen, um darüber zu sprechen, wie sie ihre Akzep-

tanz und Wirksamkeit in den örtlichen Schulen verbessern kön-
nen.
- Fünf Sozialarbeiterinnen und Sozialarbeiter, die innerhalb eines
  Projekts Gehörlose bei Problemen des Arbeitslebens beraten, tra-
  gen solche Gespräche in der Supervision vor und setzen sie dem
  Feedback der Kollegen und des Supervisors aus.
- Sechs angehende Psychotherapeuten tragen dem Supervisor Sit-
  zungen aus den eigenen Therapien vor, zum Teil unterstützt durch
  Mitschriften und Bandausschnitte.

Team-Supervision

Team-Supervision ist die Beratung eines Teams, das den Eindruck
hat, ein Außenstehender könne ihm bei der Fallarbeit und bei den
internen Arbeitsproblemen Hilfestellungen geben. Natürlich können auch in Einzel- und Gruppen-Supervision Team-Probleme
zur Sprache kommen. Aber während in Einzel- und Gruppen-Supervision der Supervisor alle Vorgänge stets nur aus der Perspektive einer Partei kennt, sind in der Team-Supervision diejenigen,
von denen die Rede ist, selbst anwesend und können zu allem, was
gesagt wird, unmittelbar Stellung nehmen. Dabei muß in Kauf genommen werden, daß ein Team auch zehn oder noch mehr Mitarbeiter haben kann, die alle an der Supervision teilnehmen wollen.
Wo der Kreis allerdings zu groß wird, hat der Supervisor die Aufgabe, auf eine eventuelle Effizienzverringerung hinzuweisen. Es
kann dann in Betracht gezogen werden, die Teilnehmerzahl nach
transparenten Gesichtspunkten zu verringern. Dagegen bewährt
sich eine Aufteilung des Teams für die Supervision meist nicht.
Der Team-Supervision gegenüber bestehen von seiten der Vorgesetzten, dessen Teilnahme manchmal erwünscht, gelegentlich auch
unzweckmäßig ist, hier und da Befangenheit, Scham oder Ressentiment, ganz so, als sei der Supervisionsbedarf Beweis oder Bekenntnis seines Versagens in der Führungsfunktion. Aber davon
muß man sich und andere frei machen. In der Gegenwart nimmt
die Akzeptanz psychosozialer Hilfestellungen einschließlich Beratung und Therapie in erfreulichem Umfang zu; da kann man Vorgesetzten, die von Supervisionsbedürfnissen der Mitarbeiter erfahren oder selbst diese Notwendigkeit sehen, nur wünschen, daß sie
nicht genierlicher sind, als sie es von ihren eigenen Klienten erwarten.

Beispiele für Team-Supervision:

- Das Kollegium einer Grundschule bearbeitet an einem Seminartag mit dem Supervisor Fragen im Zusammenhang mit Aggressionen, die in den Klassen, auf dem Schulweg und auf dem Pausenhof immer mehr um sich greifen.
- Das Team einer Beratungsstelle behandelt in der Supervision sowohl Fälle wie Fragen der Zusammenarbeit und der Vorgesetztenfunktion.
- Ein Schulpsychologischer Dienst berät in Gegenwart des Supervisors Fragen der Zusammenarbeit mit den Schulen und bereitet die Nachfolge der gegenwärtigen Leiterin vor.
- Die Leiter und Dozenten eines Therapie-Instituts wollen in Begleitung des Supervisors gemeinsam überlegen, was nach dem bevorstehenden Ausscheiden der Gründerin und Leiterin aus dem Institut werden soll.

In der Gruppen-Supervision bilden die anwesenden Supervisanden mit dem Supervisor stets die aktuelle Arbeitsgruppe. Zuviel Kommen und Gehen erschwert hier die Arbeit, macht sie aber nicht unmöglich. In der Team-Supervision ist es manchmal schwieriger. Wenn nur ein Teil des Teams Supervision wünscht und der Rest nur unwillig teilnimmt, oder wenn wichtige Mitarbeiter der Supervision fernbleiben, so können manche Themen nicht zufriedenstellend behandelt werden. Andererseits ist es unakzeptabel, daß einzelne durch ihre Abwesenheit die Behandlung wichtiger Themen verhindern. Als Faustregel gilt hier deshalb bereits während der vorbereitenden Gespräche: Besser eine feste Verabredung mit einem Teil des Teams als eine unverbindliche mit dem ganzen Team.

Peer-Supervision

Die meisten Berufsfragen bedürfen nicht der Begleitung durch einen Supervisor, sondern werden von Helferinnen und Helfern eigenständig in informeller Form geklärt. Für einige weitere ist die Peer-Supervision, also die Supervision im Kollegenkreis, die angemessene Maßnahme. Kolleginnen und Kollegen, die über langjährige Berufserfahrung verfügen und gut miteinander auskommen, mögen eine leistungsfähige Arbeitsgemeinschaft miteinander bilden und sich gegenseitig Fälle vortragen. Ein Team kann Probleme mit Klienten und Vorgänge, von denen mehrere Mitglieder betroffen sind, gemeinschaftlich besprechen und zur Klärung bringen. Besondere Aufmerksamkeit verdient in der Peer-Supervision die Frage der Rollenklarheit: Billigen die gleichrangigen Mitglieder es sich gegenseitig zu, eine Sitzung einzuberufen, auf Pünktlichkeit und Gründlichkeit zu bestehen und bei Bedarf bohrende Fragen zu stellen? Wird dem Dienstvorgesetzten erlaubt, auch in der Supervision eine Leitungsrolle zu übernehmen? Reichen die Ressourcen des Teams aus, die Fälle in neuem Licht zu erhellen, und entwickeln sich neue Lösungen? Gelingt es, eine vertrauensvolle Arbeitsatmosphäre zu schaffen, oder wird die Peer-Supervision unter der Hand zu einer subtilen Kontrolle der Mitarbeiterleistung? Die Supervisionsarbeit im Kollegenkreis gelingt oft gut. Manche Gruppen, Teams und Kollegien, die so verfahren, laden allerdings in unregelmäßigen Abständen einen externen Supervisor ein und erwarten von ihm einen frischen Impuls.

Beispiele für Peer-Supervision:

- Sechs Kolleginnen und Kollegen aus verschiedenen Schulen einer Stadt sehen sich viermal im Jahr, um über ihre Arbeit zu berichten und sich gegenseitig neugierig-kritische Fragen zu stellen.
- Ein Hochschullehrer erörtert mit seinen Kollegen, wie er seine Lehrveranstaltungen methodisch-didaktisch angemessener gestalten kann.
- Eine Kindergärtnerin schafft sich mit anderen Erzieherinnen zusammen einen Gesprächskreis, in dem sie im Zwei-Wochen-Abstand über ihre Berufspraxis reden und schwierige Situationen besprechen.
- Acht Gruppenleiter geben sich in einem zehntägigen gruppendynamischen Laboratorium allabendlich gegenseitig Supervision über ihr Verhalten in Selbsterfahrungsgruppen, Plenum und Arbeitsgruppen.

Indikation

Im Vergleich von Einzel-, Gruppen-, Team- und Peer-Supervision fällt auf, daß alle Themen in allen diesen Arbeitsformen behandelt werden können, freilich jeweils mit unterschiedlichem Akzent. Helferinnen und Helfer können also ihre Wahl in Abhängigkeit von ihren besonderen beruflichen, regionalen und finanziellen Möglichkeiten treffen.

Supervision ist mit erheblichem Aufwand an Zeit, Energie und Kosten verbunden. Es ist also zu fragen, wann zu einer Supervision geraten werden kann und wann nicht (Tab. 6).

Tab. 6: Indikationen zur Supervision

Supervision ist die geeignete Maßnahme, …

1. wenn Helferinnen und Helfer mit ihren Klienten Mühe haben oder sich erfolglos fühlen.
2. wenn sie bei guter Kompetenz das Bedürfnis spüren, unklare Fälle regelmäßig in wohlwollender Umgebung zu klären und belastende Reste abzuladen.
3. wenn sie bei weitreichenden beruflichen Entscheidungen unsicher sind oder sich mit guten Fähigkeiten und Plänen nicht durchsetzen können.
4. wenn sie sich oft erschöpft und lustlos fühlen oder eine dauerhafte Abneigung gegen ihre Klienten in sich spüren.
5. wenn sie mit Kollegen nicht zufriedenstellend zusammenarbeiten können.
6. wenn sie sich in ihrer beruflichen Handlungskompetenz gezielt weiterqualifizieren wollen und in der Supervision eine andere oder erweiterte Perspektive suchen.
7. wenn sie im Kontakt mit Personen, Abteilungen und Instanzen innerhalb und außerhalb der eigenen Institution ihre Ziele nicht erreichen.
8. wenn sie sich in der Institution nicht wohl fühlen, in der sie ihren Lebensunterhalt verdienen.
9. wenn sie hinsichtlich der Berufsentscheidung und des gegenwärtigen Arbeitsplatzes unsicher sind oder sich zunehmend sicher sind, eine Fehlentscheidung getroffen zu haben.

Supervision soll *nicht* gewählt werden,

1. wenn Helferinnen und Helfer keine nennenswerten beruflichen Mängel, Belastungen oder Wünsche erleben.
2. wenn sie eigentlich eine Therapie suchen.
3. wenn sie sich institutionell oder persönlich auf andere, einfachere oder unmittelbarere Weise helfen können.

Die eigene Institution

Wer sich einer Supervision unterziehen möchte und in einer Institution angestellt ist, tut gut daran, den Supervisionswunsch mit seiner Institution zu klären. Es empfiehlt sich in diesem Falle, mit sieben Forderungen anzutreten:

(1) Die Supervision soll von der Institution bezahlt werden.

(2) Sie findet während der Arbeitszeit statt.

(3) Sie umfaßt maximal 12 Personen.

(4) Sie findet räumlich außerhalb der Institution statt.

(5) Sie umfaßt einen Tag pro Monat oder einen halben Tag alle zwei Wochen.

(6) Der Supervisor wird von den Supervisanden selbst gewählt.

(7) Jedes Thema ist willkommen (vgl. oben in diesem Kap.).

Das wird nicht immer alles in vollem Umfang durchsetzbar sein, ist aber eine vernünftige Ausgangsposition für Verhandlungen.

Fragen zur Vororientierung

Wer für sich oder mit anderen den Wunsch nach Supervision hat, kann sich durch die (gemeinsame) Beantwortung der folgenden Fragen Klarheit darüber verschaffen, wohin er oder sie dabei tendiert:

1. Strebe ich Einzel-, Gruppen-, Team- oder Peer-Supervision an?

2. Falls Gruppen-, Team- oder Peer-Supervision: Mit welchen anderen Supervisanden zusammen?

3. Dauer, Zahl und Häufigkeit der Sitzungen pro Jahr?

4. Bleibt die Zusammensetzung voraussichtlich gleich? Über welchen Zeitraum? Soll die Supervisionsgruppe ggf. mit Nachrückern aufgefüllt werden?

5. Soll die Supervision während der Arbeitszeit stattfinden?

6. An welchem Ort? Ist er für alle zu akzeptablen Bedingungen erreichbar? Kann man dort ungestört, konzentriert und angenehm arbeiten?

7. Soll die Supervision durch einen Mann oder eine Frau (oder ein Paar) erfolgen? Dies ist für Teams manchmal sehr wichtig.

8. Soll sie einen eher deutend-reflexiven oder eher handlungsorientierten Akzent haben? Oder beides? Oder soll die Person des Supervisors ausschlaggebend sein?
9. Welche Geldmittel stehen für welchen Zeitraum zur Verfügung?
10. Wer soll den potentiellen Supervisor ansprechen? Wie soll das Kennenlernen vor sich gehen? Wie soll die Entscheidung für oder gegen die Zusammenarbeit mit diesem Supervisor fallen?

Kontraktgespräch

Wenn Supervisorin oder Supervisor angesprochen worden sind, so müssen am Telefon oder beim ersten Treffen weitere Fragen mit ihm oder ihr zusammen geklärt werden:

1. Welche Arbeitskonzeption hat er oder sie?
2. Soll in der ersten Sitzung gleich mit der Supervision begonnen werden, oder soll sie ausschließlich dem gegenseitigen Kennenlernen dienen?
3. Aktueller Anlaß des Supervisionswunsches;
4. Gründe für die Anfrage dieses Supervisors;
5. Verbindlichkeit der Teilnahme;
6. Schwerpunkt der Arbeit bei Fällen oder beim Team oder bei beidem;
7. Wieviele Supervisanden können maximal teilnehmen? Wie viele müssen es mindestens sein?
8. Folgen bei zu wenig Teilnehmern oder Ausfall;
9. Gültigkeitsdauer der Vereinbarungen;
10. Honorar.

Diese Fragen mögen etwas zu hoch formalisiert erscheinen; vieles wird man später ohnehin revidieren oder nachbessern müssen. Aber die Erfahrung lehrt, daß gründlich bedachte Anfangsvereinbarungen später vor manchen Überraschungen schützen. Dies ist also jedenfalls nützlich investierte Zeit.

Beginn der Supervisionsarbeit

Wenn alle wichtigen Fragen geklärt sind, kann die Supervisionsarbeit beginnen. Supervisor und Supervisand(en) treffen sich zum
ersten Mal. Es ist dann sinnvoll, der stärksten Energie zu folgen:
Was will der Supervisand, was wollen die Supervisanden besprechen, und in welcher Reihenfolge kann dies geschehen? Liegen
mehrere Interessensmeldungen vor, so muß immer wieder neu ge-
prüft werden, ob an dem gewählten Thema alle Supervisanden
mitarbeiten können; andernfalls rackern sich Supervisor und The-
mensteller allein ab, und der Rest der Teilnehmer ist mit dem Problem weder identifiziert noch an seiner Klärung beteiligt.
Auch im weiteren Verlauf hat der Supervisor stets im Blick zu halten, ob mit Energie an dem jeweiligen Thema gearbeitet wird.
Flacht diese ab – bei den Supervisanden oder bei ihm selbst –, so
ist es oft sinnvoll, die Arbeit zu unterbrechen und zu klären,
woran es liegt: Der Supervisand mag mit einer wichtigen Information hinter dem Berg halten; vielleicht spiegelt sich das problematische Thema gerade jetzt in der Art, wie der Supervisand es vorträgt; möglicherweise war der Supervisor von Anfang an nicht mit
ungeteilter Aufmerksamkeit dabei, hat unbewußt vorschnell Partei
ergriffen oder sich auf eine bestimmte Sichtweise festgelegt, die
dem Supervisanden und der Sache nicht gerecht wird; oder es fällt
ihm zu dem Thema nichts ein, und er beginnt, sich zu verkramp-
fen; oder die Gruppe ist mit dem Thema überfordert und zieht
sich von der Mitarbeit zurück. Alle diese Möglichkeiten, aber auch
noch viele andere können für einen Energieverlust während der
Arbeit verantwortlich sein, und der Supervisor muß herausfinden
können, wo die Fehlentwicklung steckt. Denn nur nach Klärung
bietet die Fortsetzung der Arbeit Aussicht auf Erfolg.

Coaching

Während für das Instrument Supervision also mittlerweile ein
recht eindeutiges Verständnis besteht, ist man bei der Diskussion
des Coaching-Konzepts noch weit davon entfernt.
Es gibt heute allein auf dem deutschen Medienmarkt 23 Bücher,
Kassetten und Videofilme zum Thema Coaching, und zwar zu

Preisen zwischen 12,80 und 248,00 DM. Der Begriff Coaching wird in der Fachliteratur gegenwärtig in ca. *15* Bedeutungen benutzt:

1. Coaching = Sonderförderung behinderter Kinder in der Regelschule (z. B. Mc Closkey und Quay, 1987)

2. Coaching = Mitarbeiteranleitung (z. B. Graham et al., 1993)

3. Coaching = Anleitung von Rehabilitationspatienten bei der beruflichen Wiedereingliederung (z. B. Botterbusch, 1988), bei Hirnverletzten (Stapleton et al., 1989) und bei Psychiatrie-Patienten (z. B. Philippi, 1993)

4. Coaching = Beratung und Unterstützung von Mitarbeitern mit Suchtproblemen (z. B. Savoie, 1989)

5. Coaching = Spezielle Förderung des Denkens bei Schülern (z. B. Doerner, 1993)

6. Coaching = Schaffung von Motivationsanreizen bei Angehörigen, die in der häuslichen Pflege tätig sind (z. B. Steiner-Hummel, 1993)

7. Coaching = Unterstützung des Index-Patienten in der Familientherapie (z. B. Mackenzie et al., 1985)

8. Coaching = Interventionsform innerhalb der transkulturellen Organisationsentwicklung (Z. B. Fatzer, 1993)

9. Coaching = Kollegiale Supervision von Lehrerinnen und Lehrern (z B. Hargreaves et al., 1990)

10. Coaching = Etappe in der Berufsplanung mit Arbeitslosen (z. B. Magnusson, 1992)

11. Coaching = Zukunftsberatung für Firmenmitarbeiter, deren Arbeitsplatz gefährdet ist (z. B. James, 1992)

12. Coaching = Beratung für Arbeitsuchende (z. B. Norman, 1991)

13. Coaching = Beratungsservice für Führungskräfte (z. B. König, 1991)

14. Coaching = Supervision für Führungskräfte (z. B. Fatzer, 1990)

15. Coaching = Management-Technik (z. B. Craik, 1988)

16. Coaching = »Eine Mixtur aus Training, Beratung und Anleitung« (Doppler, 1995)

Darauf fußend halte ich es mittlerweile nicht mehr für besonders hilfreich, Coaching nominal und normativ zu definieren. Denn die Reaktionen auf solche Versuche sind bekannt:

(1) Entweder wird eine solche Definition kritisiert, weil sie irgendeinen Aspekt des Gegenstandes unerwähnt gelassen hat, also zu eng ist, oder andererseits auch solche Vorgänge einschließt, die der Kritiker keinesfalls als Coaching bezeichnen würde, also zu weit ist.

(2) Oder der angebotenen Definition wird eine Konkurrenzdefinition gegenübergestellt, und noch eine dritte und vierte; dann läßt sich trefflich darüber streiten, welche davon am meisten für sich hat. In der Regel ist es die *eigene*, die alle Vorzüge in sich vereint. Auf diese Weise entstehen Lehrmeinungen und Schulen, Schulenstreit, ein Verband, ein Konkurrenzverband, eine Zeitschrift, eine Konkurrenzzeitschrift, der bekannte Streit der Schulen und Paradigmata usw.

(3) Oder die Definition wird akzeptiert. Es brechen aber Debatten darüber aus, welche tatsächlich praktizierten Beratungsmaßnahmen als Coaching bezeichnet werden dürfen und welche nicht.

Um diesem Schicksal zu entgehen, habe ich mich entschlossen, in Gedanken einmal ein paar Jahre zurückzugehen und zu prüfen: Seit wann spielt der Begriff Coaching in meinem Denken eine Rolle? Stellt er in meinen Interventionen eine Erweiterung oder Ergänzung anderer Äußerungen gegenüber dar? Warum will ich ihn beibehalten? Auf diese Weise wird die folgende Darstellung gewissermaßen eine Wanderung durch meine persönliche Coaching-Biographie werden.

1. *Coaching ist für mich ein lustbetontes Wortspiel.* Es klingt darin die Couch an, natürlich die Couch, auf der die psychoanalytischen Therapien durchgeführt werden. Das ist mir recht. Ich unterstreiche gern, daß Coaching mit Menschenkenntnis, Feingefühl und Lebensklugheit zu tun haben soll und daß die *Person* des Gesprächspartners im Mittelpunkt des Coaching steht. Gleichzeitig ist ›Coaching‹ phonetisch hinreichend von der Couch abgegrenzt, so daß der Auftraggeber nicht befürchten muß, es werde nun Psychotherapie mit ihm gemacht. Mittlerweile habe ich das Wortspiel ›Coach‹ und ›Couch‹ auch schon in den Titeln von zwei Artikeln in Fachzeitschriften gefunden (Behn, 1989; Dahmen-Breiner und

Gergely, 1990). Einige Kolleginnen und Kollegen scheinen diesen Gleichklang also ebenfalls entdeckt zu haben und ihn zu genießen. Coaching hat auch einen Beigeschmack von Sport, Kampf, Taktik und Strategie. Wenn man in den Datenbanken unter dem Stichwort ›Coaching‹ nachfragt, so stellt man fest, daß etwa die Hälfte der Literaturquellen vom Coaching im Sport handelt, wobei die Sportarten Basketball, Fußball, Boxen, Tennis, Schwimmen und Schlittschuhlaufen bevorzugt behandelt werden. Auch wenn sich meine Zustimmung zu einigen dieser Sportarten in engen Grenzen hält, bleiben mir als Bedeutungsfacetten des Coaching-Begriffs aus dem Sport Einfälle wie Berater, erfahrener Begleiter, aktuelle und langfristige gemeinsame Planung, zuverlässige Betreuung u. ä. darin lieb und wert.

2. *Der Begriff Coaching ist institutionell getestet.* Wohlgemerkt, es geht vorerst um den *Begriff*, noch nicht um die Methodik und die Praxis des Coaching. Als Testinstanzen fungieren Verwaltungen, Ministerien und Industrieunternehmen. In diesen Segmenten der Gesellschaft sind zwar Motivations-, Kommunikations-, Führungsseminare und psychologische Verkaufsschulungen mittlerweile akzeptiert und verbreitet. Aber diese stehen, zumindest auf dem Papier, im Dienste der Effektivität und Arbeitszufriedenheit, wobei letztere wieder der ersten zugute kommen soll. Diese Kurse finden in *Gruppen* statt; so ist sichergestellt, daß ihr Intimitätsgrad sich in Grenzen halten wird. Einzelgespräche dagegen oder Supervisionssitzungen könnten bei Außenstehenden den Eindruck von Not, Hilflosigkeit oder seelischer Störung erwecken – das darf gewiß nicht sein.

In den 80er Jahren sind zwei amerikanische Präsidentschaftskandidaten u. a. an einem solchen Verdacht gescheitert. In Walter Mondales Lebensdaten, er war damals der demokratische Gegenkandidat von Ronald Reagan, hatte es eine ›Psychiatrische Behandlung‹ gegeben, was immer darunter zu verstehen war. Über Michael Doukakis, den Konkurrenten von George Bush, hatte seine eigene Frau in ihren Erinnerungen geschrieben, daß er nach dem Tod seines Vaters sehr verändert gewesen sei und die ganze Familie sich große Sorgen um ihn gemacht habe. Beide Formulierungen wurden von den konkurrierenden Kandidaten im Wahlkampf weidlich breitgetreten und ausgeschlachtet und trugen am Ende offenbar zur Niederlage der derart Diskreditierten bei.

›Coaching‹ ist demgegenüber konnotativ weit genug von Vorgängen psychologischer Hilfe entfernt. Coaching erfolgt nicht nur durch Psychotherapeuten, sondern auch durch Unternehmensberater, Organisations-Entwicklungsberater, Soziologen, Politologen, Pädagogen und Angehörige anderer Berufsgruppen. Die thematische Anbindung an seelische Prozesse ist also möglich, aber nicht zwingend gegeben. Coaching kann gefahrlos in Anspruch genommen werden. Es entsteht nicht der Verdacht, der Coaching-Interessierte sei seelisch bedürftig oder krank. Das schließt nicht aus, daß er im Zuge des Coaching-Prozesses nicht dennoch *auch* an die psychotherapeutische Kompetenz des Coach anknüpft und sich auch auf dieser Ebene Hilfestellungen wünscht. Als ich in Gedanken einmal meine bisherigen Coaching-Auftraggeber durchging, fiel mir aus den ersten Gesprächen mit ihnen auf: Fast ausnahmslos hatten alle bereits eine Psychotherapie oder eine psychologische Beratung erfahren, letzteres manchmal in bezug auf eigene Kinder oder andere Angehörige der erweiterten Familie; viele waren mit einer psychosozialen Helfer*in* (!) verheiratet oder durch Empfehlung eines Kollegen oder einer Kollegin aus dem Bereich der psychosozialen Berufe an mich verwiesen worden. Daß also Berufsprobleme, für die ein Beratungsbedarf bestand, mit persönlichen, auch mit psychischen Problemlagen korrespondieren, war allen von Anfang an bewußt.

3. *Coaching hilft Steuern zu sparen*, oder, etwas genereller: *Begriffe sind Geldwerte*. Die Finanzierung bzw. Finanzierbarkeit psychosozialer Leistungen spielt bei der Begriffsentwicklung und Begriffspräferenz eine nicht zu unterschätzende Rolle. Bekanntlich neigen Menschen mit einem Teil ihres Herzens dazu, Dienstleistungen, die sie nicht selbst bezahlen müssen oder kostengünstig erhalten, solchen vorzuziehen, für die sie selbst aufkommen müssen. Manche Menschen nehmen durchaus in Kauf, daß es dabei zu Unwahrheiten oder jedenfalls Unschärfen kommt. Dazu drei Beispiele:

(1) Ich führte einmal ein Seminar für Ausbildungskandidatinnen und -kandidaten der Psychotherapie zu dem Thema ›Lerntheoretisch fundierte Verhaltensanalyse‹ durch. Ich wollte also etwas über die theoretischen Quellen der Verhaltensgleichung vortragen, über die Begriffe funktional, ätiologisch, symptomatisch, über Konzeption, Logik und Aufbau psychologischer Symptomklassifikation, ihre

Vorteile und Grenzen usw., immer in Verbindung mit kleinen praktischen Übungen. Aber nach einer Stunde unterbrach mich eine Teilnehmerin, die schon länger ihre Unruhe motorisch signalisiert hatte, und sagte ungeduldig: »Also, ich bin hierhergekommen, um zu lernen, welche ICD-Notierungen in welcher Kombination mir helfen, meine Therapieanträge bei den Krankenkassen sicher durchzubekommen. Die besten Chancen haben natürlich schwerste Störungen, das habe ich schon gemerkt. Ob die Patienten die auch wirklich haben, das ist eine ganz andere Frage, das interessiert mich auch nicht besonders. Ich kann es mir als freiberufliche Psychologin auch gar nicht leisten.« Meine anfängliche Entrüstung über dieses Ansinnen ließ ein wenig nach, als ich in weiteren Gesprächen mit zahlreichen Kolleginnen und Kollegen erfuhr, daß sehr viele sich aus blanker materieller Not zu dieser Praxis gezwungen sehen und daß auch Ärzte, die von den Dipl.-Psychologen ja oft wegen ihrer Privilegien auf dem Gebiet der Psychotherapie beneidet werden, aus genau den gleichen Gründen so verfahren – müssen. Ich hoffe nur, daß *nicht* ein späterer Forscher einmal auf die Idee kommt, aus solchen Kassenanträgen Rückschlüsse auf die Epidemiologie seelischer Störungen in der Gesellschaft um die Jahrtausendwende zu ziehen. Da würde es plötzlich von Borderline-Persönlichkeiten und Mehrfach-Frühgestörten nur so wimmeln.

(2) Schon vor Jahren haben die Krankenkassen davor gewarnt, psychotherapeutische und supervisorische Leistungen zu vermengen, und mit Betrugsanzeigen gedroht. Hintergrund dieses Vorgangs war die Beobachtung, daß manche psychosozialen Helferinnen und Helfer *Supervision erhalten*, sie aber im Einvernehmen mit ihrem Supervisor *als Psychotherapie bezeichnen* und durch die Krankenkasse bezahlen lassen. Beide Beteiligten haben einen Vorteil von diesem Etikettentausch: Der Therapeut und Supervisor erhält einen Auftrag, zu dem er auf andere Weise vielleicht nicht kommen würde; der Supervisand erhält eine psychosoziale Leistung, die er nicht bezahlen muß. Leidtragende sind die Krankenkassen bzw. deren Beitragszahler; aber gewiß haben diese Warnungen der Kassen manche Kolleginnen und Kollegen erst auf den Gedanken gebracht, daß man so verfahren könne.

(3) Das letzte Beispiel stammt aus meiner eigenen Supervisionspraxis: Ein Supervisand meldet sich ein Jahr nach Abschluß unserer Supervision und bittet mit allen Anzeichen der Verlegenheit, ich möge ihm schriftlich bescheinigen, daß in unserer Supervision ausschließlich seine Arbeitsprobleme behandelt worden seien, nicht aber persönliche Fragen seiner Lebensführung und Lebensgestal-

tung. Nun weiß ja jeder, der in diesem Metier arbeitet, daß sich diese Lebensbereiche auf keinen Fall trennen lassen; insofern zögerte ich natürlich. Er schilderte mir dann den Hintergrund seiner Bitte: Er hatte am letzten Jahresende die Kosten der Supervision als Werbungskosten in seine Steuererklärung aufgenommen und wollte sie steuerlich berücksichtigt wissen. Aber der findige Finanzbeamte hatte die Supervisionskosten nur zur Hälfte als Werbungskosten gelten lassen mit Hinweis darauf, daß die andere Hälfte, eben die persönlichen Erörterungen, steuerlich nicht abzugsfähig, sondern als privater Konsum zu betrachten seien. Er stützte sich dabei auf ein Urteil des Hessischen Finanzgerichts vom 29. 08. 1985 (8 K 12/85): »Die Aufwendungen eines Lehrers für die Teilnahme an Supervisionsveranstaltungen können nicht als Werbungskosten aus nichtselbständiger Arbeit anerkannt werden, wenn der ausschließlich oder so gut wie ausschließlich berufliche Inhalt der Veranstaltung nicht glaubhaft gemacht wird« (EStG § 9, Abs. 1 Satz 1, § 12, Nr. 1, Satz 2). Ich habe dem Supervisanden die gewünschte Bescheinigung am Ende ausgestellt in dem Bewußtsein, dem Kollegen bei einem Anliegen zu helfen, das ich legitim finde, aber zugleich wissend, daß die Richtigkeit dieser Entscheidung einem Finanzbeamten nur sehr schwer zu vermitteln sein dürfte. Im Kolleginnen- und Kollegenkreis besteht Konsens: Die Klärung der beruflichen Fragen *muß*, wenn sie wirksam sein soll, die ganze Person einbeziehen, vergleichbar etwa der Reise zu einem Vortragstermin: Es reisen nicht nur die Hände, die das Manuskript halten werden, nicht nur das Gehirn, das das Thema gespeichert hat und nicht nur der Mund, der den Text vortragen wird, sondern die ganze Person. Aber um dies für die Supervision einem Fachfremden zu erklären, wird man u. U. sehr weit ausholen müssen.

Wenn weitere Finanzbeamte sich auf dieses Urteil beziehen so wie der, an den mein Kollege geriet, dann wird der Begriff Supervision vielleicht eines Tages vollständig verschwinden und ganz dem Begriff Coaching Platz machen müssen – aus steuerlichen Gründen. Denn Coaching steht vorerst nicht im Verdacht, eine Art Therapie, Persönlichkeitsbildung oder private Selbsterfahrung zu sein, auch nicht teilweise oder, wie Finanzbeamte es ausdrücken, ›hälftig‹.

4. *Coaching ist ein Prozeß längerfristiger Beratung.* Es besteht eine Nachfrage nach Beratung, und der Coach entspricht dem über einen gewissen Zeitraum hinweg. Zweistündige Sitzungen im Monatsrhythmus sind bei meinen Gesprächspartnern die Regel, aber kürzere oder längere Abstände sind denkbar, in Abhängigkeit

vom Bedarf des Gesprächspartners. Akute Ereignisse können den Gesprächspartner veranlassen, sich Sitzungen in dichterer Folge zu wünschen oder sie andererseits zu strecken, wenn nichts Eiliges anliegt. Grundsätzlich hat das Coaching einen unterschiedlichen Charakter, je nachdem, ob es gleichsam für einen Fokalkonflikt vereinbart worden ist oder der fortlaufenden Klärungsarbeit für *alle* anfallenden Themen dient. Oft steht am Anfang ein klar definiertes beunruhigendes Thema, und es kommt später zu Erweiterungen. So lautet der Anfangskontrakt für das Coaching mit der Geschäftsführerin einer Krankenhauskette: ›Wie komme ich seelisch und planerisch mit einer Finanzierungslücke von 10 Mio. DM zurecht, die mein Vorgänger mir hinterlassen hat und die ich erst im Laufe des ersten halben Jahres nach Dienstantritt in vollem Umfang begriffen habe?‹ Ein eher weitgefaßter Coachingkontrakt lautet: ›Ich möchte im Monatsrhythmus über alles, was in meinem Forschungsinstitut passiert, mit Ihnen sprechen und aktuell entstehende Belastungsmomente ausräumen.‹ Der Akzent Beratung weist dabei auf die Verwandtschaft zu allgemeiner Einzelberatung, Teamberatung, Supervision, Organisationsentwicklung und Moderation hin.

5. *Zielgruppe des Coaching sind in erster Linie Personen mit Führungsverantwortung in Wirtschaft, Verwaltung und Politik.*
Hier handelt es sich um eine relativ willkürliche Setzung, die nicht zwingend, aber vielleicht plausibel ist und Sinn macht. Ich hatte in Punkt 2 davon gesprochen, daß der Begriff Coaching in Kontexten dienlich ist, in denen psychologisches Reflektieren nicht verbreitet ist und ein Bekenntnis dazu Risiken bergen könnte. In aller Regel handelt es sich bei den Personen, die das Coaching anstreben, also um Personen, die einige oder sehr viele Mitarbeiterinnen und Mitarbeiter haben, in meiner eigenen Praxis also Vorgesetzte von zwischen zwei bis 4000 Personen sind. Meist sind sie selbst ebenfalls weisungsgebunden, sind also einem Vorstand oder einem Direktorium berichts- und rechenschaftspflichtig. In einigen Fällen handelt es sich um die Besitzer oder Direktoren von Firmen. Andererseits ist das Coaching nicht zwingend an die oberste Vorgesetztenfunktion gebunden. Die meisten Vorgesetzten haben nochmals Vorgesetzte, und auch in der Mitarbeiterrolle hat man mit Führungsfragen zu tun – als Adressat von Aufträgen der eigenen Vorgesetzten. These 5 findet Bestätigung in dem Coaching-

Verständnis von König (1991), der es als Beratungsservice für Führungskräfte definiert. Auch LeiterInnen von Kliniken und großen Beratungsinstitutionen haben weitreichende Managementaufgaben wahrzunehmen und kommen als Zielgruppe für das Coaching in Frage (Fengler, 1994 b, 1994 c).

6. *Coaching ist Einzel-, Gruppen- oder Teamberatung.* Coaching ist für mich zunächst ein Synonym für *Einzel*coaching (Fengler, 1994 a), also Klärungs- und Planungsarbeit mit *einem* Menschen in Hinblick auf dessen Arbeitskontext (Looß, 1991: ›Problembewältigung unter vier Augen‹). Ein Angebot zum Gruppencoaching für Vorgesetzte aus unterschiedlichen Unternehmen halte ich für möglich. Allerdings ist dabei zu bedenken: Viel Firmeninternes könnte dabei zur Sprache kommen oder verschwiegen werden müssen; das eine wie das andere wäre der Arbeit nicht dienlich. Ebenso erscheint mir ein gemeinsames Coaching für verschiedene Kolleginnen und Kollegen auf der gleichen Leitungsebene innerhalb einer Firma oder Verwaltung nur dann sinnvoll, wenn sie weit genug voneinander entfernt arbeiten oder gemeinsame Fragen zur Lösung anstehen. Die Themen, die der Gesprächspartner mit dem Coach bespricht, befinden sich oft noch in statu nascendi, eignen sich noch nicht für die Veröffentlichung, z. B. bei Personalplanungen, oder stehen den Plänen der Kollegen entgegen. Allseitige Parteilichkeit ist hier gewiß eine schwer zu erfüllende Forderung. Hierin unterscheidet sich das Coaching also von Moderation und Teamberatung, die tendenziell von der Situation gemeinsamer Interessen und der Möglichkeit offener Kommunikation ausgehen.

Manche Fachleute sprechen vom Team-Coaching, wenn der oder die Vorgesetzte *und* ihre unmittelbaren Mitarbeiter mit dem Coach zusammenkommen, bedeutungsgleich mit Teamberatung, Teamentwicklung Organisations-Entwicklungsberatung (Fengler, 1985, 1987). Manchmal wird der Begriff ›Mitarbeitercoaching‹ benutzt und als Führungsaufgabe des Vorgesetzten ausgewiesen (Hauser, 1991). Er bezeichnet Förderung, Schulung, Qualifikations- und Karriereplanung des Vorgesetzten *für* seinen Mitarbeiter und *in Zusammenarbeit* mit diesem selbst, der Personalabteilung, der Fortbildungsabteilung und externen Anbietern.

7. *Coaching hat mit den besonderen Arbeitsbedingungen besonderer Zielgruppen zu rechnen.* Ich werde in diesem Abschnitt

nicht den Versuch unternehmen, *das* Arbeitsleben in Industrie, Verwaltung und Ministerien zu charakterisieren – dies wäre gewiß ein vergebliches Bemühen. Aber ich will anhand eigener Beobachtungen und Erfahrungen fünf Bereiche skizzieren, in denen dort meist anders gehandelt wird als in vielen Institutionen der psychosozialen Versorgung.

(1) *Machtbewußtsein und Aufstiegsorientierung.* Firmen, Verwaltungen und Ministerien haben trotz der Lehre vom Lean Management z. T. noch steile Hierarchien mit vielen möglichen Aufstiegsetappen, die Macht in Aussicht stellen. Ein wichtiger Teil des Denkens und der informellen Gespräche kreist, zumindest im Höheren Dienst und auf Ebenen mit Führungsfunktion, um die Frage, was man bis wann und was überhaupt ›noch‹ ›werden‹ kann – dabei haben diese Menschen weniger das ›Werden der Persönlichkeit‹ i. S. von Allport (1965) und Rogers (1972) im Sinn. Vielmehr sind Besoldung, Zahl der Mitarbeiter, Weite und Bedeutung der Aufgaben, Nähe zum Oberstadtdirektor und Oberbürgermeister, zum Vorstand und zum Minister Kriterien der Begehrlichkeit. Dieses Machtmotiv und dieser Aufstiegswille schaffen ein Klima der Konkurrenz, des Taktierens und des Sich-Taxierens, wie ich es unter psychosozialen Helferinnen und Helfern selten erlebt habe. Natürlich ist das Machtmotiv auch ihnen nicht fremd. Aber es wird unter Helfern meist über lokalen guten Ruf und über Klientenzulauf reguliert und bedient sich, zumal viele Helfer institutionell nur locker eingebunden sind, seltener ausgeprägt destruktiver Mittel.

(2) *Macht und Abhängigkeit.* Auf der Ebene von Direktoren, Geschäftsführern, Abteilungsleitern und Staatssekretären (und -innen) ist eine eigenartige Diskrepanz zu beobachten. Sie alle sind Vorgesetzte vieler hochqualifizierter Mitarbeiter und verfügen über eine beträchtliche Definitionsmacht in fachlich-konzeptioneller Hinsicht. Und zugleich arbeiten sie unter extrem außenbestimmten Terminvorgaben und müssen eigene Pläne jederzeit den Entscheidungen von Kabinett und Minister sowie aktuellen politischen Vorgängen unterordnen.

(3) *Effizienz- und Öffentlichkeitsdruck.* Ich will mit diesem Kriterium nicht sagen, daß Verwaltungen, Ministerien und Firmen überwiegend effizient und kostenbewußt arbeiten. Ge-

genbeispiele erleben wir in jedem dieser Bereiche. Aber der Druck, effizient zu sein oder doch jedenfalls zu erscheinen, ist immens, und oft geht es um sehr viel Geld dabei:

- Wenn im Ministerium 20 Mio. DM für Modellprojekte zu einer bestimmten Fragestellung bereitliegen, dann macht es in der Öffentlichkeit einen guten Eindruck, wenn diese 20 Mio. am Jahresende auch ausgegeben sind. Andernfalls werden Staatssekretär und Minister von Presse, Öffentlichkeit, Fraktion und Partei angegriffen und müssen im krassesten Fall (›Skandal‹) ihren Hut nehmen. Der Abteilungsleiter, der den Vorgang in seinem Bereich *eigentlich* zu verantworten hat, wird intern niedergemacht. Das Geld soll aber auch nicht an dubiose Antragsteller oder an enge Verwandte ausgegeben werden – auch dies könnte Schlagzeilen machen. Notfalls entscheidet sich der Ministerialbeamte, dem Beantragenden beim Ausfüllen der Formulare zu helfen, die er selbst nachher auf ihre Stichhaltigkeit prüfen muß. Dann weiß er jedenfalls, daß alle Teile des Antrags »wasserdicht« sind.
- Behörden haben viele Kontrolleure. Jeder Bürger, der schlecht bedient worden ist, ist ein potentieller Leserbriefschreiber für die örtliche Presse. Als Reaktion kann man in Verwaltungen manchmal den Versuch beobachten, unsichtbar zu werden. Oder es kommt zu einer unangenehmen Ausstrahlung von Dickfelligkeit.
- Wenn eine Firma bei einer Bank einen Kredit von 1 Mrd. DM aufnehmen will, eine relativ häufig vorkommende Transaktion, dann geht es bei der Verhandlung über die Zinsen um zehntel Prozente, um Geschäft und Gegengeschäft und auch darum, diesen Kunden bei der Stange zu halten und den Auftrag nicht an die Konkurrenzbank zu verlieren. Beide Seiten müssen bluffen und dürfen dabei zugleich den Bogen nicht überspannen.

Starker Effizienzdruck schließt übrigens keineswegs aus, daß jemand, um die eigene Position auszubauen oder die Stellung eines Kollegen zu schwächen, den größten Unfug duldet, fördert oder selbst erzeugt.

Ein Abteilungsleiter eines Bundesministeriums berichtete mir folgendes: Er hatte seinem Minister in einem Gespräch unter vier Augen Tatenlosigkeit vorgehalten und ihm schriftlich einen Maßnahmenkatalog überreicht. Zugleich ließ er durchblicken, daß er von der Kompetenz des Ministers nicht viel hielt. Kurz darauf trat er seinen Urlaub an. Als er zurückkam, stellte er fest, daß der Minister ihm wichtige Aufgaben entzogen und diese ganz gestrichen hatte. Aber mit diesen Aufgaben hatte seine Abteilung in der Vergangenheit dafür gesorgt, daß das Ministerium immer wieder positiv in die Schlagzeilen kam; selbst von der Opposition war dieser Teil der Arbeit bisher mit anerkennenden Äußerungen bedacht worden. Außerdem hatte der Minister zwischenzeitlich die Fortführung einer sehr bürgerfreundlichen Auskunftspraxis untersagt, die von dieser Abteilung geleistet wurde und gerade von sozial schwächer gestellten Bürgern oft in Anspruch genommen wurde, und das alles wenige Wochen vor der Bundestagswahl. Diese letzte Weisung des Ministers wurde beim nächsten Parteitag von der Basis rückgängig gemacht. Aber die Abteilung mußte in dem vom Minister angeordneten amputierten Zustand weiterarbeiten – ein Verlust an Renommee und Arbeitsqualität.

Belastungen dieser Art habe ich in psychosozialen Einrichtungen selten erlebt – sie haben andere. Solange sie allerdings ihren Dienst einigermaßen korrekt versehen, nicht an Klientenschwund leiden, sich einigermaßen trägerkonform verhalten, jedenfalls in ihren öffentlichen Verlautbarungen, und keine eklatanten methodischen Fehler machen, erscheinen sie von außen wenig bedroht.

(4) *Zeitknappheit und eine Kultur der Hektik.* Von außen betrachtet erscheinen Firmen und Bürokratien oft extrem langsam und schwerfällig, und soweit der Endverbraucher unmittelbar betroffen ist, sind sie dies oft auch. Im Binnenverhältnis dagegen herrscht aufgrund enggesetzter Fristen, gesetzlich vorgeschriebener Aufgaben, der Pflicht zu wechselseitiger Amtshilfe und enger Vernetzung verschiedener Behörden oft eine unglaubliche Arbeitsfülle, die nur im Dauerlauf, mit Hilfe ständiger fest eingeplanter Überstunden und in flüchtiger Qualität bewältigt werden können.

Mir selbst sind die ständigen, geradezu schon zur Regel gewordenen Nachtsitzungen der EU-Ausschüsse in Brüssel zu einem anschaulichen Beispiel für einen Mißstand geworden, der selbst erzeugt ist, aber nicht mehr reparierbar scheint. Nach einer solchen Nachtsitzung sagt ein deutscher Diplomat, der mein Befremden über diesen ständigen Raubbau an den körperlichen und seelischen Kräften wahrnimmt, völlig übermüdet: »Wir hätten den Tagesordnungspunkt ›Rentenanpassung für Gastarbeiter im EU-Bereich‹ auch verschieben können – aber dann hätten am Monatsanfang etwa 15 Mio. Rentner in ganz Europa kein Geld bekommen, denn die alten Tarife waren gekündigt, und neue hatten wir noch nicht beschlossen.« Es ist also nicht alles Wichtigtuerei, was an Hektik in Firmen und Behörden sichtbar wird. Manchmal sind es unmensch-

liche Arbeitsbedingungen mit 12–16-Stundentagen, die aus Verantwortung übernommen werden; und es gibt genügend Personen, die
sich dieser Fron jahrelang oder jahrzehntelang unterwerfen.

Sich für ein Gespräch mit einem Mitarbeiter eine halbe oder
gar eine ganze Stunde Zeit zu nehmen, wie es in den Helfer-
berufen eine Selbstverständlichkeit ist und auch eingerichtet
werden kann, allein die *Vorstellung* davon stellt für viele Vorgesetzte aus Industrie und Verwaltung ein Schrecknis dar, weil
diese Aussicht die Hektik noch einmal steigert. Andererseits
wird dem Mitarbeitergespräch laut Verwaltungsreform (»Verwaltung 2000«) besondere Bedeutung beigemessen. In manchen Ministerien *müssen* zwischen den alle drei Jahre erfolgen-
den Dienstlichen Beurteilungen im Jahresabstand Mitarbeiter-
gespräche stattfinden (sog. ›Personalführungsgespräch‹). Diese
müssen in der Dienstlichen Beurteilung mit dem genauen
Datum aufgeführt werden. Manche Vorgesetzte, denen erst
nach Ablauf der drei Jahre auffällt, was sie da unterlassen
haben, wählen dann Formulierungen wie ›Personalführungs-
gespräche haben ... regelmäßig ... aus gegebenem Anlaß ... bei
jeder sich bietenden Gelegenheit ... stattgefunden‹. Daran erkennt der Interne, daß sie *nicht* stattgefunden haben.Verglichen
mit dieser Belastung erscheint ein regulärer 8-Stunden-
Tag, wie ihn viele Helferinnen und Helfer haben, nicht als
Überforderung.

(5) *Formale Lösungen vs. persönliche Reflexion.* Mir ist aus den
Diskussionen an den Universitäten in den 70er Jahren noch
gut die Formulierung im Ohr: »Das und das muß jetzt inhalt-
lich ausdiskutiert werden!«, als Gegenimpuls zu einem mechanischen Abstimmungsverfahren und einer Suche nach Lösungen, die nur der Form nach korrekt und eindeutig sind, aber
die Substanz der Frage außen vorlassen. In der psychosozialen
Arbeit verfügen wir gewiß über eine besondere Aufmerksamkeit in Hinblick auf die Frage, ob Lösungen sachgerecht sind,
also der Sache gerecht werden. Dem steht in Hierarchien ein
Denken gegenüber, das schnell zu dem Punkt kommt, eine
Vorstandsentscheidung oder eine Weisung des Staatssekretärs
einzuholen, die oft keineswegs auf Sachaspekten beruht. Vielmehr dient sie oft unverhüllt der Vermeidung oder Minimie-
rung politischer Konflikte, z. B. mit anderen Ministerien, mit

Verbänden, Unterbezirken und damit dem eigenen Macht-erhalt, der Pflege einer bestimmten Klientel oder einem Wahl-kalkül. Oder Vorgänge werden schnell dem Arbeitsgericht vorgelegt, Vorgänge, die von außen betrachtet leicht auf dem Verhandlungsweg zu bereinigen wären.

(6) *Hohes Abwehr- und Verleugnungspotential.* Dies läßt sich täglich im Fernsehen beobachten, wenn Politiker sowie Führungskräfte aus Industrie, Verbänden und Kirchen inter-viewt werden: eine Mischung aus Unwahrheit, Sichherausre-den, Nicht-zur-Kenntnis-Nehmen, Ausblenden und Schönre-den. Die gleichen Verkehrsformen herrschen untereinander sowie im Umgang von Spitzenbeamten mit ihrem obersten Vorgesetzten. Dabei stellt sich die Frage nach dem Warum einer solchen Ritualisierung. Es gibt auf dieser Ebene kein Kündigungsrisiko, wohl aber kann der Beamte, der mißliebig auffällt, viel verlieren, z. B. die Nähe zur Macht oder zum Mi-nister, das Bevorzugtwerden und Vorab-Informiertwerden, die besondere Erwähnung und Beachtung der höchsten Stel-len. Dies sind hohe Verluste, wenn man sich einmal an solche Privilegien gewöhnt hat.

Unser Coaching-Partner arbeitet also in einer Institution, die sich zumindest partiell an ganz anderen Werten und Regeln orientiert als unsere Beraterkultur. Vielleicht ist unser Ge-sprächspartner selbst ambivalent, bejaht also die berufliche So-zialisation, die er durchgemacht hat, und gesteht sich gleich-zeitig ein, daß er, um damit zurecht zu kommen, auf unsere Hilfe angewiesen ist. Jedenfalls müssen wir ihn in einem Kon-text von Normen abholen, die uns selbst vielleicht fremd sind.

8. *Coaching befaßt sich mit Fragen institutionellen Handelns.* Wir können ›institutionell‹ in diesem Zusammenhang in einem ge-wissen Gegensatz zu ›personal‹ und ›interpersonell‹ verstehen. Die Reflexion institutionellen Handelns bedeutet, daß im Zentrum der Aufmerksamkeit die Institution, das berufliche Rollenverhalten, die Aufgabe und die institutionellen Regelungsmechanismen ste-hen. Da ist die Kenntnis der unter These 7 genannten Arbeitsbe-dingungen eine Hilfe. Plausibel wird diese Festlegung wiederum in der Verknüpfung mit der Entscheidung, Coaching vorrangig als Interventionsform für bestimmte ausgewählte gesellschaftliche Be-reiche und Zielgruppen zu konzipieren. Dabei bleiben die Gren-

zen selbstverständlich fließend. In den hier für das Coaching avisierten Bereichen des Arbeitslebens wäre die Wahl der Strategie ›Personale Begegnung, Selbstmitteilung und Authentizität‹ oft geradezu ruinös für den, der sie ergreift. Gleichwohl ist sie nicht bedeutungslos oder falsch. Sie muß aber ihren relativen Platz in einem Verbund von Haltungen und Maßnahmen finden, in dem sie vielleicht erst an dritter oder vierter Stelle kommt und selektiv praktiziert wird. Dies gilt z. B., wenn Entlassungen und Umstrukturierungen geplant sind, wenn jemand von wichtigen Aufgaben entbunden werden oder eine Versetzung innerhalb des Betriebs erfolgen soll.

9. *Coaching ist in erster Linie Erörterung, Stützung und Klärung.* Von den Besonderheiten der Arbeit in industriellen, ministeriellen und behördlichen Kontexten zu wissen bedeutet, im Prozeß des Coaching z. B. folgende Fragen routinemäßig an den Gesprächspartner zu stellen:

- Wie sieht das Organigramm der Institution aus?
- Wo ist er selbst eingeordnet, und wie sehen die beiden Stufen oberhalb und unterhalb von ihm personell im Detail aus?
- Welche Weisungsbefugnis hat er wem gegenüber, welcher Weisungsgebundenheit unterliegt er?
- Worin bestehen seine Aufgaben? Welche Grauzonen bestehen auf diesem Gebiet? Gibt es einen Geschäftsverteilungsplan und eine Arbeitsplatzbeschreibung?
- Welche Wertigkeit hat seine Arbeit: aus seiner eigenen Sicht, aus der Sicht der Mitarbeiter und Kollegen sowie aus der seines obersten Vorgesetzten?
- Wo liegen neben der formalen Struktur in seiner Umgebung informelle undeklarierte Zentren von Macht? Wie ordnet er selbst sich ihren Trägern zu?
- Welche Freundschaften, Seilschaften, Feindschaften gibt es?
- Wie fallen Entscheidungen über ihm, bei ihm, im gleichgestellten Kollegenkreis und unter seinen Mitarbeitern?
- Welchen Einfluß haben Betriebsrat und Personalrat? Wer *wird* Betriebsrat bzw. Personalrat?
- Welche Ziele und Pläne sieht er in der Institution, der er gegenwärtig angehört, für die vor ihm liegenden fünf Jahre? ...

Das erscheint vielleicht alles sehr organisatorisch und organigrammorientiert gedacht und wenig nah am Erleben des Gesprächspartners. Es schafft aber die Voraussetzung dafür, daß das

Coaching nicht an den Gegebenheiten der Institution vorbeigeht, in der der Gesprächspartner arbeitet. Oft ist klärungsbedürftig, ob ein Problem von dem Coaching-Partner selbst verursacht worden ist, ob es dem Gegenstand und den sachlichen Interessensunterschieden entstammt oder ob mit Hilfe dieses Problems verdeckt ganz andere Fragen verhandelt werden. Manchmal wird sich keine Lösung finden, sondern nur ein Weg, mit dem weiterbestehenden Problem umzugehen. Aber natürlich soll das Coaching *nicht nur* institutionsorientiert sein. Es ›darf‹ personzentriert bleiben und sich Berufs- und Persönlichkeitsproblemen widmen (Doppler, 1995). Darauf nimmt These 10 Bezug.

10. *Coaching hat auch das gesamte Spektrum seelischer Befindlichkeiten und Besonderheiten zu berücksichtigen – auf seiten des Gesprächspartners wie auch bei den Personen, mit denen er coachingrelevante Kontakte unterhält.* Ich will dabei mit der Betrachtung dessen beginnen, was sich durchaus im normalen Alltag des seelischen Geschehens bewegt. Für die Bewältigung beruflicher Probleme ist es z. B. von zentraler Bedeutung, wie stabil der Betroffene sich in dieser Zeit fühlt, ob er eine befriedigende tragende Liebesbeziehung hat und Rückhalt von Freunden, Mitarbeitern, Kollegen und der Familie erfährt (Fengler, 1996). Auch seine finanzielle Situation und die Kenntnis alternativer beruflicher Optionen tragen dazu bei, ob er sich in einer Zeit beruflicher Belastung isoliert, misanthropisch wird, sich völlig über den beruflichen Erfolg definiert, regenerationsfähig bleibt usw.

Es sind aber auch massive Störungen des Erlebens und Verhaltens in Betracht zu ziehen. Manchmal, wenn ich im Coaching von wirklich seltsamen Vorgängen höre, sage ich mir, daß schwerstgestörte Menschen ja nur ausnahmsweise und selten zur Psychotherapie oder Psychiatrie kommen und daß die meisten von ihnen unbehandelt in der ganzen Bevölkerung leben, in allen Berufen. Dies hilft mir manchmal, mich von meinem weiterbestehenden positiven Vorurteil zu lösen, daß bei Vorgesetzten generell oder jedenfalls tendenziell umsichtiges, kluges und gemeinschaftsbezogenes Handeln zu erwarten sei. Das Gegenteil kann der Fall sein. Manche handeln wie dreijährige Kinder, die wie Dreijährige denken, streiten und nachtragen (vgl. Kap. 6). Dies gilt für meine Coaching-Gesprächspartner wie auch für ihre beruflichen Bezugspersonen.

Ein Ministerialdirektor, der sich bei mir einem Coaching unterzog, berichtete mir eines Tages, von Weinanfällen geschüttelt, die er immer wieder mit einem stereotypisierten Räuspern niederkämpfte, wie der Staatssekretär ihn ›desavouiert und vor dem ganzen *Haus* (= Ministerium) unmöglich gemacht hatte‹. Bei einer Pressekonferenz hatte der Staatssekretär einen Referatsleiter aus der Abteilung meines Gesprächspartners mit Handschlag begrüßt, ihn selbst dagegen nicht, hatte diesen Referatsleiter dann als ›meine rechte Hand beim Thema X‹ den Journalisten vorgestellt, schließlich den Referatsleiter gebeten, während der Pressekonferenz unmittelbar neben ihm Platz zu nehmen, auf einem Stuhl, von dem der Ministerialdirektor meinte, er stehe *ihm* zu. Noch während der Pressekonferenz begann mein Coaching-Gesprächspartner, über die Entmachtung dieses Referatsleiters nachzudenken, der an ihm vorbeizuziehen schien, und deckte ihn in den folgenden Wochen mit Routineaufgaben ein, um ihm weitere Kontakte mit dem Staatssekretär zu versalzen. Als ich ihn darauf hinwies, daß er dem Mitarbeiter ja nun viel übler mitspielte, als es ihm selbst widerfahren war, sah er mich triumphierend an und sagte: »Jawohl, das hat er verdient! An diese Pressekonferenz soll er noch lange denken.« In den darauffolgenden Coaching-Sitzungen ging es u. a. darum, seine und meine Werte abzugleichen, seinen Rachegefühlen nachzugehen, ihm Feedback zu geben, seine Stellung und Kränkbarkeit dem Staatssekretär gegenüber auszuloten und seine weiteren beruflichen Pläne in diesem Ministerium zu thematisieren. Es kam schließlich zu einer Aussprache und zu einer akzeptablen Neuaufteilung der Arbeitsgebiete, und er konnte die erweiterte Aufgabenspanne seines Mitarbeiters nach einiger Zeit billigen und bejahen.

Als Resümee und in Abgrenzung zur Supervision können wir festhalten:

1. ›Coaching‹ ist eine von mehreren Formen psychosozialen Intervenierens.

2. Coaching unterscheidet sich von Therapie, Beratung, Supervision, Moderation, Gruppendynamik, Teamentwicklung, Organisationsentwicklung usw. (Fengler, 1993) soweit hinreichend, daß ich es neben diesen anderen Begriffen erhalten wissen möchte. Zwei Auffassungen, die ich in der Literatur angetroffen habe, möchte ich dabei allerdings entschieden entgegentreten. Coaching ist für mich, anders als dort angeführt wird, durchaus etwas anderes als klientenzentrierte Psychotherapie und Beratung (Grau und Möller, 1992). Und: Ein Fully-functioning-Vorgesetzter muß entgegen der von Tusch

(1991) geäußerten Auffassung sehr wohl ein ausgeprägtes Interesse an Hierarchie und Macht haben. Andernfalls wird er leicht zum Opfer von Personen, die ihm ein Leben in voller reicher Funktions- und Erlebensfähigkeit unmöglich machen. Generell erscheint mir die auch hier vorgetragene Dämonisierung der Macht, wie sie sich schon bei Alfred Adler (1972) findet, dem Arbeitsleben nicht ganz angemessen.

3. Ich verbinde mit der Bewahrung des Coaching-Begriffs die Hoffnung und die Erwartung, daß der Begriff fruchtbare Fragen für Forschung und Praxis aufwerfen und den Diskurs anregen wird.

4. Dabei können sich neue Zielgruppen und Arbeitsfelder erschließen, in denen gleichermaßen psychotherapeutische und institutionelle Interventionskompetenz gefordert ist.

Coaching und Supervision nehmen einen wichtigen Platz im Verbund sozialwissenschaftlicher Interventionen ein, die der Entwicklung und Förderung der Kooperation dienen. Diese alle sind Bindeglieder zwischen dem einzelnen und seinen Bezugsgruppen sowie institutionellen und gesellschaftlichen Gegebenheiten. Sie helfen bei der Gestaltung der Kommunikation und der Klärung von Konflikten. Sie widmen sich in gleicher Weise der persönlichen wie der kollektiven Psychopathologie und streben Korrekturen wie auch Milderungen schädlicher Folgen an. Sie dienen der Psychohygiene des einzelnen und der Beziehung, der Zusammenarbeit und der Gemeinschaft.

Literatur

Adler, A.: Menschenkenntnis. Fischer, Frankfurt, 1972.

Allport, G. W.: Werden der Persönlichkeit. Meisenhain, Glan, 1965.

Behn, E. A.: Coach statt Couch. Wie man Krisen im Beruf überwindet. Ein Erfahrungsbericht. Supervision, 1989, 16, 33–37.

Botterbusch, K. F.: A survey of needs in sex rehabilitation services administration priority areas in vocational rehabilitation facilities. Vocational Evaluation and Work Adjustment Bulletin, 1988, 21, 15–24.

Craik, Ch.: How to improve your management skills without going on a course. British Journal of Occupational Therapy, 1988, 51, 429–432.

Dahmen-Breiner, M., Gergely, G.: Coaching ohne Couch. In: Höfling, S., Butollo, W.: Psychologie für Menschenwürde und Lebensqualität. Aktuelle Herausforderung und Chancen für die Zukunft. Bericht über den 15. Kongreß für Angewandte Psychologie des Berufsverbandes Deutscher Psychologen. Deutscher Psychologen Verlag, München, 1989, Bd. 2, 198–204.

Doerner, D.: Sind dies die einzigen Unzulänglichkeiten menschlichen Denkens und ist die Trainingsmethode ausreichend? Kommentar zu »Warum Denken unterrichten?« von Jonathan Baron. In: Applied Psychology – An International Review, 1993, 42, 231–232.

Doppler, K.: Coaching – Markt, Mode und Notwendigkeiten. In: Papmehl, A., Walsh, I. (Hg.): Personalentwicklung im Wandel. Gabler-Verlag, München, 1991, 93–102.

Fatzer, G.: Rollencoaching als Supervision von Führungskräften. Supervision, 1990, 17, 42–49.

Fatzer, G.: Interkulturelle Organisationsentwicklung in Afrika. In: Fatzer, G.: Organisations-Entwicklung für die Zukunft. Ein Handbuch. Edition Humanistische Psychologie, 1993, 365–378.

Fengler, J.: Psychohygiene. Gruppenpsychotherapie und Gruppendynamik, 1983, 19, 166–173.

Fengler, J.: Von der Einzelberatung zur Systemberatung. Etappen meines Lernprozesses in der Arbeit mit Institutionen der psychosozialen Versorgung. Organisationsentwicklung, 1986, 4, 33–47.

Fengler, J.: Einzeltherapie und Organisationsentwicklungs-Beratung – Ein Vergleich. In: Gesellschaft für wissenschaftliche Gesprächspsychotherapie (Hg.). Orientierung an der Person, Bd. 2, 207–226, 1987.

Fengler, J.: Moderation aus der Sicht des Moderators. In: Wohlgemuth, A. (Hg.): Moderation in Organisationen. Problemlösungsmethode für Führungsleute und Berater. Haupt-Verlag, Bern, 1993, 97–111.

Fengler, J.: Süchtige und Tüchtige. Begegnung und Arbeit mit Abhängigen. Pfeiffer Verlag, München, 1994.

Fengler, J.: »Burnout«: Möglichkeiten der Prävention und Rehabilitation. In: Brown, C.; Reimer, Ch. (Hg.): Psychohygiene im Krankenhaus. Belastungen bei Pflegenden und Medizinern. Focus-Verlag, Gießen, 65–88, 1995.

Fengler, J.: Helfen macht müde. Zur Analyse und Bewältigung von Burnout und beruflicher Deformation. Pfeiffer Verlag, München, 4. erw. Aufl., 1996.

Graham, St., Wedman, J. F., Garvin-Kester, B.: Manager coaching skills: Development and application. Performance Improvement Quarterly, 6, 2–13, 1993.

Grau, U., Möller, J.: Beratung oder Coaching von Führungskräften in Organisationen. In: Schwertl, W.; Rathsfeld, E.; Emlein, G.: Systemische Theorie und Perspektiven der Praxis. Was leistet systemisches Denken im Bereich der Sucht, für Organisationen und unterschiedliche Berufsgruppen? Symposiumsband anläßlich des 10jährigen Bestehens des Instituts für Familientherapie. Frankfurt, Klotz, 261–275, 1992.

Hargreaves, A., Dawe, R.: Paths of professional development: Contrived collegiality, collaborative culture, and the case of peer coaching. Teaching and Teacher Education. 6, 227–241, 1990.

Hauser, E.: Qualifizierung von Mitarbeitern. In: von Rosenstiel, L., Regnet, E., Domsch, M.: Führung von Mitarbeitern. Handbuch für erfolgreiches Personalmanagement. Schäffer, 352–362, 1991.

James, T., Marwitz, K.: Time Coaching. Junfermann, Paderborn, 1992.

König, G.: Coaching – Ein neues Arbeitsfeld für Psychologen? In: Gebert, A., Hacker, W.: Arbeits- und Organisationspsychologie. 1. Deutscher Psychologentag. Dresden, Deutscher Psychologenverlag, 420–426, 1993.

Looß, W.: Coaching für Manager. Problembewältigung unter vier Augen. Verlag Moderne Industrie, Dortmund, 1991.

Mackenzie, L., Robertson, B.: Family therapy in a psychiatric hospital. Dulwich-Centre-Review, 9–16, 1985.

Magnusson, K.: Transitions to work: A model for program development. International Journal for the Advancement of Counselling. 15, 27–38, 1992.

McCloskey, M., Quay, L. C.: Effects of coaching on handicapped children's social behavior and teachers attitudes in mainstreamed classrooms. Elementary School Journal. 87, 425–432, 1987.

Norman, A.: Anforderungsprofil eines Outplacement-Beraters. Personal, 43, 359–361, 1991.

Philippi, R.: Systemisches Coaching – Nicht nur für Manager. Über den beruflichen Rehabilitationsprozeß psychisch Kranker. Sozialpsychiatrische Informationen, 23, 33–38, 1993.

Rogers, C. R.: Entwicklung der Persönlichkeit. Klett, Stuttgart, 1972.

Savoie, A.: La relation educative en milieu de travail. Revue Quebecoise de Psychologie. 10, 100–121, 1989.

SKA (Schweizerische Kreditanstalt): Personalentwicklung in der SKA. Konzept Aus- und Weiterbildung, Zürich 1995.

Stapleton, M., Parente, R., Bennett, P.: Job coaching traumatically brain injured individuals: Lessons learned. Cognitive Rehabilitation. 7, 18–21, 1989.

Steiner-Hummel, I.: Angehörige im Pflegedreieck – Die ungeliebten Dritten. Wie man sie versteht, unterstützt und ermutigt. Forum Sozialisation. 17, 10–17, 1993.

Tusch, H.: Selbstentwicklung bzw. Coaching für Manager. Hilfen aus der Gesprächspsychotherapie. Personzentriert. 2, 79–85, 1991.

Sachregister

Personenregister